示范性职业院校精品规划教材

旅游与酒店管理专业

酒店服务综合实训教程

主　编　金丽娟　游家云

副主编　张琼芳　姜玲玲

涂　新

天津大学出版社

TIANJIN UNIVERSITY PRESS

图书在版编目（CIP）数据

酒店服务综合实训教程/金丽娟，游家云主编．—天津：天津大学出版社，2015.3 (2020.8重印)

示范性职业院校精品规划教材．旅游与酒店管理专业

ISBN 978-7-5618-5290-3

Ⅰ．①酒…　Ⅱ．①金…　②游…　Ⅲ．①饭店—商业服务—高等职业教育—教材　Ⅳ．①F719.2

中国版本图书馆 CIP 数据核字（2015）第 073492 号

出版发行　天津大学出版社
地　　址　天津市卫津路 92 号天津大学内（邮编：300072）
电　　话　发行部：022-27403647
网　　址　publish.tju.edu.cn
印　　刷　廊坊市海涛印刷有限公司
经　　销　全国各地新华书店
开　　本　185mm×260mm
印　　张　16.25
字　　数　424 千
版　　次　2015 年 3 月第 1 版
印　　次　2020 年 8 月第 5 次
定　　价　35.00 元

前 言

Preface

新时期中等职业教育注重综合职业能力和综合素质的培养，要解决专业的定向性与未来职业（岗位）的不确定性的矛盾，学生唯有在学习专业知识的基础上，掌握更多技能，增强就业适应能力，才能成为“一专多能”的复合型人才。以教育部制定的《关于全面推进素质教育、深化中等职业教育教学改革的意见》为指导，以中等职业教育“转变教育观念，树立以全面素质为基础”的宗旨，以能力为本位的理念，编者编写了这本“在学中做、在做中学”的实训教材。

正在快速发展的中国旅游业对支撑国民经济发展的旅游产业人才数量和质量提出了更高的要求。根据酒店服务与管理专业“学训交替”的教学模式，本教材按照学习和认知发展的规律进行内容编排。全书共分九个模块：酒店服务综合实训概述、酒店服务意识养成实训、酒店服务礼仪规范实训、前厅接待服务技能实训、客房服务技能实训、餐饮服务技能实训、康乐服务技能实训、常见酒水服务技能实训和酒店常用英语实训。每个任务都设有实训目的、实训准备、实训步骤、实训要求及注意事项等，具有较强的操作性。

本书由金丽娟、游家云担任主编，姜玲玲、张琼芳、涂新担任副主编。具体编写分工为：金丽娟负责全书的框架体系设计和统稿，同时编写模块一、模块三、模块八；刘谋编写模块二；王礼编写模块七；姜玲玲编写模块五；张琼芳编写模块六；涂新编写模块四；黄春福编写模块九。本书融操作性、实用性于一体，既可作为旅游院校酒店相关专业师生的教学用书，又可作为酒店行业岗前和在岗培训的参考用书。

本书在编写过程中参考并引用了相关文献与资料，在此谨向相关作者致以真诚的谢意！

由于作者水平有限，编写时间仓促，书中不足之处在所难免，恳请各位专家及广大读者批评指正。

编 者

2014 年 12 月

目 录
Contents

模块一　酒店服务综合实训概述 // 1

项目一　酒店认知// 1

项目二　酒店服务综合实训认知// 12

模块二　酒店服务意识养成实训 // 14

项目一　服务意识的认知实训// 14

项目二　正确处理顾客投诉实训// 17

项目三　做一名合格的酒店员工实训// 18

模块三　酒店服务礼仪规范实训 // 19

项目一　仪容实训// 19

项目二　仪表实训// 19

项目三　仪态实训// 22

项目四　服务用语实训// 26

项目五　常用交往礼仪实训// 28

项目六　其他服务基本礼仪实训// 29

模块四　前厅接待服务技能实训 // 30

项目一　前厅部认知// 30

项目二　客房预订业务实训// 32

项目三　前厅礼宾服务实训// 39

项目四　酒店行李服务实训// 43

项目五　前厅入住登记接待业务实训// 49

项目六　前厅综合接待业务实训// 52

项目七　前厅收银业务实训// 59

模块五　客房服务技能实训 // 64

项目一　客房部认知// 64
项目二　客房对客服务实训// 69
项目三　客房清扫实训// 76
项目四　铺床实训// 84
项目五　公共区域的清洁保养实训// 87
项目六　突发事件处理实训// 92

模块六　餐饮服务技能实训 // 98

项目一　托盘实训// 98
项目二　铺台布实训// 102
项目三　餐巾折花实训// 105
项目四　斟酒实训// 113
项目五　中餐摆台实训// 116
项目六　上菜与分菜实训// 122
项目七　中餐零点服务实训// 126
项目八　中餐宴会服务实训// 135
项目九　西餐摆台实训// 139
项目十　西餐宴会服务实训// 143

模块七　康乐服务技能实训 // 147

项目一　康乐实训认识// 147
项目二　球类项目服务实训// 148
项目三　歌舞类项目服务实训// 160
项目四　棋牌游艺类项目服务实训// 164
项目五　健身类项目服务实训// 169
项目六　保健养生类项目服务实训// 174

模块八　常见酒水服务技能实训 // 181

项目一　酒吧服务实训// 181
项目二　茶水服务实训// 184
项目三　咖啡服务实训// 194

模块九　酒店常用英语实训 // 196

项目一　日常用语 100 句// 196
项目二　酒店各部门常用单词和短语// 201
项目三　酒店各部门常用句子和情景对话// 205
项目四　数字及时间表达// 224
项目五　酒店常用词汇短语（酒店实训高级英语）// 228
项目六　酒店实训对话// 233

参考文献 // 251

模块一
酒店服务综合实训概述

随着社会的不断进步和旅游业的快速发展，酒店业已经成为促进我国经济社会发展和扩大就业的重要行业。酒店业不论在建筑物、设施、产品、服务方面，还是在经营管理方面，都在不断完善和发展。现代酒店业与国际接轨程度较高，在国民经济体系中发挥着现代化管理、国际化管理的示范作用。

酒店服务综合实训课程是指酒店服务与管理专业的学生在完成主要课程的理论知识学习后，结合本专业的主要知识和单项技能，在实训场所集中进行的综合性、系统性实践训练。

项目一　酒 店 认 知

- **任务描述**

熟悉酒店的含义、酒店的类型与等级，对酒店服务的内涵有较为深入的认识，了解酒店的产生与发展。

- **相关知识**

一、酒店的含义

酒店（Hotel）一词原为法语，指的是法国贵族在乡下招待贵宾的别墅。后来欧美的酒店业沿用了这一名词来泛指所有的商业性住宿设施。在我国，由于地域和习惯上的差异，有“酒店”“饭店”“大厦”“度假村”“山庄”等多种不同的叫法。酒店应具备下列基本条件：

（1）酒店是一个住宿设施完备并经政府有关部门许可的建筑；

（2）酒店必须提供住宿、餐饮等基本服务和项目；

（3）酒店要为旅客提供商务、娱乐、购物等项目及其服务；

（4）酒店设施与场地具有商业性特征，要在承担一定社会责任的前提下谋求合理的利润。

综上所述，酒店是以建筑物为凭借，主要通过客房、餐饮、娱乐等设施及与之有关的多种项目，向客人提供服务的一种专门场所。换言之，酒店就是利用空间设备、场所和一定消费物质资料，通过接待服务来满足宾客住宿、饮食、娱乐、购物、消遣等需要而取得经济效益和社会效益的综合性服务企业。

二、酒店的业务特点

酒店是通过生产和销售酒店产品来获取收益的，是自主经营、自负盈亏的企业。酒店作为以招徕和接待客人为特征的服务行业，具有与其他行业不同的特征。酒店的业务特点主要表现在以下四点。

1．无形性

酒店的业务活动从本质上说，并不生产和销售有形的物质产品，而是凭借物质设施向客人提供一种无形的服务，客人最终得到的只是一种服务的效用和服务过程的一种体验。所以，在酒店的业务活动中，酒店提供服务的过程和客人消费服务的过程处于同一时间和空间。酒店的设施、空间、环境不能储存和搬运，如在某一时间内没有销售出去的客房，其这一时间内的价值便随时间而消失了。

2．综合性

综合性即酒店业务活动构成要素的复杂性和内外联系的紧密性。在现代社会，人们住店不仅是一种基本的生活需要，而且也是追求享受的一种方式。要满足客人的需要，酒店必须做到配套设施齐全、服务项目丰富、服务质量优良。这就要求酒店各部门要协调配合，以建立一个综合性的服务系统。

3．波动性

酒店的业务受到多种因素的制约，具有不稳定性，最基本的客观因素有三个。一是社会政治因素，即国家政策、社会秩序、外交关系等。二是经济因素，即商品经济的发达程度、国家经济的发展速度、人们的消费水平等。三是人的因素，酒店产品质量受人为因素影响较大，难以恒定地维持一致。一方面由于服务的对象是人，他们有着不同的兴趣、爱好、风俗、习惯，又有着不同的动机和需要；另一方面提供服务的也是人，酒店员工在提供服务时会受知识、性格、情绪等诸多因素的影响，这些影响致使酒店产品质量有着很大的可变性。

4．文化性

文化是由地域、历史、民族、政治、意识形态所决定的人类知识、习俗和行为的整体，它包括语言、思想、信仰、风俗习惯、禁忌、法规、制度、工具、技术、艺术、礼仪以及其他有关成分。酒店的文化特性主要体现在有形的物质文化和无形的精神文化两个方面。有形的物质文化主要表现为具有文化艺术氛围的建筑造型、功能设计、装饰风格、环境艺术等文化娱乐设施，以及有民族文化和西洋文化的美食等物质产品。无形的精神文化主要表现为非物质文化和服务活动的思想意识以及经营活动中的经营思想和管理文化等。

三、酒店的类型

目前世界各地的酒店主要有以下几种基本类型。

1．根据酒店的服务对象分类

（1）商务型酒店。

商务型酒店又称暂住型酒店，以接待从事商务活动的客人而非旅游度假的客人为主。

商务型酒店在地理位置、酒店设施、服务项目、价格等方面都以商务为出发点，尽可能地为商务客人提供便利。这类客人对酒店的地理位置要求较高，要求酒店靠近城区或商业中心区。相关商务设施必须配备齐全，如打字、复印、传真、翻译等服务。其客流量一般不受季节的影响。商务型酒店的设施设备齐全，服务功能较为完善。

（2）度假型酒店。

度假型酒店主要是指为宾客旅游、休假、疗养等提供食宿及娱乐活动的一种酒店类型。度假型酒店多兴建在海滨、温泉、风景区附近，其经营的季节性较强，要求有较完善的娱乐设备。度假型酒店因地域、经济、文化的不同而具有地方性、灵活性和多样性的特点。度假型酒店可分为两种：一种是观光度假型酒店，这类酒店要求的地理位置比较独特，多位于海滨、草原、海岛、森林、雪山等拥有独特旅游资源的地方，并且能够提供多种旅游活动和健身活动；另一种则是休闲度假型酒店，这类酒店不需要有良好的旅游资源，但一定要有安静、舒适、绿化率高的自然环境，因为这类酒店的顾客都是来放松身心、释放压力、逃离城市喧嚣的。

（3）长住型酒店。

长住型酒店也称为公寓型酒店，此类酒店客房多采取家庭式结构，以套房为主，配套适合客人长住的家具和电器设备，房间大者可供一个家庭使用，小者有仅供一人使用的单人房间。在服务上讲究家庭式氛围，要求亲切周到，是既提供一般酒店服务，又提供一般家庭服务的酒店。

（4）会议型酒店。

会议型酒店是以接待会议顾客为主的酒店，除食宿、娱乐外还为会议代表提供接送站、会议资料打印、录像摄像、旅游等服务。要求有较为完善的会议服务设施（大小会议室、同声传译设备、投影仪等）和功能齐全的娱乐设施。

2．按照酒店的经营方式分类

（1）集团经营酒店。

集团经营酒店又称连锁酒店或酒店联号，是指酒店集团在本国或世界各地拥有或控制两家或两家以上的酒店。这些酒店采用统一的店名、店标，统一的经营管理方式，统一的管理规范和服务标准，联合经营形成系统。集团化经营可以避免市场的过度竞争，增加行业的利润。从20世纪80年代中期以来，酒店集团在我国酒店市场运行中扮演着十分重要的角色，我国酒店业无疑将在21世纪进入酒店集团化经营的新时代。

● **知识链接 1-1**

十大酒店集团

1．洲际酒店集团

洲际酒店集团成立于1777年，是目前全球最大及网络分布最广的专业酒店管理集团，拥有洲际、皇冠假日、假日酒店等多个国际知名酒店品牌和超过60年的国际酒店管理经验。

2．胜腾酒店管理集团

胜腾酒店管理集团的总部设在美国新泽西州的帕斯帕尼，是世界上最大的经济型酒店运营商之一，在全球范围内约有 2 500 家酒店。第一家速 8 酒店于 1974 年在美国南达科他州的阿伯丁市开业，速 8 酒店一直致力于向所有的住客提供干净的房间和友好的服务。速 8 酒店于 2004 年 4 月进入中国市场，同年 6 月 8 日中国第一家速 8 酒店在北京王府井开业。截至 2014 年 9 月，速 8 酒店在中国近 200 座城市拥有已开业或即将开业的酒店 800 余家。

3．万豪国际集团

万豪国际集团是全球首屈一指的酒店管理公司，业务遍及全球 73 个国家和地区，管理着超过 3 700 家酒店，提供约 490 500 间客房。该公司的总部设于美国首都华盛顿特区，共有员工 128 000 人。万豪被《财富》杂志评为酒店业最值得敬仰企业和最理想工作酒店集团之一。

4．雅高国际酒店集团

总部设在巴黎的雅高国际酒店集团成立于 1967 年，是全球著名的酒店集团之一，其雏形是 1947 年成立于法国的第一家“老沃特尔”酒店，后以该品牌为基础，开展连锁经营。法国雅高国际酒店集团通过收购酒店集团和从事酒店管理令酒店业务不断迅速增长，拥有独特的国际市场地位，素以为商界和消闲服务市场提供一系列大众化以致豪华的著名品牌酒店而负盛名。

5．精选国际酒店集团

精选国际酒店集团起源于品质客栈连锁集团，是一家以中等价格和一贯的高质量服务取胜的酒店业先驱。在相继收购了 Clarion、Rodewaylnn 和 EconoLodge 之后，精选国际酒店集团又对 Sleeplnn 和 MainStaySuites 进行了革命性的改造，使自身的业务范围得到全面拓展，从经济型消费到高消费，从基本服务到高档次的娱乐享受，各种服务无所不包，能够满足社会各阶层人士的需求。

6．希尔顿国际酒店集团

希尔顿国际酒店集团是总部设于英国的希尔顿集团公司旗下分支，拥有除北美洲外全球范围内希尔顿商标使用权。截至 2013 年年底，希尔顿品牌在 84 个国家拥有 4 080 家酒店，超过 672 000 间客房。

7．最佳西方国际集团

美国最佳西方国际集团成立于 1946 年，在全球近一百个国家和地区拥有成员酒店 4 200 多家，总客房数超过 30 万间，是全球单一品牌下最大的酒店连锁集团，在美国、加拿大及欧洲具有广泛的影响。1946 年，拥有 23 年管理经验的旅游业主古尔汀建立了最佳西方汽车旅馆。经过 60 多年的发展，最佳西方国际集团采取建立战略联盟的方式，在全球建立经营网点，通过其全球预订系统和灵活多样的服务项目，把各个成员酒店联合起来，迅速成为世界第一大的酒店品牌。

8．喜达屋国际酒店集团

喜达屋国际酒店集团以其酒店的高档豪华著称，集团的品牌包括圣·瑞吉斯、至尊金选、寰鼎、喜来登、福朋以及 W 酒店。

9．凯悦国际酒店集团

凯悦国际酒店集团是世界知名的跨国酒店集团，总部设在美国芝加哥。集团旗下酒店品牌包括柏悦、君悦、凯悦、凯悦度假村等，凯悦是五星级酒店，君悦及柏悦属于超五星级酒店，以豪华驰名。

10．香格里拉酒店集团

总部设在香港的香格里拉酒店集团是亚洲最大的豪华酒店集团，从1971年新加坡第一家香格里拉酒店开业开始，香格里拉酒店集团便不断向国际迈进，被视为世界最佳酒店管理公司之一。

（2）独立经营酒店。

独立经营酒店是指由投资者独立经营的单个酒店，在目前的酒店业界，绝大多数中小型酒店都属于独立经营酒店。

（3）联合经营酒店。

联合经营酒店是指由多家独立经营酒店联合组成的酒店，借联合的力量来对抗集团经营酒店的竞争。此种经营方式在保持各酒店独立产权、自主经营基础上，实行联合统一的对外经营方式，如建立统一的订房协议系统、统一对外的质量标准、统一的公众标志等。此类酒店可开展联合对外的促销、宣传活动和内部互送客源等，形成规模经济。

3．按酒店建筑规模分类

目前对酒店的规模旅游行政部门还没有统一的划分标准。较通行的分类方法是以客房和床位的数量多少，区分为大、中、小型三种。

（1）小型酒店。

小型酒店主要指拥有300间以下标准客房数量的酒店。酒店内的设施、设备和服务能满足酒店的标准和要求，价格便宜，属于经济型酒店。

（2）中型酒店。

中型酒店主要指拥有300～500间标准客房数量的酒店。酒店内的设施设备完善，服务项目齐全，能满足酒店的标准和要求，价格适中，是多数旅游者愿意接受并喜欢选择的酒店。

（3）大型酒店。

大型酒店主要指拥有500间以上标准客房数量的酒店。酒店内的旅游服务综合设施配套齐全，服务项目多样化，豪华舒适。

4．按照酒店的地理位置分类

按照酒店的地理位置，可将酒店分为以下几种类型。

（1）中心城市酒店。

这类酒店位于城市中心或商业区等繁华地带，地理位置很有优势，适宜于发展以商务游客为目标群体的酒店。

（2）风景区酒店。

这类酒店位于旅游风景区、海滨、湖滨、森林等地，环境优美，空气质量较高，适宜于发展以度假旅客为目标群体的酒店。

（3）汽车酒店。

这类酒店位于公路沿线，为适应汽车旅游需要而设置的各种经济、方便的酒店，适宜于发展以汽车旅游为目标群体的酒店。

（4）机场酒店。

这类酒店位于机场附近，是为乘坐飞机的旅客提供住宿、餐饮及其他所需服务的酒店，以便利、安全为主。

（5）郊区酒店。

这类酒店位于城市郊区或交通便利之地，包括建在市郊的车站、码头等地，适宜于发展以汽车旅游为主的以经济型游客为目标群体的酒店。

5. 按照计价方式分类

（1）欧式计价酒店。

欧式计价酒店指酒店客房价格仅包括房租，不含食品、饮料等其他费用。这种计价方式源于欧洲，世界各地绝大多数酒店均属此类，我国的旅游涉外酒店也基本上采用这种计价方式。

（2）美式计价酒店。

美式计价酒店的客房价格包括房租以及一日三餐的费用，因此，又被称为全费用计价方式。这种计价方式多用于度假型酒店。

（3）修正美式计价酒店。

修正美式计价酒店的客房价格包括房租和早餐以及午餐或晚餐（二者任选一个）的费用，以使宾客有较大的自由安排白天活动。这种计价方式多用于旅行社组织的旅游团队。

（4）欧陆式计价酒店。

欧陆式计价酒店的客房价格包括客人的住宿费和每日一顿欧陆式简单早餐的费用，欧陆式早餐主要包括冻果汁、烤面包、咖啡或茶。有些国家把这种计价方式称为“床位连早餐”计价。

（5）百慕大计价酒店。

百慕大计价酒店的客房价格包括客人的住宿费和每日一顿美式早餐的费用。美式早餐除含有欧陆式早餐的内容以外，通常还包括火腿、香肠、咸肉等肉类和鸡蛋。

四、酒店的等级

酒店等级的划分因不同国家和地区采用的等级标准不同，用以表示级别的标志与名称也不一样。在酒店等级的标识方法上，有的是以星号的多少表示，有的则以数字 1、2、3、4 或者以其他的符号表示。如法国的酒店分为“1～5 星”五级，意大利的酒店分为“豪华、1～4 级”五级，瑞士的酒店分为“A、B、C、D、E”五级，奥地利的酒店分为“A1、A、B、C、D”五级，美国汽车协会及美国汽车石油公司分别制定并使用“五花”和“五星”等级制，有的国家和地区则采用“豪华、舒适、现代”或“乡村、城镇、山区、观光”或“国际观光、观光”等分等制。

世界上酒店等级的评定一般采用星级制，我国酒店采用的是五星制。我国是根据《中华人民共和国旅游涉外酒店星级标准》，对酒店的建筑、装潢、设备设施条件和维修保养状况、管理水平和服务质量的高低、服务项目的多少进行全面考核，综合平衡将酒店划分为一星、二星、三星、四星、五星共五个等级。五星级为最高级，在五星级的基础上，再产生白金五星。

1．**一星酒店**

设备简单，具备食、宿两个最基本功能，能满足客人最简单的旅行需要，提供基本的服务，属于经济等级，符合经济能力较差的旅游者的需要。

2．**二星酒店**

设备一般，除具备客房、餐厅等基本设备外，还有卖品部、邮电、理发等综合服务设施，服务质量较好，属于一般旅行等级，满足旅游者中下等的需要，收费低廉，经济实惠。

3．**三星酒店**

设备齐全，不仅提供食宿，还有会议室、游艺厅、酒吧间、咖啡厅、美容室等综合服务设施。每间客房面积约 20 平方米，家具齐全，并配有冰箱、电视机等。服务质量较好，收费标准较高，能满足中产以上旅游者的需要。目前，这种属于中等水平的酒店在国际上最受欢迎，数量较多。

4．**四星酒店**

设备豪华，综合服务设施完善，服务项目多，服务质量优良，讲究室内环境艺术，提供优质服务。客人不仅能够得到高级的物质享受，也能得到很好的精神享受。这种酒店国际上通常称为一流水平的酒店，收费一般很高。这类酒店主要满足经济地位较高的上层旅游者和公费旅行者的需要。

5．**五星酒店**（或四星豪华）

这是酒店的最高等级，设备十分豪华，设施更加完善，除了房间设施豪华外，服务设施也更齐全，有各种餐厅，较大规模的宴会厅、会议厅，综合服务比较完善，是社交、会议、娱乐、购物、消遣、保健等活动中心。这类酒店环境优美，收费标准和服务质量要求很高，主要是满足上层旅游者，政府官员，社会名流，大企业的管理人员，工程技术人员，参加国际会议的官员、专家、学者的需要。

● **知识链接 1-2**

白金五星

1988 年，中国国家际旅游局开始组织实施酒店星级评定工作。2003 年 12 月 1 日颁布、2004 年 7 月 1 日起实施的新版《酒店星级划分与评定》标准中设立了白金五星等级，它是中国自 1988 年出台酒店星级标准 16 年来，经三次修订、首次出现、自行设计的标准。白金五星级的酒店缀有五颗星的标牌选用白金色。

白金五星级酒店要求具有两年以上五星级酒店资格；地理位置处于城市中心商务区或繁华地带，交通极其便利；建筑主题鲜明，外观造型别具一格，有助于所在地建立旅游目的地形象；内部功能布局及装修装饰能与所在地历史、文化、自然环境相结合，恰到好处地表现和烘托其主题氛围；除有富丽堂皇的门廊及入口外，酒店整体氛围极其豪华气派；各类设施配备齐全，品质一流；有酒店内主要区域温湿度自动控制系统；有位置合理、功能齐全、品位高雅、装饰华丽的行政楼层专用服务区，至少对行政楼层提供 24 小时管家式服务。

2006 年 7 月 7 日，国家旅游局在北京中国大酒店举行新闻发布会，宣布正式启动创建白金五星级酒店试点工作。北京中国大酒店、上海波特曼丽嘉酒店、广州花园酒店、济南山东大厦、4 家酒店入围首批白金五星级酒店创建试点名单。

五、酒店的产生与发展

酒店的产生和发展过程非常漫长，已有几千年的历史。生产力的发展促进了酒店行业的发展，首先是商业活动使人类扩大了活动的范围，从而产生居住等更多的需求，也就使酒店的基本功能日益增加。

1．世界酒店业的产生与发展

现代的酒店是从古代中国的驿站、古罗马的棚舍、欧洲的路边旅馆及美国的马车客栈演变而来的。其发展进程大体上可以分为四个时期。

（1）古代客栈时期（12—18 世纪）。

客栈是随着商品生产和商品交换的发展而逐步发展起来的。最早期的客栈可以追溯到人类原始社会末期和奴隶社会初期，是为适应古代国家的外交交往、宗教、商业旅行、帝王巡游等活动的要求而产生的。

在西方，客栈作为一种住宿设施早已存在，欧洲许多国家如英国、法国、瑞士、意大利和奥地利等国的客栈已相当普遍。当时比较好的客栈通常拥有酒窖、食品室和厨房，还有供店主及管马人用的房间。许多古老客栈还有花园、草坪以及带有壁炉的宴会厅和舞厅。此时的英国客栈已是人们聚会并相互交往、交流信息的地方。实际上，在 18 世纪，世界许多地方的客栈不仅仅是过路人寄宿的地方，还是当地的社会、政治与商业活动的中心。可以说这些简单的住宿设施不是完整意义上的酒店，而是酒店的雏形。

古代客栈的特点是：一般规模小，建筑简单，设备简易，价格低廉，仅提供简单食宿，是休息的场所。当时的这些住所，只是个歇脚之处，无其他服务可言；管理上，以官办为主，也有部分民间经营的小店，是家庭住宅的一部分，家庭是客栈的拥有者和经营者，没有其他专门从事客栈管理的人员。后来，随着社会的发展、旅游活动种类的增加，客栈的规模也日益扩大，种类不断增多。

（2）豪华酒店时期（18 世纪末—19 世纪中叶）。

豪华酒店时期又叫大酒店时期。随着资本主义经济和旅游业的发展，旅游开始成为一种经济活动，专为上层统治阶级服务的豪华酒店应运而生。在欧洲大陆上出现了许多以“酒店”命名的住宿设施。无论是豪华的建筑外形，还是高雅的内部装修，还是服务和用餐的各种规范形式，都是王公贵族生活方式商业化的结果。酒店与其说是为了向旅游者提供食宿，不如说是为了向他们提供奢侈的享受。

一般认为，欧洲第一个真正可称为酒店的住宿设施是在德国的巴登建起的巴典国别墅。随后，欧洲许多国家大兴土木，争相修建豪华酒店。当时颇有代表性的酒店有 1850 年在巴黎建成的巴黎大酒店、1874 年在柏林开业的凯撒酒店、1876 年在法兰克福开业的法兰克福大酒店和 1889 年在伦敦开业的萨沃伊酒店等。豪华酒店是新的富裕阶级生活方式和社交活动商业化的结果。

豪华酒店的特点是：规模宏大，建筑与设施豪华，装饰讲究，许多豪华酒店还成为世界建筑艺术的珍品；酒店内部分工协作明确，对服务工作和服务人员要求十分严格，讲究服务质量；酒店内部出现了专门的管理机构，促进了酒店管理及其理论的发展。

（3）商业酒店时期（19 世纪末—20 世纪 50 年代）。

商业酒店时期是酒店业发展的重要阶段，是世界各国酒店最为活跃的时代，它使酒店业最终成为以一般平民为服务对象的产业，从各个方面奠定了现代酒店业的基础。

20 世纪初，世界上最大的酒店业主出现在美国，他就是埃尔斯沃思·米尔顿·斯塔特勒。1908 年斯塔特勒在美国巴法罗建造了第一个由他亲自设计并用他的名字命名的斯塔特勒酒店，该酒店是专为旅游者设计的，适应了市场的需求，创造了一般平民所能负担的价格条件。这家以提供世界上最佳服务为目标的新型酒店，开创了酒店业发展的新时代。斯塔特勒的酒店经营思想和既科学合理又简便适宜的经营管理方法，如“酒店经营第一是地点，第二是地点，第三还是地点”等，至今对酒店业仍大有启迪，对现代酒店的经营具有重要的影响。

商业酒店的基本特点是：第一，商业酒店的服务对象是一般的平民，主要以接待商务客人为主，规模较大，设施设备完善，服务项目齐全，讲求舒适、清洁、安全和实用；第二，实行低价格政策，使顾客感到收费合理，物有所值；第三，酒店经营者与拥有者逐渐分离，酒店经营活动完全商业化，讲究经济效益，以营利为目的；第四，酒店管理逐步科学化和效率化，注重市场调研和市场目标选择，注意训练员工和提高工作效率。

（4）现代新型酒店时期（20 世纪 50 年代以后）。

第二次世界大战后，随着世界范围内的经济复苏和繁荣，人口迅速增长，世界上出现了国际性的大众化旅游。科学技术的进步使交通条件大为改善，为外出旅游创造了条件；劳动生产率的提高、可支配收入的增加使人们外出旅游和享受酒店服务的需求迅速扩大，加快了旅游活动的普及并使世界各国政治、经济、文化等方面的交往更加频繁。这种社会需求的变化促使酒店业进入现代新型酒店时期。

在现代新型酒店时期，酒店业发达的地区并不仅仅局限于欧美，而是遍布全球。亚洲地区的酒店业从 20 世纪 60 年代起步发展至今，在规模、等级、服务水准、管理水平等方面毫不逊色于欧美的酒店业。在美国《机构投资者》杂志每年组织的颇具权威性的世界十大最佳酒店评选中，亚洲地区的酒店往往占有半数以上，并名列前茅。由中国香港东方文华酒店集团管理的泰国曼谷东方大酒店，十多年来一直在世界十大最佳酒店排行榜上名列榜首。在亚洲地区的酒店业中，已涌现出较大规模的酒店集团公司，如日本的大仓国际酒店集团、新大谷酒店集团，中国香港的东方文华酒店集团、丽晶酒店集团，新加坡的香格里拉酒店集团、文华酒店集团等，这些酒店集团公司不仅在亚洲地区投资或管理酒店，还扩展到欧美地区。

现代酒店的主要特点是：旅游市场结构的多元化促使酒店类型多样化，如度假酒店、观光酒店、商务酒店、会员制俱乐部酒店等；市场需求的多样化使酒店设施不断改进，经营方式更加灵活；酒店产业的高利润加剧了市场竞争，使酒店与其他行业联合或走向连锁经营、集团化经营的道路；现代科学技术和科学管理理论的发展，使现代酒店管理日益科学化和现代化。

- **知识链接 1-3**

世界上建筑高度最高的七星级酒店

阿拉伯塔酒店，又称迪拜帆船酒店，位于中东地区阿拉伯联合酋长国的迪拜酋长国迪拜市。迪拜帆船酒店由英国设计师汤姆·赖特（Tom Wright）设计，建立在海滨的一个人工岛上，是一个帆船形的塔状建筑，一共有 56 层，高 321 米，是世界上第一家七星级酒店，也是当时全球最高的酒店，比法国埃菲尔铁塔还高。

图 1-1　迪拜帆船酒店

迪拜帆船酒店开业于 1999 年 12 月，共有高级客房 202 间，所有的房间皆为两层楼的套房，而且全部是落地玻璃窗，随时可以望见一望无际的阿拉伯海。酒店客房面积从 170 平方米到 780 平方米不等，最低的也是总统套房，房价 900 美元，最高的皇家套房房价为 18 000 美元。酒店房价虽然不菲，客人却源源不断。“不怕价高，只怕货差”，这句商界名言在迪拜帆船酒店得到印证。

2．中国酒店业的产生与发展

中国是文明古国，也是世界上最早出现酒店的国家之一。远在 3 000 多年前，殷商就出现了官办的“驿站”，它是中国历史上最古老的官办住宿设施。

（1）中国古代的酒店业。

客栈为古代酒店的称号，是为了满足人们外出远行的需要而出现的，因为当时人们远行主要是靠步行或乘马车，因此，客栈主要出现于道路旁。

到了西周，为了便于 71 个诸侯国向王家纳贡和朝见，在交通要道处修筑了供客人投宿的“客舍”。这些驿站或客舍是中国历史上最古老的住宿设施，主要是为了满足各种公务、商务和外交、军事人员的基本食宿需要而设立的。

战国时期，由于农业和手工业的进步、商业的发展，民间的客店业初步形成并不断发展和完善。两汉中期，随着对外贸易的日益发展，长安城内建造起许多所“群郗”，供外国使者和商人食宿。南北朝时期出现了“邸店”，供客商食宿、存货和交易。宋朝出现了众多的“同文馆”“大同馆”等旅馆。这些住宿设施不但提供客房，还提供酒菜饭食，可以说这些民间的客栈和旅馆是现代意义上酒店的雏形。

（2）中国近代的酒店业。

中国近代由于受到外国帝国主义的入侵沦为半殖民地半封建社会，当时的酒店业除有传统的旅馆之外，还出现了西式酒店和中西式酒店。

西式酒店是 19 世纪初由外国资本建造和经营的酒店的统称，这类酒店规模宏大、装饰华丽、设备先进，接待对象主要以来华外国人为主，也包括当时中国上层社会人物及达官贵人，如北京的六国酒店、北京酒店，天津的利顺德大酒店和上海的理查德酒店等。西式酒店的出现对中国近代酒店业的发展起了一定的促进作用，把西式酒店的建筑风格、设备配置、服务方式、经营管理的理论和方法带到了中国。

中西式酒店是在西式酒店影响下，由中国的民族资本投资兴建的一大批中西风格结合的酒店。这类酒店在建筑式样、店内设备、服务项目和经营方式上都受到西式酒店的影响。至20世纪30年代，中西式酒店的发展达到了鼎盛时期，中西式酒店为中国酒店业进入现代酒店时期奠定了良好的基础。

（3）中国现代的酒店业。

我国现代酒店业的发展是十分快速的，特别是新中国成立后，我国的各省会、直辖市和风景区通过改建老酒店，建立了一批新的酒店和招待所。自 1978 年我国开始实行对外开放政策以来，大力发展旅游业，这为我国现代酒店业的兴起和发展创造了前所未有的良好机遇。在行业规模扩大、设施质量提升的同时，我国酒店业的经营观念也发生了质的变化，经营管理水平得到了迅速的提高。从 1978 年至今，我国酒店业大体经历了四个发展阶段。

第一阶段（1978—1983），由事业单位招待型管理走向企业单位经营型管理。这一时期的酒店，很大部分是从以前的政府高级招待所转变而来的，在财政上实行统收统支、实报实销的制度，基本没有上缴利润，没有任何风险，服务上只提供简单的食宿，谈不上满足客人要求。由于经营上既没有指标，也没有计划，因此，作为一个酒店也就既没有压力，又缺乏活力，与满足国际旅游业发展和为国家增加创汇的要求有很大的差距。

第二阶段（1984—1987），由经验型管理走向科学管理。1984 年，我国酒店业在全行业推广北京建国饭店的科学管理方法，走上了与国际接轨的科学管理轨道，这是我国酒店业在发展中迈出的第二步。企业化管理进程开始加快，科学管理体系开始形成，经营方式灵活，管理队伍活力增强，服务质量明显上升，经济效益和社会效益得到了很大提高。

第三阶段（1988—1994），我国酒店业吸纳国际通行的做法，推行星级评定制度，使我国酒店业进入国际现代化管理新阶段。为使我国酒店业能规范有序地发展并与国际酒店业的标准接轨，1988 年 9 月，经国务院批准，国家旅游局颁布了酒店星级标准，并开始对旅游涉外酒店进行星级评定。我国的酒店星级标准，是在对国内外酒店业进行大量调查研究的基础上，参照国际通行标准并结合我国实际情况，在世界旅游组织的专家指导下制定出来的，1993 年经国家技术监督局批准，定为国家标准。我国酒店业实行星级制度，可以促使酒店的服务和管理符合国际惯例和国际标准。评定星级既是客观形势发展的需要，也是使我国酒店业进入规范化、国际化、现代化管理的新阶段的需要。

第四阶段（1994 年至今），我国酒店业逐步向专业化、集团化、集约化经营管理迈进。1994 年，我国的酒店业已形成了一定的产业规模。经国家旅游局批准，我国成立了第一批自己的酒店管理公司，这为迅速崛起的中国酒店业注入了新的活力，引导我国酒店业向专业化、集团化管理的方向发展。另外，20 世纪 90 年代中后期，我国酒店业的总量急剧增加，由于受到国内外经济环境变化的影响，走集约型发展之路越来越成为酒店业的共识，酒店业从单纯追求总量扩张、注重外延型发展向追求质量效益、强化内涵型发展转变。

这个时期酒店业的特点如下。①实行多种形式联合：出于经营上的需要，为了提高预订和推销效果，许多酒店实行了多种形式的联合。②投资形式多样化：为了满足不断发展的旅游业和对外开放的经济发展需要，酒店业采取多种渠道的集资形式，建造了一批具有现代化设施和服务的酒店。③设施和服务日趋现代化：为了适应现代旅游多元化的发展，满足多类别的国内外旅游者的需要，我国参照国外先进酒店的硬件标准，结合中国民族建筑的特色，建造了一批建筑新颖别致、设施齐全的酒店。④经营管理日趋先进：新时期的酒店管理引进国外先进的酒店管理理论和经验，结合我国酒店经营的实际情况，吸收我国其他行业企业管理的先进经验，探索和创造了先进的酒店管理体制和方法并不断改进和完善。

项目二　酒店服务综合实训认知

- **任务描述**

熟悉服务、酒店服务的含义及酒店服务的特点，了解酒店服务的构成要素。

- **相关知识**

一、服务的含义

服务是一种供需活动，是一种并不客观存在却可使客人需求获得满足的活动，而这种活动并不需要与其他的产品或服务出售联系在一起。

服务应该具备四方面内容：第一，服务的目的就是满足顾客需要，帮助顾客解决他们的问题，让顾客具有满足感；第二，要提供服务，就要与顾客接触；第三，服务的内容不是实物，即并非产品，而是企业的活动和企业活动的结果；第四，服务的范围既包括“追加服务”，即依附于商品实体而提供的追加服务，又包括“核心服务”，即与商品不直接相关的一种服务。

二、酒店服务的含义

酒店服务是酒店向顾客提供的各项劳务活动的总称，它包括有形的实物产品和无形的服务活动。其中，设施设备等有形实物产品是酒店服务质量的基础，服务方式、服务态度是表现形式，而顾客满意程度则是所有服务优劣的最终体现。服务的英文“service”的七个字母所代表的内容即体现了酒店服务的含义。

s，即 smile（微笑），其含义是服务员要对每一位顾客提供微笑服务。

e，即 excellent（出色），其含义是服务员要将每一项微小的服务工作做得很出色。

r，即 ready（准备好），其含义是服务员要随时准备好为顾客服务。

v，即 viewing（看待），其含义是服务员要把每一位顾客都视为需要给予特殊照顾的贵宾。

i，即 inviting（邀请），其含义是服务员在每一次服务结束时，都要邀请顾客再次光临。

c，即 creation（创造），其含义是每一位服务员要精心创造出使顾客能享受其热情服务的气氛。

e，即 eye（目光），其含义是每一位服务员始终要用热情好客的目光关注顾客，预测顾客的需求并及时提供服务，使顾客时刻感受到服务员在关心自己。

三、酒店服务的构成要素及特点

从服务的本质角度看，酒店服务主要由服务人员、服务项目、服务设施设备和服务环境四大部分构成。

从服务的商品流通角度看，酒店服务要素包含了服务给体、受体和媒体三个方面。

从酒店的服务内容角度看，酒店服务构成要素包括核心服务、支持服务、延伸服务、服务的可接近性和员工的服务态度和水平等方面内容。

酒店服务具有无形性、一次性、同步性、差异性的特点。

四、酒店服务综合实训的意义

酒店服务综合实训的意义主要体现在以下几点。

（1）酒店服务综合实训有利于知识整合和理论联系实际，以实现与工作岗位要求的零距离对接。

（2）酒店服务综合实训有利于促进教学改革。

（3）酒店服务综合实训有利于进一步巩固、提高学生的实际动手能力，提高对职业岗位的认知，强调实用性和能力化。

五、酒店服务综合实训的总体思路

1．实训环境

实训环境包括酒店前厅、客房、中西餐厅、酒吧、康乐场所及相关的设施设备、酒店用品和教学材料。地点主要指校内实训室、校内酒店和校外综合实训基地。

2．时间安排

总的课题要保证，校内实训部分120学时以上，酒店轮训部分280学时以上。通过连续、集中的强化实训，以完全达到酒店各岗位服务的要求。

3．实训实施

根据酒店不同的岗位划分为前厅、客房、餐饮、酒吧、康乐等实训模块，同时关键能力实训也要安排一定的课时。

4．实训考核

对学生的实训评价分为过程考核和结果考核两个部分。

模块二
酒店服务意识养成实训

项目一　服务意识的认知实训

- **任务描述**

了解服务意识的内涵及重要性，定位职场角色，培养服务意识。

- **相关知识**

一、服务质量

狭义的服务质量指酒店服务的质量，仅指由服务人员的服务劳动所提供的、不包括提供的实物形态的使用价值。广义的酒店服务质量包含组成酒店服务的三要素：设施设备、实物产品和服务的质量，是一个完整的服务质量的概念，整体来说，包括有形产品质量和无形产品质量两个方面。

本书所指的服务质量主要指广义的服务质量，即酒店以其所拥有的设施设备为依托，为顾客所提供的服务在价值和使用价值上适合和满足顾客期望的程度。酒店服务是有形产品和无形劳务的有机结合，酒店服务质量则是有形产品质量和无形劳务质量的完美统一，有形产品质量是无形劳务质量的凭借和依托，无形劳务质量是有形产品质量的完善和体现，两者相辅相成，共同构成完整的酒店服务质量。

提高酒店服务质量的意义包括：①提高酒店服务质量关系到酒店的生存；②提高酒店服务质量是酒店进行竞争的重要砝码；③提高酒店服务质量管理是酒店业常青的动力所在。

二、衡量酒店服务质量的标准

服务质量的特性表现为“五感”，即给顾客以舒适感、方便感、亲切感、安全感、物有所值感。

优质服务的具体表现为：规范服务+超常服务=优质服务，具体包括以下几个方面。

1. 良好的礼仪

酒店服务礼仪是酒店工作人员在服务过程中对服务对象表示尊重的一种行为规范和准则，既是酒店服务工作中共同认可的礼节和仪式，也属于职业礼仪的范畴。良好的服务礼仪包括：尊重为本、遵守为先、平等为基、真诚为贵、宽容为美、适度为准。

良好的酒店服务礼仪有利于提升酒店服务质量，增强宾客满意程度；有利于适应市场竞争需要，优化酒店品牌形象。

2．优良的服务态度

服务态度是反映服务质量的基础，优质的服务是从优良的服务态度开始的。良好的服务态度，会使顾客产生亲切感、热情感、朴实感、真诚感，主要表现为认真负责、积极主动、热情耐心、细致周到、文明礼貌。

（1）认真负责。就是要急顾客所需，想顾客之所求，认认真真地为顾客办好每件事，无论事情大小，均要给顾客一个圆满的结果或答复，即使顾客提出的服务要求不属于自己岗位的服务范畴，也应主动与有关部门联系，切实解决顾客的疑难问题，把解决顾客之需当作工作中最重要的事，按顾客要求认真办好。

（2）积极主动。就是要掌握服务工作的规律，自觉把服务工作做在顾客提出要求之前，要有主动“自找麻烦”、力求顾客完全满意的思想，做到处处主动，事事想深，助人为乐，事事、处处为顾客提供方便。

（3）热情耐心。就是要待客如亲人，初见如故，面带笑容，态度和蔼，语言亲切，热情诚恳。在顾客面前，不管服务工作多繁忙，压力多大，都要保持不急躁、不厌烦的心态，镇静自如地对待顾客。顾客有意见虚心听取，顾客有情绪尽量解释，绝不与顾客争吵，发生矛盾要严于律己，恭敬谦让。

（4）细致周到。就是要善于观察和分析顾客的心理特点，懂得从顾客的神情、举止发现顾客的需要，正确把握服务的时机，服务于顾客开口之前，效果超乎顾客的期望，力求服务工作完善妥当、体贴入微、面面俱到。

（5）文明礼貌。就是要有较高的文化修养，谈吐文雅，衣冠整洁，举止端庄，待人接物不卑不亢，尊重不同国家、不同民族的风俗习惯、宗教信仰和忌讳，事事、处处注意表现出良好的精神风貌。

3．丰富的服务知识

服务部门共同的基础服务知识大致有如下几类：语言知识、社交知识、旅游知识、法律知识、心理学知识、服务技术知识、商业知识、民俗学知识、管理经营知识、生活常识等。除此之外，员工还必须熟悉酒店的基本情况，具体内容如下。

（1）必须熟悉酒店的行政隶属、发展简史、主要大事记、星级及现在的经营特色。

（2）必须熟悉酒店附近主要车站的站名，有哪些车经过，主要通往市内何处，经过哪些主要地方；酒店距火车站、飞机场、码头的距离及交通方法。

（3）必须熟悉酒店内各营业场所的分布及主要功能。

（4）必须熟悉酒店内服务设施的状况，服务项目的特色，营业场所的位置、营业时间和联系电话。

（5）必须熟悉酒店总经理、副总经理和其他高层管理人员的姓名。

（6）必须熟悉酒店各部门的主要职能、工作范围、经理姓名、办公室位置、电话，以及各部门有哪些主要下属部门及各下属部门的主要工作。

（7）必须熟悉酒店的企业理念、质量方针，并理解其含义。

（8）必须熟悉酒店的店旗、店徽。

（9）必须了解本岗位工作的有关规定、标准、要求。对所使用的工具、器械要做到“三知三会”：知原理、知性能、知用途，会使用、会简单维修、会日常保养。

4．娴熟的服务技能

娴熟的服务技能是决定服务质量水平的基础，它包括服务技术和服务技巧两方面。

服务技术是指各项服务操作和服务接待符合数量标准、质量标准和速度标准，操作规程科学化。

服务技巧是指在不同场合、不同时间，针对不同服务对象而灵活做好服务接待工作，达到良好效果的能力。

5．快捷的服务效率

服务效率是指为客人提供服务的时限。服务效率在服务质量中占有重要的位置。讲究效率不等于瞎忙，要力求服务快而不乱，反应敏捷、迅速而准确无误。它不仅体现出服务人员的业务素质，也体现了酒店的管理效率。

6．建立良好的顾客关系

建立良好的顾客关系要求做到：记住客人信息，重视心理服务，发挥团队精神，掌握沟通技巧，妥善处理投诉，做好善后工作。

三、服务意识

服务意识是指酒店全体员工在与一切酒店利益相关的人或组织的交往中所体现的为其提供热情、周到、主动的服务的欲望和意识。它不仅表现在酒店内，也表现在酒店外；不仅表现在工作时间内，也表现在工作时间外。所谓宾客，不仅是那些你正在为之服务的人，还包括潜在需要服务的客人，甚至还包括所有与酒店有业务关系的供货商、代理商以及对酒店依法行使管理权的行政机关等。

服务意识对职能部门来说同样重要，要使职能部门树立服务意识，关键在于从思想上改变“职能部门是二线，要求可以低一点”以及“职能部门面对的不是客人”等错误观念，树立整个酒店都是一线的思想。有的酒店在员工中开展“假如我是……”的主题演讲活动，让员工进行换位思考，对加强不同部门和岗位之间的沟通，强化员工特别是职能部门的服务意识起到了很好的作用。

服务人员是酒店工作人员最本质的职业角色，酒店服务人员角色定位的具体要求如下。

（1）自我肯定，树立服务光荣的职业意识和理念。

（2）全心全意、真心实意地为客人服务。

（3）打造阳光心态，适应角色多重转换的需要。

酒店员工必须树立“宾客至上”的意识，使之体现在酒店员工的服务工作之中，成为一种服务理念。

实训步骤：

（1）学生分组组成项目小组；

（2）各组根据自身情况选题，自备场景及道具，诠释内涵并展示；

（3）各组推选代表互评并探讨总结；

（4）教师综合测评打分。

项目二　正确处理顾客投诉实训

一、实训目的

能够正确、娴熟、圆满地处理各种顾客投诉。

二、相关知识

1．处理投诉的基本原则

（1）真心诚意地帮助客人解决问题。

（2）绝不与客人争辩。

（3）不损害酒店的利益。

2．投诉的类型

客人的投诉可以归纳为以下四类。

（1）对设备的投诉。服务人员在受理客人有关设备的投诉时，最好的方法是立即去实地观察，然后根据情况采取措施。事后服务人员应再次与客人电话联系，以确认客人的要求是否已得到满足。

（2）对服务态度的投诉。客人对服务人员服务态度的投诉主要包括：粗鲁的语言，不负责任的答复或行为，冷冰的态度，若无其事、爱理不理的接待方式，过分的热情等。由于服务人员与客人都由不同特点的人组成，所以在任何时候，此类投诉都很容易发生。

（3）对服务质量的投诉。对服务质量的投诉主要指对服务的速度（服务效率）和准确度方面的投诉。减少客人对服务态度与服务质量投诉的最好方法是加强对服务人员的培训。

（4）对异常事件的投诉。服务人员应在力所能及的范围内予以帮助解决；如实在无能为力，应尽早告诉客人。只要服务人员的态度通情达理，大部分客人是能谅解的。

3．处理顾客投诉的程序

（1）认真听取意见，聆听时站在对方的立场。

（2）保持冷静，明确抱怨的事实。

（3）表示同情和歉意。

（4）给予关心，不转移目标。

（5）适当地做笔记，适时重复客人的话，表示完全了解和尊重，感谢客人的反馈意见。

（6）采取处理决定，做好服务补救工作。

（7）把将要采取的措施告诉客人并征得客人的同意。

（8）把解决问题所需要的时间告诉客人。

（9）对客人表示感谢。

（10）记录存档。

项目三　做一名合格的酒店员工实训

一、实训目的

了解一个合格的酒店服务人员应当具备的素质要求。

二、实训内容

1．严格要求自己

酒店服务人员必须严格要求自己，努力做好服务工作。

2．要具备良好的观察力

酒店服务人员应具备良好的观察力，以便把握服务时机，主动地、有针对性地做好服务工作。具体来说，要注意观察以下几个方面。

（1）留心观察客人的体态表情，不失时机地提供有效服务。

（2）注意分析客人的交谈内容或自言自语，掌握客人的需求趋向。

（3）正确辨认客人的身份，注意客人所处的场合。

3．要有妥善处理各种矛盾的应变能力

（1）酒店服务人员是酒店的代表，但也要设身处地地站在客人的立场上来考虑问题。

（2）酒店服务人员个人的面子好挽回，但酒店失去的信誉是谁也找不回来的，要以维护酒店的信誉为第一要务。

（3）大多数情况下，客人对酒店服务人员的态度，往往是酒店服务人员对客人态度的一面镜子。在处理与客人发生的一般性矛盾时，酒店服务人员要坚持做到客观考虑客人的利益，适当做些必要的让步；弄清客人的动机，善意地加以疏导。

4．坚持自觉性

在服务工作中坚持自觉性就是要加强主动服务。

5．保持自制力

加强自制力，克服冲动性，具体应做到以下几个方面。

（1）当自己心情欠佳时，不应把情绪发泄到客人身上。

（2）当客人对服务工作提出批评，使我们难堪时，应冷静地对待。

（3）当客人对我们不礼貌时，不能以牙还牙，而是要有礼、有节地解决问题。

（4）当接待客人较多、工作量较大时，应注意服务态度和工作效率：①要对客人礼貌，不要感到客人多是有求于我们而对客人冷淡、无礼、不耐烦；②要提高工作效率，做到镇定自如，忙而不乱，有条不紊地接待客人，做到“接一答二招呼三”，接待好每位客人。

（5）当接待的客人较少、工作量较少时，应注意加强自律。

（6）控制私欲的膨胀，不做一失足成千古恨的事。

（7）在与同事、上级的交往中，应心平气和，遇有矛盾或争议时，应忍让冷静。

（8）在日常工作和生活中，要讲究礼貌，遵守纪律。

模块三
酒店服务礼仪规范实训

项目一　仪 容 实 训

仪容实训内容及步骤如表 3-1 所示。

表 3-1　仪容实训内容及步骤

实训内容	化妆的观摩与训练
实训目的	掌握仪容修饰的规范、方法与技巧，能够合理、规范地塑造酒店服务人员得体的仪容
实训要求	能够根据场合的不同，有针对性地修饰自己的仪容
实训准备	（1）教师备齐化妆工具，学生自带化妆品 （2）邀请美容院的化妆师对不同脸型的学生进行操作示范并讲解，让学生感知化妆步骤并形成印象 （3）指导学生自行化职业淡妆，并让学生相互化妆以熟悉化妆的步骤并对比指导
实训步骤	操作标准
面部清洁	用洗面奶清洁面部，擦干后用少量的护肤乳液滋润皮肤
涂化妆水	根据不同肤质涂抹不同的化妆水、护肤乳液和护肤霜
打粉底	（1）将粉底霜放在手背上，用海绵蘸霜打匀，在脸上从里向外薄薄地涂一层，同时在脖子上抹一点，使其与面部协调 （2）从上往下轻扑一层干粉，使肤色显得透明自然
眉眼化妆	（1）由眼角开始轻轻地涂上深色的眼影，较大范围地涂在上眼睑上，重点放在眼尾，在下眼睑的外 1/3 处也要扫上眼影 （2）用黑色眼线笔勾画出上下眼线 （3）注意眼妆要自然不着痕迹
画眉毛	（1）眉应画得轻松自然，画眉最好选用眉刷，蘸上眉粉，一点一点刷上去 （2）眉粉的重点应放在眉长的 1/3 处。眉的长短和形状要根据脸型而定
扫抹腮红	（1）用刷子轻蘸腮红，一点一点地淡涂 （2）涂的范围高不过眉，低不过嘴角，内不过眼长的 1/2 处 （3）肤色不好者宜用
涂唇彩	（1）先用唇笔勾出唇线、唇形 （2）唇边涂深些，唇内涂浅些 （3）唇彩颜色应与自己的肤色、服装相配，不宜太深

项目二　仪 表 实 训

仪表是指人的外表，包括人的形体、容貌、姿态、服饰等，它是一个人举止风度的外在体现。在人际交往的最初阶段，仪表往往最能引起对方的注意，人们常说的“第一印象”就是来自一个人的仪表。通过实训掌握酒店服务人员仪表美的要素、规范与修饰技巧，能够做到塑造符合酒店职业要求的仪表美。

任务一　男士着装规范实训

一、实训目的

掌握男士衣着规范及服饰配件技巧。

二、实训准备

镜子、全套服装、领带、鞋袜、公文包等。

三、实训要求

1．衬衫

白色的长袖衬衫是搭配西装最好的选择，其次是浅蓝色带有细致条纹或小格子图案的衬衫。衬衫大小要合身，不能有污垢，要熨烫平整，领子要挺括。衬衫袖口应露出西装外1～2 厘米，衬衫衣领应高出西装衣领 0.5～1 厘米，这样既可以显示衣着的层次，又可以起到保护西装的作用。

2．纽扣

西装有单排扣和双排扣之分。单排两粒扣的西装上衣，讲究“扣上不扣下”，即只扣上面一粒扣。单排三粒扣则扣中间的一颗，或扣上面的两颗。单排扣的西装有时也可以不扣。双排扣的西装上衣要把扣全部系上，以示庄重。穿西装背心，不论是与西装配套还是单独穿，一般都要扣上纽扣（单排扣背心最下面的纽扣也可以不扣）。现在的西装裤一般都使用拉链，要时刻提醒自己将拉链拉好。

3．领带

领带是西装的灵魂，一条打得漂亮的领带，在穿西装的人身上会发挥画龙点睛的作用。领带要注意与西装颜色、款式的搭配，如果西装和衬衫看上去比较平淡，可以系一条有图案的领带，但不要太过花哨。领带的长度要适当，以达皮带处为宜。系领带时衬衣的第一颗扣子一定要扣好（如果穿西装不系领带，第一颗扣子要解开）。如果佩戴领带夹，一般应夹在衬衣的第三、第四颗纽扣之间，领带结要饱满有形。

4．口袋

在西装的上衣、背心、裤子、内衣等口袋里少装东西，或者不装东西。西装上衣左侧的外胸袋除可插入一块用以装饰的真丝手帕外，不可再放其他任何东西，尤其不应当别钢笔、挂眼镜。西装上衣内侧的胸袋，可用来别钢笔、放钱夹或名片夹，但不要放过大或过厚的东西或无用之物。西装裤子上两侧的口袋只能够放纸巾、钥匙包或钱包，其后侧的两只口袋大都不放任何东西。

5. 鞋袜

西装应搭配造型简单规整、鞋面光滑亮泽的皮鞋。如果穿深蓝色或黑色的西装，可以配黑色皮鞋；如果穿咖啡色系西装，可以配棕色皮鞋。压花、拼色、蛇皮、鳄鱼皮和异形皮鞋不适于搭配正式西装。袜子应选择深色的，切忌黑皮鞋配白袜子。袜口应适当高些，应以坐下跷起腿后不露出皮肤为准。

6. 公文包

公文包被称为商界男士的“移动式办公桌”，是其外出之际须臾不可离身之物。公文包的面料以真皮为宜，并以牛皮、羊皮制品为最佳。公文包的色彩以深色、单色为好，浅色、彩色的公文包均不适用于商界男士。在通常情况下，黑色、棕色的公文包是最正统的选择。若从色彩搭配的角度来说，公文包的色彩若与皮鞋的色彩一致是十分完美而和谐的。

任务二　女士着装规范实训

一、实训目的

掌握女士着装规范及服饰配件佩戴技巧。

二、实训准备

镜子、全套服装、鞋袜等。

三、实训要求

1. 衬衣

与职业套裙搭配的衬衣颜色最好是白色、米色、粉红色等单色，也可以有一些简单的线条和细格图案。最佳面料是棉、丝绸。穿衬衫时，衬衫的下摆必须放在裙腰之内，不能放在裙腰外。除最上端一粒扣按惯例允许不系外，其他扣必须扣上。在穿着职业套裙时，不能在外人面前脱下西装，直接以衬衫面对对方。身穿紧身而透明的衬衫时，尤其要注意这一点。

2. 裙子

套装的裙子要干净整洁、熨烫平整，裙子的长短没有明确的规定。一般认为裙短不雅、裙长无神，最理想的裙长是裙子的下摆长及膝盖至小腿肚最丰满的地方之间。

3. 皮鞋

鞋子宜选中高跟，船鞋最适合搭配女士的职业套装。鞋子的颜色最好与手提包一致，并且要与衣服的颜色相协调。露出脚趾和脚后跟的凉鞋并不适合商务场合。冬天，很多女士喜欢穿长筒的皮靴，但在商务场合尤其是参加正式的商务活动时，应该避免穿着靴子。皮鞋要保持光亮，不留灰尘和污迹。穿套裙一般搭配黑色的皮鞋或与套裙颜色相近的皮鞋为宜，不要有图案或装饰不宜过多。

4．丝袜

穿职业装时最好穿丝袜，肉色的丝袜可以搭配任何服装。丝袜应当注意大小适宜，完好无损，不可当众脱下，袜口不可暴露在外，丝袜要无皱、无脱丝。

项目三　仪 态 实 训

任务一　站姿

站姿训练如表 3-2 所示。

表 3-2　站姿训练

项目名称		站姿训练
实训目的		（1）掌握站姿的基本要求与操作标准 （2）掌握男性与女性站姿的异同点 （3）通过理论与实践相结合的教学方法训练学生优雅的站姿
实训要求		掌握规范的站姿，能自纠错误，直至形成习惯
实训场地		形体训练室
实训方法		示范讲解、学生操作 按照标准的站姿要求背靠墙训练，要求后脑勺、双肩、臀部、小腿及脚后跟都紧贴墙壁站立。也可以两人一组，背靠背站立训练，放轻音乐，根据不同的环境训练不同的站姿，呈现优雅的仪态
实训内容		操作标准
男士站姿要求	侧立式	双脚打开与肩同宽，双手放在腿部两侧
	前腹式	双脚跨立步，双脚打开与肩同宽，左手在腹前握住右手手腕，或右手握住左手手腕。这种站姿适合在工作中与客户或同事交流时使用
	后背式	双脚跨立步，双手在背后腰际相握，左手握住右手手腕或右手握住左手手腕。这种站姿适合在迎宾时使用
女士站姿要求	侧立式	（1）抬头，面朝正前方，双眼平视，下颌微收，颈部挺直，双肩放松，呼吸自然，腰部挺直 （2）双脚并拢，或者脚后跟并拢，脚尖分开成“V”字形，双手放在腿部两侧，自然下垂
	前腹式	（1）抬头，面朝正前方，双眼平视，下颌微收，颈部挺直，双肩放松，呼吸自然，腰部挺直 （2）脚掌分开成“V”字形，双手交放在小腹处
	后背式	（1）抬头，面朝正前方，双眼平视，下颌微收，颈部挺直，双肩放松，呼吸自然，腰部挺直 （2）双手在背后轻放于后腰处
	“丁”字式	（1）抬头，面朝正前方，双眼平视，下颌微收，颈部挺直，双肩放松，呼吸自然，腰部挺直，双手在腹前交叉 （2）一脚在前，将脚跟靠于另一脚的内侧，脚尖向外略展开，形成斜写的“丁”字形 （3）在迎宾或是颁奖等重大场合中常常采用这种站姿
注意事项		需要避免的四种站姿 （1）在站立的过程中，一条腿抖动或整个上体晃动 （2）双手抱臂或者交叉着抱于胸前 （3）双手叉腰站立 （4）两腿交叉站立

任务二　坐姿

坐姿训练如表 3-3 所示。

表 3-3　坐姿训练

项目名称		坐姿训练
实训目的		（1）掌握坐姿的基本要求与操作标准 （2）掌握男性与女性坐姿的异同点 （3）通过理论与实践相结合的教学方法训练学生优雅的举止
实训要求		（1）“坐如钟”，端正、稳重、自然、亲切，给人一种舒适感 （2）能掌握几种端庄、自然、得体的坐姿，能够自纠错误，形成习惯
准备工作		形体训练室、各类椅子、教学影碟等
实训方法		示范讲解、学生实训练习 单个或者以 3 人左右的小组为单位，轮流训练，学生评价，老师点评并纠正不适当的坐姿
实训内容		操作标准
女士坐姿	正位坐姿	身体的重心垂直向下，双腿并拢，大腿和小腿成 90 度角，双手虎口相交轻握放在左腿上，挺胸直腰，面带微笑
	双腿斜放式	身体的重心垂直向下，双腿并拢，大腿和小腿成 90 度角，平行斜放于一侧，双手虎口相交轻握放在腿上，挺胸直腰，面带微笑
	正位交叉式	先将左脚向左踏出 45 度，然后将右腿抬起放在左腿上，大腿和膝盖紧密重叠，重叠后的双腿没有任何空隙，犹如一条直线，双手虎口相交轻握放在右腿上
	斜放交叉式	身体的重心垂直向下，双腿并拢，大腿和小腿成 90 度角，平行斜放于一侧，双脚在脚踝处交叉，双手虎口相交轻握放在腿上，挺胸直腰，面带微笑
	前伸后屈式	身体的重心垂直向下，双膝并拢左脚前伸右脚后屈或右脚前伸左脚后屈，双手虎口相交轻握放在左腿上，更换脚位时手可不必更换，挺胸直腰，面带微笑
男士坐姿	正位坐姿	上身挺直、坐正，双肩平正，双腿自然弯曲，小腿垂直于地面，双膝并拢，两脚自然分开 45 度，双手分别放在两膝上
	前伸式	在正位坐姿的基础上，左脚向前半脚，脚尖不要跷起
	重叠式	左小腿垂直于地面，右腿在上重叠，右小腿向里收贴住左腿，双手放在腿上。双腿可根据不同的场合交换
注意事项		（1）小腿与大腿垂直约 90 度为宜，小腿内收不要太大，角度越小越容易给人感觉不自信和拘谨 （2）不要把双腿分开伸得很长，那样不仅会让人产生这个人没有教养的想法，还会让人产生这个人对他带有满不在乎态度的想法 （3）不要跷二郎腿，并双手扣住膝盖不停晃动脚尖，这是一种傲慢无礼的表现 （4）坐立和起立的时候一定要保持一种平稳的速度，否则会把座位弄响，很不文雅 （5）坐椅子的 2/3 为宜，避免把背部很舒适地靠在椅子上，让整个人陷在座位当中会给人懒散的感觉 （6）不要坐立不安、左右晃动，这样会给人以缺乏个人修养的感觉

任务三　走姿

走姿训练如表 3-4 所示。

表 3-4　走姿训练

项目名称	走姿训练
实训目的	（1）掌握走姿的基本要求与操作标准 （2）通过理论与实践相结合的教学方法训练学生优雅的举止
实训要求	“行如风”，即走起来要像风一样轻盈。抬头，不晃肩摇头，两臂摆动自然，两腿直而不僵，步伐从容，步态平稳，步幅适中均匀，自然优雅，规范适度
准备工作	形体训练室或室外
方 法	示范讲解、观看影碟、学生实训练习 走直线或顶书而行。练习背小包、拿文件夹或公文包、穿旗袍时的行走姿势
实训内容	操作标准
走姿要求	（1）眼睛平视前方，收腹、挺胸、面带微笑 （2）身体保持平衡、步伐协调、步态轻盈敏捷 （3）两脚沿一条直线平行行走 （4）手自然前后 45 度摆动 （5）步幅适中，步频不宜过快
引领要求	（1）引领客人时，应保持在客人前方二至三步的距离，保持与客人大约呈 130 度的角度，步伐速度与客人的尽量一致 （2）引领客人上楼梯时，让客人走在前；下楼梯时，让客人走在后 （3）引领客人乘电梯时应让客人先入，不得自己先行，电梯进门左侧为上位，到达时请客人先步出电梯 （4）注意禁忌，礼貌道别
注意事项	忌低头，手臂不摆或摆幅过大，手脚不协调，步子过大、过小

任务四　蹲姿

蹲姿训练如表 3-5 所示。

表 3-5　蹲姿训练

项目名称	蹲姿训练
实训目的	（1）掌握蹲姿的基本要求与操作标准 （2）掌握男性与女性蹲姿的异同点 （3）通过理论与实践相结合的教学方法训练学生优雅的举止
实训要求	下蹲时应自然、得体、大方。脊背保持挺直，头、胸、膝关节应在一个角度上，蹲姿优美
准备工作	形体训练室
方法	示范讲解、学生实训练习 单个或者以 3 人左右的小组为单位，根据不同的环境和性别分组轮流进行下蹲拾物的训练，学生评价，老师点评并纠正不适当的坐姿
实训内容	操作标准
高低式蹲姿	男士要求 （1）下蹲之时，左脚在前，右脚稍后 （2）左脚应完全着地，小腿基本上垂直于地面 （3）右脚则应脚掌着地，脚跟提起 （4）右膝须低于左膝，右膝内侧靠于左小腿的内侧，形成左膝高右膝低之态 女士要求 （1）双腿相反 （2）着裙装下蹲时有理裙动作 （3）着低领服装，不拾物品的一只手有护胸的动作
交叉式蹲姿	通常适用于女性，尤其是身着裙装的女性： （1）下蹲时，右脚在前、左脚在后，右小腿垂直于地面，全脚着地 （2）右腿在上，左腿在下，两者交叉重叠 （3）左膝由后下方伸向右侧，左脚脚跟抬起，并且脚掌着地 （4）两腿前后靠近，合力支撑身体
注意事项	（1）不要使用弯腰驼背法 （2）蹲下去时不要速度过快 （3）下蹲时与身边人保持一定距离，侧身相向，避免面对或者背对他人下蹲

任务五　微笑训练

一、实训目的

微笑是一种国际礼仪，能充分体现热情、友好。我们在对客服务、与上级及同事交往时，要养成微笑的习惯。

二、实训场地及物品准备

形体训练室、镜子，放送背景音乐。

三、实训内容

寻找自己最佳的微笑模式，发现属于自己的最佳微笑，欣赏并掌握其感觉，以便日后运用。

四、训练方法

1．轻合双唇微笑训练法

端站镜前，以轻松愉快的心情，调整呼吸自然顺畅；静心 3 秒钟，开始微笑：双唇轻闭，使嘴角微微翘起，面部肌肉舒展开来；同时注意眼神的配合，使之达到眉目舒展的微笑面容。

两手食指伸出（其余四指自然并拢）放在嘴角处，两指尖以缓慢匀速分别向斜上方移动，使之拉开 5～10 厘米的距离。同时嘴唇随两食指移动速度而同步加大唇角的展开度，在意念中形成美丽的微笑，并让微笑停留数秒钟，如此反复多次。

2．含箸法

将一根洁净、光滑的圆柱形筷子，横放在嘴中（见图 3-1），用牙轻轻含住，以观察微笑状态。可以通过发"一""七""茄子"等发音，来进行嘴角肌的锻炼，使嘴角露出微笑。

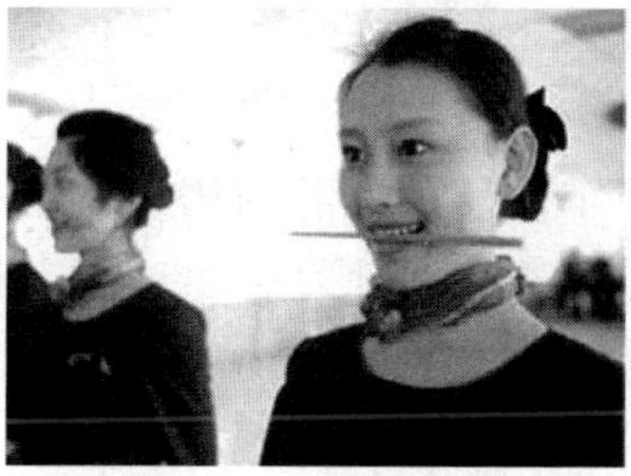

图 3-1　含箸训练法

3．观摩欣赏法

观摩欣赏法是几个同学凑在一起，互相观摩、交流，互相鼓励，分享开心微笑的一种方法。也可以平时留心观察他人的微笑，把精彩的“镜头”封存记忆中，时时模仿。

任务六 引导手势

引导手势训练如表 3-6 所示。

表 3-6 引导手势训练

实训目的	掌握引导手势的基本要求与操作标准
实训要求	引导时应自然、得体、大方，姿势优美
方法	示范讲解、学生操作 根据不同的服务环境分组轮流进行引导手势的训练
实训内容	操作标准
曲臂式	手心朝上，四指并拢，大拇指微曲，上臂高距身体 45 度，手距身体 20 厘米， 身体微向前倾，头略往手势方向倒，适用于请人进门时使用
横摆式	手臂向外侧横向摆动，指尖指向被引导或指示的方向，适用于指示方向和指示物品所在时使用
斜臂式	手臂由上向下斜伸摆动，适用于请人入座时
直臂式	手臂高度齐肩，肘关节基本伸直，身体微倾，眼睛看着所指方向，兼顾客人是否明白

项目四 服务用语实训

任务一 酒店常用服务语言实训

一、实训目的

掌握酒店服务人员常用服务语言运用的技巧与艺术。塑造酒店服务人员言为心声、言行一致的职业形象。

二、实训步骤

（1）六人一组，一人为服务员，五人为客人，场景为两个家庭聚餐，成员为两位先生及其夫人还有一个小孩。

（2）具体情境由每组成员合作设计，注意用语使用的规范与艺术。

（3）每组推选组长一名兼任评委，评分为小组成员共同商议结果，最后综合每组分数及老师测评，得出项目组最后得分。

（4）每组分别为大家展示，评选优胜组，并请每组派一名代表对优胜组进行点评。

三、实训内容及操作标准

酒店常用服务语言实训内容及操作标准如表 3-7 所示。

表 3-7　酒店常用服务语言实训内容及操作标准

实训内容	服务语言标准
称呼用语	常用的称呼语主要有：小姐、夫人、太太、先生、这位女士、这位大姐、这位大哥、这位叔叔、这位阿姨
基本礼貌用语	五组十个字：您好、请、谢谢、对不起、再见
常用礼貌用语	常用礼貌用语有：请、您、谢谢、对不起、抱歉、请原谅、没关系、不要紧、别客气、您早、您好、晚安、再见等
征询用语	最常用的征询语有：请问我能为您做什么吗？请问您有需要吗？请问您还有别的事吗？您喜欢（需要、能够……）？请您……好吗
迎候用语	最常用的迎候用语有：欢迎、欢迎光临、欢迎您的到来、见到您很高兴、恭候您的光临等
请托用语	在向别人提出某项具体要求或请求时，都要加上一个“请”字
祝贺用语	常用的祝贺语主要有：恭喜、祝您节日快乐、祝您圣诞快乐、祝您新年快乐、祝您生日快乐、祝您新婚快乐
致谢用语	致谢用语一般为：谢谢、非常感谢、感谢您的帮助等
应答用语	常用的应答用语主要有：是的、好、好的、我明白了、很高兴能为您服务、我明白您的意思、我会尽量按照您的要求去做，等等
道歉用语	常用的道歉用语主要有：抱歉、对不起、请原谅、打扰您了、失礼了，等等
送别用语	常用的送别用语主要有：再见、晚安、明天见、祝您旅途愉快、祝您一路平安、欢迎您下次光临
服务用语	服务员应正确使用服务用语：声音柔和、语言准确、简练清楚、面带微笑、态度和蔼亲切、注意语言与表情一致、不左顾右盼、要垂直恭立、距离适当、注视脸的三角区、答应客人的事力争办到、不能回答的及时请示、不能随意。说话文明礼貌
服务忌语	服务不宜使用的语言：“不知道”“什么”“没有”“不行”“没看见我正忙吗”“连这也不知道”“这事不是我办的，我不管”“有完没完”“现在才说，早干吗来着”“等会儿，我现在没空”等

任务二　电话礼仪用语

一、接听电话礼仪

接听电话礼仪实训内容及操作标准如表 3-8 所示。

表 3-8　接听电话礼仪实训内容及操作标准

实训目的	了解并掌握接听电话礼仪，并能熟练、正确地应用	
实训要求	正确、熟练地接听电话	
实训步骤	基本用语	注意事项
拿起电话听筒，并告知自己的姓名	“您好，××酒店××部×××”（外线）、“您好××部×××”（内线），如上午 10 点以前可使用“早上好” 电话铃响 3 声以上时“让您久等了，我是××酒店×××”	（1）电话铃响 3 声之内接起 （2）在电话机旁准备好记录用的纸、笔 （3）接电话时，不使用“喂”回答 （4）音量适度，不要过高 （5）告知对方自己的姓名
确认对方	“×先生，您好” “感谢您的关照”等	（1）必须对对方进行确认 （2）如是客户要表达感谢之意
听取对方来电用意	“是”“好的”“清楚”“明白”等	（1）必要时应进行记录 （2）谈话时不要离题
进行确认	“请您再重复一遍”“稍等”等	（1）确认时间、地点、对象和事由 （2）如是传话，必须记录下电话时间和留言人
结束通话	“清楚了”“请放心……”“谢谢”“再见”等	等对方放下电话后再将听筒轻轻放回电话机上

二、拨打电话礼仪

拨打电话礼仪实训内容及操作标准如表 3-9 所示。

表 3-9　拨打电话礼仪实训内容及操作标准

实训目的	了解并掌握拨打电话礼仪，能熟练、正确地应用	
实训要求	正确、熟练地拨打电话	
实训准备	（1）确认拨打电话对方的姓名、电话号码 （2）准备好要讲的内容、说话的顺序和所需要的资料、文件等 （3）明确通话所要达到的目的	
顺序	基本用语	注意事项
问候 告知自己的姓名	“您好！××酒店××部的×××”	（1）一定要报出自己的姓名 （2）讲话时要有礼貌
确认电话对象	“请问××部的×××先生在吗？”“麻烦您，我要找×××先生。”“您好！我是××酒店××部的×××”	（1）必须要确认电话的对象 （2）如与要找的人接通电话后，应重新问候
电话内容	“今天打电话是想向您确认一下关于××事……”	应先将想要说的结果告诉对方，如是比较复杂的事情，请对方做记录，对时间、地点、数字等进行准确的传达，说完后可总结所说内容的要点
结束通话	“谢谢”“麻烦您了”“那就拜托您了”等	等对方放下电话后再将听筒轻轻放回电话机上，语气诚恳、态度和蔼

项目五　常用交往礼仪实训

常用交往礼仪实训内容及操作标准如表 3-10 所示。

表 3-10　常用交往礼仪实训内容及操作标准

实训项目	常用交往礼仪
实训目的	（1）掌握见面的各种基本要求与操作标准 （2）通过对问候、握手、致意、鞠躬、递送名片的训练，提高商务人员的礼仪修养
实训要求	严格按照见面的不同对象设置情景实训，并能掌握见面过程中的正确交往方法
实训准备	场景、视频、名片等
实训方法	示范讲解、观看视频、学生分组模拟训练 两人一组，进行握手、鞠躬、递送名片的练习，注意时间、方法、顺序及问候语言
项目名称	操作标准
握手	（1）方式。两人相距约一步，上身稍向前倾，伸出右手，拇指张开，四指并拢，手掌相握 （2）时间。一般礼节性的握手不宜时间过长，一般 3～5 秒即可 （3）规则。年长者与年幼者、女士与男士、已婚者与未婚者、上级与下级、主人与客人，应由前者先伸出手，后者再相握
致意	（1）举手致意。公共场合与远距离的熟人打招呼，一般不出声，只是举起右手，掌心朝向对方，轻轻摆一下即可，摆动不宜过大 （2）点头致意。不宜交谈的场合，头微微向下一动，不必幅度太大，与熟人在同一地点多次见面或有一面之交的朋友在，社交场合相见，均可点头为礼 （3）欠身致意。身体的上部微微向前一躬，这种致意方式表示对他人的恭敬，适用范围较广 （4）脱帽致意。微微欠身，距离对方稍微远一点儿的那只手脱下帽子，然后将脱下的帽子置于大约与肩平行的位置，向对方致以问候

续表

鞠躬	（1）立正站好，保持身体端正，距受礼者2～3步 （2）鞠躬时双手放在身体两侧或在身体前搭好（右手搭在左手上），面带微笑，上身前倾（一般为15度），幅度越大则表示对受礼者越尊敬（30度、45度、90度鞠躬礼），同时问候“您好”“见到您很高兴”“欢迎光临”等。 （3）鞠躬礼毕起身时，双目应有礼貌地注视对方 （4）通常，受礼者应以与施礼者的上体前倾幅度大致相同的鞠躬还礼，但上级或长者还礼时，不必以鞠躬还礼，可以微笑、欠身点头或握手还礼
递送名片	（1）递送名片时，要把名片的正面朝向对方 （2）递送名片时，口头上应有所表示，可说“请多关照”“请多多指教”之类的礼貌语言 （3）接受名片应双手或用右手接，并点头致谢，接受后要认真地看一遍 （4）看完后，把名片放进上衣口袋里或放人名片夹中，也可暂时摆在桌面上显眼的位置，注意不要将对方的名片遗忘在座位上，或存放时不注意落在地上

项目六　其他服务基本礼仪实训

一、实训目的

（1）掌握酒店常用的引路、上下楼梯、进出房门和进出电梯基本礼仪。

（2）熟练结合日常交往礼仪加以运用，以适应日常工作场合的礼仪要求。

二、实训方法

模拟训练在走廊、上下楼梯、拐弯、进出房门和进出电梯和遇到特殊情况时应有的礼仪，使学生掌握正确的姿势和方法。

三、实训内容及操作标准

其他服务基本礼仪实训内容及操作标准如表3-11所示。

表3-11　其他服务基本礼仪实训内容及操作标准

实训内容	操作标准
引领客人	引领客人时，应位于客人左前方两三步的位置
上下楼梯	（1）在上下楼或转弯处应用手示意方向 （2）上楼时，以前方为上，让客人走内侧，女士在前男士在后；长者在前，幼者在后，以示尊重 （3）下楼时，男士在前，女士在后；幼者在前，长者在后。此为安全顾虑之故 （4）若女士着裙装，上楼时，男士应该走在女士的前面；而下楼时，应适用“女士优先”的礼仪原则
进出电梯	（1）乘电梯时，如有专人服务，应请客人先进先出 （2）无人服务的电梯，一般宜请客人后进、先出 （3）在电梯内应注意的问题 1）先上电梯的人应靠后面站，以免妨碍他人乘电梯 2）电梯内不可大声喧哗或嬉戏吵闹 3）电梯内有很多人时，后进的人应面向电梯门站立
进出房间	（1）进房间时，如果门是朝里开的，应先入内拉住门，侧身再请尊长或客人进入 （2）若有特殊情况，如室内无灯而暗，陪同者宜先进入 （3）如果门是朝外开的，应打开门，请尊长、客人先进 （4）无论进出哪一类的门，一定要“口”“手”并用且到位
乘车	（1）乘车上下时，要一手打开车门，另一只手扶住车门的上框，提醒客人避免撞头 （2）客人上车坐稳后，再轻轻关上车门 （3）和客人同往，车停后要先下车，打开车门请客人下车

模块四
前厅接待服务技能实训

项目一　前厅部认知

● **任务描述**

了解前厅部的含义，明确前厅部的主要工作内容及特点，熟悉前厅预订的方式和程序。

● **相关知识**

前厅部（front office，见图 4-1）又称客务部，是酒店负责招徕并接待宾客（组织客源）、销售酒店客房商品、组织接待和协调对客服务、销售餐饮娱乐等服务产品、沟通与协调酒店各部门、为客人提供各种综合服务的对客服务部门。

图 4-1　前厅部

酒店前厅是客人进入酒店和离开酒店时的必经之地，前厅服务质量的好坏，将会直接影响客人对整个酒店的评价。前厅通常由客房预订处、大厅/礼宾服务处、接待处、问讯处、前厅收银处、电话总机、商务中心、大堂值班经理、大堂副理等组成，其主要机构均设在宾客来往最频繁的地段——大堂。前厅的服务人员是酒店中与宾客接触最多的员工，他们所提供的服务可为宾客留下深刻的第一印象。

一、前厅部的主要工作

1．销售客房

前厅客房销售工作主要由订房推销、接待有预订或无预订的客人、办理入住登记和排房、确定房价这四个方面组成。

客房销售是前厅部首要的功能。客房营业收入是考核前厅部管理及运转好坏的重要依据之一。同样，衡量一位总台服务人员的工作是否出色，其推销客房的能力和业绩是重要标准。

2．提供信息

前厅部服务人员应随时准备向客人提供他感兴趣的资料，如餐饮活动（举行美食周、厨师长特选等）的信息，还应向客人提供酒店所在地、所在国的有关信息和交通指南等。

3．协调对客服务

前厅部服务人员应以优质服务来衔接酒店前、后台之间及管理部门与客人之间的沟通联络工作；应在客人与酒店各有关部门之间牵线搭桥；根据客人的需求，发挥其信息的集散点和总经理室的参谋部的作用。

4．控制客房状况

控制客房状况是前厅部的又一重要功能。这项功能主要由两方面的工作组成：一是协调客房销售与客房管理；二是在任何时候都正确地反映酒店客房的销售状态。

5．提供各种前厅服务

作为对客服务的集中场所，前厅部还是一个直接向住店客人提供各类相关服务的前台服务部门，如电话、商务、行李、接受投诉、邮件、票务代办、钥匙收发、迎宾接站、物品转交、留言问讯服务等。

6．建立客账

建立客账的目的是记录和监视客人与酒店之间的财务关系，以免酒店发生经济上的损失。前厅部的职责是区别每位客人的情况，建立正确的客账，提供客人以往消费和客人信用的资料，以保持酒店良好的信誉及保证酒店应有的经营效益。

7．结账离店

客人离店前，应核查其账单。客人要办理离店手续时，应将账单交给客人，请客人检查；离店手续办理完毕，前台应按程序与有关部门进行及时的沟通。

8．建立客史档案

按客人姓名字母顺排列的客史档案记录了酒店所需要的有关客人的主要资料。这些资料是酒店给客人提供周到的、具有针对性服务的依据，同时也是酒店寻找客源、研究市场营销的信息来源，所以必须坚持规范建档和保存制度化两项原则。

9．辅助决策

为了起到决策参谋的作用，前厅部应当将有关市场调研、客情预测、预订接待情况、客史资料等收存建档，以充分发挥这些原始资料的作用，真正使前厅部成为酒店收集、处理、传递和储存信息的中心。

二、客房预订的方式

1．客人预订客房的直接方式

（1）上门订房。

上门订房是指客人或客户与酒店的客房预订员面对面地洽谈订房事宜。

（2）电话订房。

客人或其委托人使用电话订房不但迅速、简便，而且预订员与客人之间能进行直接沟通，具体了解客人对客房的种类、数量、房价、付款方式、抵离店时间、特殊服务等要求，有利于适时进行促销。

（3）传真订房。

传真的特点是：操作方便、传递迅速、即发即收、内容详尽，并可传递发送者的真迹，还可传递图表，是当今客人与酒店进行订房联系常用的通信手段。

（4）网络订房。

1）电话呼叫中心订房。

2）中心订房系统。

3）酒店自设网络订房。

2．客人预订客房的间接方式

（1）通过旅行社订房。

旅行社作为顾客与各类旅游产品之间的桥梁，具有专业性强、市场接触面广等优势，是酒店开展订房业务的主要间接渠道。

（2）通过全球预订分销系统订房。

全球预订分销系统（global distribution system）是以一些大的航空公司的中央预订系统（CRS）为基本框架，由酒店、旅行社以及其他旅游企业加入其中而形成的一个世界范围的、多层次配票的网络。

（3）通过专门的酒店订房代理商订房。

专门的酒店订房代理商组织和招揽世界各地的酒店加入其预订系统，并为有订房需求的客人或客户办理订房事宜。

（4）通过会议和展览组织机构订房。

专门承办会议和展览的专业机构和公司是酒店开展订房业务的一个重要渠道。它们订房批量大，带来的其他业务量也大。酒店往往会邀请承办商或组织者来店考察、面谈，并以签订合同的形式接受并办理订房事宜。

三、客房预订的程序

客房预订程序如图 4-2 所示。

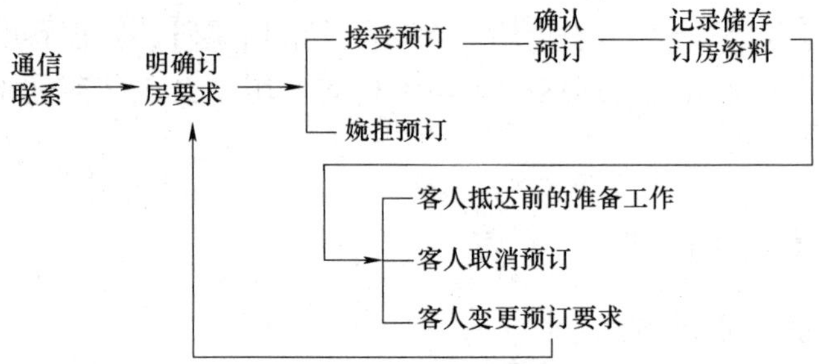

图 4-2　客房预订程序

项目二　客房预订业务实训

任务一　客房预订业务认知

一、实训目的

通过本节实训，要求学生掌握客房预订的方式和种类，掌握受理预订、变更预订与取消预订的操作程序，了解不同类型的预订的区别。

二、实训场地

前厅实训室。

三、实训内容

认识预订业务的流程。

四、实训方法

示范讲解、学生分组模拟训练。

五、实训步骤

1．熟悉预订的概念

预订是指客人在抵店前要求酒店为其保留客房，也称订房。

2．掌握预订的种类（见表 4-1）

表 4-1　预订的种类

预订的种类	特点
临时性预订	指客人的订房日期与抵店日期非常接近，甚至是抵店当天进行订房。在这种情况下，酒店一般没有足够的时间（或没有必要）给宾客以书面确认，通常只进行口头确认
确认性预订	分为口头或书面确认。这种订房方式一般不要求客人预付定金，但规定客人必须在预计抵店当天的一定时限内到达酒店，否则酒店仍有权取消预订
保证性预订	客人通过使用信用卡、预付定金、签订商业合同等（至少预付一晚的定金），保证酒店应有收入，保证酒店为客人提供所需的房间，使双方建立更为牢靠的关系。保证类预订分为预付定金担保、信用卡担保、合同担保这几种主要的方式
等待类预定	指在客房预订已满的情况下，再将一定数量的订房客人列入等候名单（waiting list），如果有人取消预订，或有人提前离店，酒店就会通知等候客人来店

3．熟悉预订的方式（见表 4-2）

表 4-2　预订的方式

预订方式	特点
电话预订	受理电话预订时，必须首先听清客人的要求，并及时记录。然后向对方完整复述，得到客人的确认，避免出现差错。特点：简便、快捷
到店订房	及时正确地填写“预订单”，如果是旺季，还应告知客人保留房间的截止时间。特点：安全、可靠，还可成为客史档案资料及合同的证明文件
传真订房	当前较为先进的图文传真订房方式。特点：方便、迅速、完整、正规，使客人与酒店之间完整、毫无遗漏地交换各自的资料及要求，不易出现纠纷
信函订房	是一种古老而正式的订房方式。特点：速度较慢，目前较少使用
互联网订房	目前国内外较为先进的订房方式。特点：方便、廉价、快捷，具有个性化

4．取消预订的程序（见图 4-3）

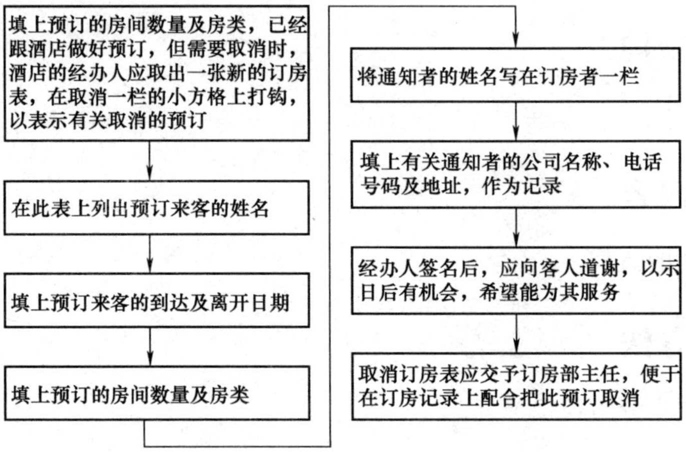

图 4-3　取消预订的程序

5．更改预订

（1）已经做好预订，但接到通知要求更改一些资料，一般如飞机或火车班次时间、到达或离开日期、客名和房间数量等资料，经办人应取出一张新的订房表，然后在“更改”一栏的小方格上打钩，再在旁边横线上写上是有关何种更改，如更改飞机班次等。

（2）列出客人原本的姓名、到达日期、班次资料，再填上更改后的资料。

（3）将此有关更改预订之订房表，交与订房部主任，做好应有之更改。

任务二　客房电话预订实训

一、实训目的

掌握预订客房的方法及步骤，并能够熟练操作；掌握预订服务的基本程序及其技术要领；通过完成实训项目，学生能熟练完成客房预订的各项业务工作。

二、实训物品准备

（1）事先准备好预订工作中需要用到的笔、纸和各类预订表格，电话两部以上。

（2）学生统一着制服。

三、实训内容

认识客房种类，了解客房预订业务程序，掌握客房预订操作方法和预订语言技巧。掌握接听电话的基本礼仪，并能够使用标准的普通话和礼貌用语，能够掌握酒店房间的基本类型及不同类型房间的区别。

四、实训方法

（1）先由教师进行示范，然后按 2 人一组分别进行客房预订的现场模拟。

（2）在模拟过程中，任课教师现场点评学生表现，指出其不足之处。

五、预订的程序及操作标准

预订的程序及操作标准如表 4-3 所示。

表 4-3　预订的程序及操作标准

预订的程序	操作标准
接起电话	铃响 3 声之内接听电话，问候客人：“早上好”“下午好”“晚上好”“您好”，报部门：“预订部”
了解预订需求	聆听客人的预订要求，确认预订日期、入住天数
查看房态	查看计算机房态，确认是否有可出租房
做电子订单	（1）询问客人姓名或英文拼写，姓在前名在后，向客人复述一遍以确认 （2）询问付款方式，在预订单上注明，如果客人与酒店有协议，询问客人公司名称或旅行社名称，查询计算机，确认是否属于合同单位，以便确定优惠价，并将价格在预订单上注明 （3）询问客人抵达情况，如客人抵达航班班次、火车车次及时间 （4）询问客人有无特殊要求，如是否需要接机服务等，对有特殊要求者，详细记录并复述 （5）询问订房人情况，询问客人姓名、单位、电话号码、传真
复述核对预订内容	（1）包括：到达时间、日期、房间种类、房价、客人姓名、特殊要求、付款方式、订房人情况等 （2）向客人说明如无明确抵达时间，酒店只能保留房间到当天下午 6 时（旺季时）
感谢来电	完成预订，向客人致谢
预订结束	完善订单内容

任务三　散客电话预订

一、实训目的

使学生了解受理电话预订业务的基本知识，掌握通过有效对话获取客人信息及实现客房推销的步骤和方法。

二、实训内容

接受散客电话预订。

三、实训步骤和要求

散客电话预订的实训步骤和操作标准如表 4-4 所示。

表 4-4 散客电话预订的实训步骤和操作标准

实训步骤	操作标准
接听电话	（1）铃响 3 声或 10 秒以内拿起电话 （2）另一只手拿起笔，笔落在预订单（记录簿）上
问候通报	（1）问候客人“您好”或“早上（下午、晚上）好”，同时报出自己所在部门“××酒店预订部，很高兴为您服务” （2）若铃响 3 声以上才接起电话，则应向客人致歉，说“让您久等了，对不起” （3）高星级酒店要求问候语为双语，英语在前，汉语在后，并需要报出姓名。如遇节日应把问候首句改为适当的节日名称
聆听需求	（1）问清客人姓名（中英文及拼写）、抵店日期、入住天数、预订房数、房型以及有无特殊要求、电话联系方式，边听边在预订单上做相关记录，并将订房内容向客人复述一遍，以确保无误 （2）查看计算机客房预订状况
介绍房型与价格	（1）根据不同对象有针对性地介绍房间种类和房价 （2）询问客人单位名称 （3）查询计算机，确认客人是否属于合作单位，以便确定优惠幅度
询问付款方式	（1）询问客人的付款方式，在预订单上注明 （2）单位或旅行社承担费用者，要求在客人抵达前电传书面信函，做付款担保
询问抵达情况	（1）询问客人抵达班（车/船）次及时间以及是否需要接送服务 （2）向客人说明预订房保留时间，或建议客人做担保预订 （3）向客人致谢，并告知酒店将会立即为之订房。在通话结束前，应重复其主要预订内容，以免出现差错 （4）若遇有外宾，则应请对方拼写姓名，复述时亦如此；若对客人所提预订要求不能及时进行答复，则应请对方留下电话号码，并确定再次通话的时间

任务四　会议团队电话预订

一、实训目的

了解受理会议团队电话预订业务的基本知识，掌握通过有效对话获取订房信息及实现客房推销的步骤和方法。

二、实训内容

接受预订。

三、实训步骤

（1）接听电话，电话铃响 3 声内要拿起电话。

（2）问候客人（早上好/下午好/晚上好），报部门（××酒店预订部）。

（3）聆听客人要求，确认会议名称、天数、人数和房间需求，根据情况决定是否接受预订。

（4）推销客房。

（5）确定价格。按照会议团队的标准报出房价；在规定的范围内给予一定的折扣；确定价格后填写在预订单上。

（6）询问付款方式。主要有预付款担保和信用卡担保两种。

（7）请客人将有关资料做书面传真，以备分房。

（8）询问会议所用会议室的规模、布置情况；根据性质安排会议室，并报费用；将会议布置的情况确认下来，并填写在预订单上。

（9）询问三餐标准及地点。

（10）询问客人抵店情况。询问抵店时间和所用交通工具以及是否需要接机（车、船）服务，将情况写在预订单上。

（11）询问代理人情况，包括预订代理人姓名、电话号码等，对上述情况做好记录。

任务五　VIP 预订

一、实训目的

通过模拟受理 VIP 预订的情景训练，了解 VIP 预订的基本方法，掌握 VIP 预订的受理方式，能够独立完成 VIP 预订手续的办理。

二、实训内容

接受 VIP 预订。

三、实训步骤

（1）预订人员需获知客人的身份、职位，若符合 VIP 接待标准，应及时记录下客人的联系方式并上报预订部主管、经理；经预订部主管、经理同意后，交前厅经理审核，填写 VIP 申请单，提前下发至各营业部门，准备建立客户新档案。

（2）将 VIP 详细信息通报预订人员，做到人人知晓、了解一切相关订房信息及特殊要求，重点 VIP 的预订由经理负责。

（3）根据订房情况及时将客人相关信息输入计算机，并做好检查及复检工作；对于 VIP 团队情况发生变更时，及时以变更单的形式通报各相关部门。

（4）VIP 礼品的选择：在 VIP 预订单上，将已选择的礼品做好标记，包括礼品种类、鲜花水果级别、是否需附上总经理名片，等等。

（5）对于政府高级领导，总公司主要领导，大公司的总裁、副总裁、总经理等的预订，要尽量与接待单位或个人联系以获取 VIP 在抵店前曾下榻酒店的名称、联系方式，如可能尽量要求提供客人证件的复印件及其在该地的行程安排。

任务六　预订变更

一、实训目的

学会机动灵活地处理客人的预订变更。

二、实训内容

更改预订、取消预订、经预订未抵店客人的受理、客人历史建档与查询。

三、实训程序

了解预订变更要求—查看房态—记录—复述核对订房变更细节—完善订单细节。

四、实训要求与操作标准

预订变更的实训要求与操作标准如表 4-5 所示。

表 4-5　预订变更的实训要求与操作标准

实训项目	预订变更
实训要求	（1）仪容仪表符合职业要求 （2）熟练掌握预订员基本业务知识 （3）语音语调轻柔适度，发音清楚，说话流利 （4）操作规范，业务处理熟练无误，单表填写正确，计算机输入无误 （5）应变协调能力强，有促销意识
实训工具	（1）电话分机两台/组；纸、笔若干 （2）装有酒店管理软件的计算机一台/组
实训方法	（1）示范讲解 （2）学生分成两人一组，交互练习 （3）对话内容自行设计
实训准备	（1）准备实训用具，着装整齐，以达到仿真状态 （2）练习专业礼貌用语，熟悉房态
实训步骤	操作标准
取消预订的受理	（1）已经预订客户要求取消的，预订人员首先应问清客人的有关信息，根据客人所提供的资料查找客人的预订单，核对无误后再行操作 （2）查看计算机中客人的预订信息，并确认前来取消预订客人的姓名及联系电话 （3）及时更新计算机中的预订信息，在取消信息中输入前来办理取消预订的客人姓名及联系电话 （4）如果被担保的预订被更改或取消，则需要按担保合同的详细规定收取费用 （5）向客人道谢，表示日后如有机会希望能继续为客人服务
婉拒预订的受理	（1）确定酒店确实无法接受客人预订时要首先向客人道歉，并简单说明原因，以尽量得到客人的谅解 （2）向客人询问是否可以改变日期或建议其预订其他类型的房间等；若客人不同意，则建议将客人暂时列入预订候补名单内 （3）问清客人的联系电话，以便及时跟客人取得联系 （4）取消或更改原来的预订单，及时发送到各相关部门或班组
经预订未抵店客人的受理	（1）阅读经预订未抵店客人报表，确认客人是否已经入住，如果未抵店则进入计算机程序，查找预订客人姓名，标识“No-show” （2）记录订房人的资料，将计算机上储存的订房人的姓名、电话号码抄写在报表中，以便与订房人联系询问客人未抵店的原因 （3）准确将客人未抵店的原因记录在报表上 （4）由前厅经理审核无误后报上一级主管部门 （5）按日期存档，以备日后查询

任务七　超额预订

一、实训目的

掌握超额预订应该考虑的因素。

二、实训内容

超额预订。

三、超额预订的处理程序

（1）有预订的客人抵店，但酒店却没有房间时，接待人员应耐心地做好解释工作，诚恳地向客人道歉，请求客人谅解。

（2）立即将这位客人安排在当地一家住宿条件与本酒店相当的酒店里，往返于本店的交通费必须由本店承担。

（3）本酒店必须负责承担接待酒店房价高出原预订房价的差价部分，若客人已付食宿费，本酒店还须负责在那家酒店的等额食宿费用。

（4）如属连住，则店内一有空房，在客人愿意的情况下，应将客人接回来，并对其表示欢迎（可由大堂副理出面迎接，或在客房内摆放花束等）。

（5）对提供援助的酒店表示感谢。如客人属于保证类预订，则除了采取以上措施以外，还应视具体情况为客人提供以下服务：开房人员必须记下客人的姓名、下榻的酒店以及次日是否返回本店，并将安排情况及时汇报值班经理，做详细交班；在 48 小时内，一封总经理署名的道歉信必须送到客人手中。

四、超额预订的处理要点

（1）耐心礼貌地做好解释工作。

（2）迅速帮客人联系住宿酒店和交通工具。

（3）做好交班工作，准备客人回店的接待和致歉工作。

（4）相关记录：接待处工作记录本、大堂副理交班本。

项目三　前厅礼宾服务实训

任务一　前厅礼仪服务实训

一、实训目的

熟悉酒店前厅接待工作的礼仪规范知识，通过实训掌握前厅接待礼仪的实操技能。

二、实训场地

前厅实训室。

三、实训方法及步骤

（1）回顾酒店前厅各岗位的接待礼仪规范，提炼知识要点。
（2）展示前厅接待服务案例，以小组为单位进行模拟场景的演练。
（3）项目组互评，教师综合点评，指出每个小组的优缺点。

四、实训内容

1. 礼宾迎送礼仪服务实训（见表 4-6）

表 4-6　礼宾迎送礼仪服务实训要求与操作标准

实训内容	操作标准	实训要求
迎接客人	提前抵达，出口迎接，欢迎问候，引导上车	提前 30 分钟抵达，在醒目处高举接站牌，主动问候
迎接乘坐轿车抵达的客人	拉门护顶，迎接问候，提拿行李，引导进店，送客进房	左手开门，右手护顶，注视客人，友善微笑，致欢迎语，征询客人意见后提拿客人行李，引导客人进大堂办理入住登记，引导客人进房间，简要介绍酒店设施设备
迎接团队客人	抵达问候，交接行李，引导进店，运送行李	在大堂门口迎接，清点行李，引导团队客人进入大堂休息区，根据分房表单派送行李
机场（车站）送站	提前确认，安排落实，送抵到站，礼貌欢送	提前与客人确认送站地点、时间及其他要求，根据要求安排送站事宜，引导客人上车，陪同抵达机场（车站），欢迎下次入住，祝旅途愉快

2. 电话预订受理服务礼仪实训（见表 4-7）

表 4-7　电话预订受理服务礼仪实训要求与操作标准

实训内容	操作标准	实训要求
接受客人 电话预订	及时接听，礼貌问候，询问来电，介绍产品，了解需要，推荐产品，记录预订，确认信息，感谢来电，礼貌结束	（1）“3 声之内”拿起电话 （2）先问好，再报单位，再用问候语 （3）避免使用过于随便的语言 （4）电话接线要迅速准确 （5）注意聆听 （6）做好记录 （7）通话完毕，等客人挂断电话后结束通话

3. 前台接待客人登记入住服务礼仪实训（见表 4-8）

表 4-8　前台接待客人登记入住服务礼仪实训要求与操作标准

实训内容	操作标准	实训要求
前台客人 入住接待	礼貌问候客人，了解客人需求，办理入住手续，递送房卡，预祝住店愉快	（1）主动礼貌问候，保持适当的目光交流 （2）询问来电事宜，主动表示提供服务的意愿 （3）按接待程序办理入住手续，礼貌请求客人协助配合 （4）将办理好的手续单据及房卡双手送到客人面前 （5）祝客人入住愉快，指示去房间和电梯的方向

4. 客人投诉处理服务礼仪实训（见表 4-9）

表 4-9 客人投诉处理服务礼仪实训要求与操作标准

实训内容	操作标准	实训要求
投诉处理基本流程演练	展示亲和 认真聆听 态度诚恳 投诉重复 迅速处理 及时反馈	（1）以亲切和蔼的态度对待投诉客人 （2）认真倾听投诉，必要时做笔记 （3）代表酒店对客人的投诉表示歉意，进行合理处理承诺 （4）依据笔记对投诉内容进行要点重复 （5）及时将处理意见和结果反馈给投诉客人

任务二 普通客人的迎送服务

一、实训目的

掌握迎送普通客人的基本要求和操作标准；掌握迎接和欢送普通客人的异同点；通过本次实训，让学生掌握迎送服务的程序及操作技巧。

二、实训物品准备

（1）事先准备迎送服务工作中需要用到的笔、纸以及各类迎送表格。

（2）统一着制服。

（3）了解当天即将抵店的重要客人和团队。

（4）收集整理酒店当日即将举办的大型活动的相关信息。

三、实训内容及要求

要掌握酒店当天所有客人的基本情况。学生应当主动、热情、积极地参与到本次实训中去，要有身临其境的感觉。

四、实训方法

（1）由教师进行示范，然后按 2 人一组分别现场模拟客人及迎接服务人员。

（2）在模拟过程中，任课教师现场点评学生表现，指出其不足之处。

五、实训步骤

普通客人迎送服务实训步骤与操作标准如表 4-10 所示。

表 4-10 普通客人迎送服务实训步骤与操作标准

实训步骤	操作标准
迎接客人	（1）将客人所乘车辆引领到适当的地方停车，以免造成门前交通阻塞 （2）上前开启车门，用手臂挡车门为客人护顶，并协助客人下车。女宾、老年人优先 （3）面带微笑地使用恰当的敬语欢迎前来的每一位客人 （4）协助行李员卸下行李，注意检查有无遗漏物品
欢送客人	（1）离店时，为客人打开大门，问候并询问客人离店后所去地点，调度、召唤出租车，并注意看管随客人而出的行李 （2）协助行李员将客人行李放入车后行李箱，为客人拉开车门，护顶，请客人上车，并祝客人旅途愉快 （3）驱散可疑的闲杂人员，维持店前秩序
注意事项	（1）迎接客人 1）热情礼貌 2）动作规范 3）配合行李员工作 4）老人、儿童或行动不便的客人要搀扶 （2）欢送客人 1）根据客人的需要，及时提供服务 2）送别时招手示意，直到看不见车为止

任务三 VIP 的迎送服务

一、实训目的

掌握迎送 VIP 的基本要求和操作标准；使学生能够熟练掌握迎送 VIP 的程序及相关操作技巧。

二、实训物品准备

（1）事先准备迎送服务工作中需要用到的笔、纸和各类迎接表格。
（2）统一着制服。
（3）统计出当日酒店 VIP 的相关信息并进行登记。
（4）对当日酒店的 VIP 进行归纳和统计。
（5）应该在 VIP 到达酒店前做好一切准备工作。

三、实训内容及要求

学生应当掌握普通客人和 VIP 的迎送区别，要能够对酒店 VIP 的详细资料了如指掌。

四、实训方法

（1）先由教师进行示范，然后按 2 人一组现场模拟 VIP 及迎送服务人员。
（2）在模拟过程中，任课教师现场点评学生表现，指出其不足之处。

五、实训步骤

VIP 迎送服务实训步骤与操作标准如表 4-11 所示。

表 4-11 VIP 迎送服务实训步骤与操作标准

实训步骤	操作标准
准备工作	（1）了解当天即将抵店的重要客人和团队 （2）了解 VIP 的接待规格
迎接客人	（1）将客人所乘车辆引领到店门前停车 （2）上前开启车门，用手臂挡车门为客人护顶，并协助客人下车 （3）面带微笑并使用恰当的敬语欢迎前来的客人 （4）协助行李员卸下行李，注意检查有无遗漏物品
欢迎仪式	（1）按 VIP 接待级别，安排接待礼仪规格 （2）视 VIP 级别安排欢迎仪式：列队欢迎，致欢迎词 （3）驱散可疑的闲杂人员，维持店前安全秩序 （4）大堂经理（部门经理或总经理）陪同客人上电梯，到客房
注意事项	（1）准备工作要充分 （2）在为 VIP 提供服务的过程中，应该做到热情礼貌；在卸下行李的环节应该做到动作规范 （3）应该在 VIP 抵店前提前下发 VIP 接待报告，根据 VIP 接待报告安排迎接

项目四　酒店行李服务实训

任务一　行李服务相关知识

一、实训目的

要求学生掌握行李服务的相关知识，为散客行李服务和团队行李服务做理论支持。

二、实训场地及物品准备

前厅实训室、行李寄存单、行李车。

三、实训内容

（1）了解行李寄存服务的概念。
（2）区别散客行李服务和团队行李服务。
（3）熟悉行李服务的内容。

四、实训方法

（1）示范讲解。
（2）观看视频。

五、实训步骤

1. 认识行李寄存服务的概念

由于各种原因，有的客人希望将一些行李暂时存放在礼宾部。礼宾部为方便客人存放行李、保证行李安全，应开辟专门的行李房，建立相应的制度，并规定必要的手续。

对寄存行李的要求主要包括以下几个方面。

（1）行李房不寄存现金、珠宝、玉器、金银首饰等贵重物品以及护照等身份证件。上述物品应礼貌地请客人自行保管，或放到前厅收款处的保险箱内免费保管。已办理退房手续的客人如想使用保险箱，须经大堂副理批准。

（2）酒店及行李房不得寄存易燃、易腐烂、易碎及具有腐蚀性的物品，不得寄存违禁物品。

（3）不接受宠物寄存，一般酒店不接受带宠物的客人入住。

（4）提示客人给行李上锁，对未上锁的小件行李须在客人面前用封条将行李封好。

2．了解行李寄存的程序

（1）客人前来寄存行李时，行李员应热情接待、礼貌服务。

（2）应弄清客人行李是否属于酒店不予寄存的范围。

（3）问清行李件数、寄存时间、姓名及房号。

（4）填写“行李寄存单”，并请客人签名，上联附挂在行李上，下联交给客人留存，并告知客人下联是领取行李的凭证。

（5）将短期存放的行李，如半天或一天的行李放置于方便搬运的地方；如一位客人有多种行李，应用绳索系在一起，以免拿错。

（6）经办人须在“行李寄存记录本”上进行登记，并注明行李存放的件数、位置及存取日期等情况（见图 4-4）。如属非客人寄存、客人领取的寄存行李，应通知客人前来确认领取。

行李寄存单（酒店联）

姓名 NAME： 日期 DATE： 房号 ROOM NO.：

行李件数 LUGGAGE： 时间 TIME：

客人签名 GUEST'S SIGNATURE：

行李员签名 BELLBOY'S SIGNATURE：

- - - - - - - - - -

行李寄存单（顾客联）

姓名 NAME： 日期 DATE： 房号 ROOM NO.：

行李件数 LUGGAGE： 时间 TIME：

客人签名 GUEST’S SIGNATURE：

行李员签名 BELLBOY'S SIGNATURE：

图 4-4 某酒店行李寄存单

3．熟悉行李领取服务

（1）客人前来领取行李时，须出示“行李寄存单”的下联。请客人当场在下联单上签名，将上下联进行核对，看二者的签名是否相符，核实无误后将行李交给客人。最后在“行李寄存记录本”上做好记录。

（2）如果是客人寄存、他人来领取，须请客人把代领人的姓名、单位或住址写清楚，并请客人告知代领人凭“行李寄存单”的下联及证件前来领取行李。行李员须在“行李寄存记录本”的备注栏内做好记录。

（3）如果客人遗失了“行李寄存单”，须请客人出示有效身份证件，核查签名后，请客人报出寄存行李的件数、形状、特征、原房号等。确定是该客人的行李后，须请客人写一张领取行李的说明并签名（或复印其证件）。

（4）来访客人留存物品，让住店客人前来领取的寄存服务，可采取留言的方式通知客人，并参照寄存、领取服务的有关条款进行。

（5）帮助客人把行李送到指定地方，并礼貌地向客人道别。

任务二　散客行李服务

一、实训目的

掌握如何在客人到达或离开酒店时为他们提供行李服务，掌握带领客人办理入住登记及去房间的步骤及方法，能够为客人介绍房间，学会配合客人办理结账及离店的手续，并能够协助客人做好行李的运送服务。

二、实训物品准备

（1）行李车及行李登记记录本的准备、车辆的准备和联系。

（2）统一着制服，以服务员应有的规范姿势来为客人提供服务。

（3）了解当日即将抵店及离店的客人的相关情况。

（4）为抵店、离店的客人准备好行李寄存卡和行李车。

三、实训内容

（1）学生应当主动、热情、耐心、积极地为客人提供行李服务，并适时向抵店客人介绍酒店的配套设施、服务项目及酒店的优势等，能够在客人离店时，主动为客人提供行李方面的帮助。

（2）应该掌握当日抵、离店的客人名单，查清当日抵、离店客人需要提供行李服务的清单，对于需要提取行李、需要继续寄存、需要运送服务的客人应该做到心中有数。

四、实训方法

（1）先由教师进行示范，然后按 2 人一组分别进行实际现场模拟需要提供行李服务的客人及行李员。

（2）在模拟过程中，任课教师现场点评学生表现，指出其不足之处。

五、实训步骤

1. 散客抵店的行李服务与操作标准（见表 4-12）

表 4-12 散客抵店的行李服务与操作标准

实训步骤	操作标准
出门迎接	（1）行李员主动迎接抵达酒店的客人，为客人打开车门，请客人下车，并亲切问候 （2）从出租车内取出客人行李，请客人确认行李件数，以免遗漏 （3）迅速引导客人走进店门，到前台办理入住登记手续
引领客人入店，办理入住手续	（1）行李员引领客人至前台，把行李放在离前台 4 米以外的地方，系好本店行李牌，手背后直立站在行李后方，直到客人办理好全部入住手续 （2）对于住在豪华楼层的客人，需引导客人至豪华楼层办理入住手续，并帮助客人搬开并放好登记台前的座椅，请客人入座，退后 3～4 米，站立等候客人办完手续
引导客人入住房间	（1）客人办完手续，行李员从前台服务员手中接过客房钥匙，清晰地将房间号码登记在行李牌上 （2）如几位客人同时入住，应在办理完手续后，请每位客人逐件确认行李，在行李牌上写清客人的房间号码，并礼貌地请客人在房间等候，然后迅速将行李送入房间 （3）引导客人至电梯厅，按电梯。在途中向客人介绍酒店设施及服务项目 （4）请客人先进入电梯，并为客人按相应楼层示意键，然后将行李提进电梯间，靠边放置在电梯里，继续向客人介绍酒店情况，回答客人问讯 （5）电梯到达目的地楼层后，请客人先走出电梯，行李员带客人进入房间
房间服务	（1）引导客人到房间后，把行李放房门外左侧，并简短地向客人介绍紧急出口及餐厅的位置 （2）开门前，向客人介绍如何使用钥匙开门及其他钥匙的用途（如小酒吧钥匙） （3）为客人打开房门，介绍电源开关，并把钥匙插入电源开关内 （4）请客人首先进入房间，行李员进入后把行李放在行李架上，并帮助客人把脱下的外衣及要挂的物品挂入壁橱内，帮助客人打开或拉上窗帘 （5）向客人介绍如何使用电视和收看各种节目 （6）向客人介绍电话的使用方法、店内各主要服务部门的电话号码及空调、收音机、床头灯等电器设备，向客人介绍小酒吧及收费标准 （7）向客人介绍卫生间内设施，提醒客人注意电源的使用 （8）向客人介绍店内的洗衣服务及电话号码 （9）介绍完毕，询问客人是否还有其他要求，最后祝愿客人居住愉快
注意事项	（1）要热情礼貌，易碎或贵重物品请客人自己拿，应仔细检查行李件数 （2）用左手提行李，行走时身体要自然。过重、过大的行李要用行李车，等待客人办理入住登记时不可左顾右盼，随时听从客人吩咐 （3）准确地在行李牌上写上房号，引领时走在客人左前方两三步远，用右手指示方向，边走边向客人介绍酒店的设施和服务项目，介绍安全通道 （4）上下电梯，请客人先进、先出 （5）登记应该记录及时、准确、完整

2．散客离店的行李服务与操作标准（见表 4-13）

表 4-13 散客离店的行李服务与操作标准

实训步骤	操作标准
接到通知	当客人离店打电话要求收取行李时，行李员必须问清客人房间号码、行李件数和收取行李时间
登记	行李员在离店登记单上填写房间号码、吸取时间、行李件数，并根据房间号码迅速去取客人行李
收取客人行李	（1）在 3 分钟内到达客人房间，轻敲三下门，并告知客人“行李服务”，待客人开门后，向客人问候 （2）和客人一起确认好行李件数，并帮助客人检查是否有遗漏物品。如发现遗留物品，应直接还给客人或交给行李部经理 （3）行李员把客人行李放置在行李台旁边，告知领班客人房间号码，站在一旁等候客人
帮助客人离店	（1）确定客人已付清全部房费，办理完毕离店手续后，引导客人出店，帮助客人将行李放入出租车内 （2）为客人打开车门，并请客人上车，为其护顶 （3）向客人礼貌告别：“欢迎下次再来”
注意事项	（1）问清客人的房号及行李件数，做好记录 （2）及时收取行李，查清行李件数，将行李放好，以免拿错 （3）及时将行李放到车上，热情招手送客，直到远去

任务三 团队行李服务

一、实训目的

掌握如何为团队客人提供抵店、离店时候的行李服务，并能够协助旅行社的导游做好行李的运送服务工作。

二、实训物品准备

（1）事先准备当日抵店及离店团队客人的详细资料单及团队行李寄存卡。

（2）统一着制服。

（3）确认是否需要向团队客人提供接机或接站服务。

三、实训内容及要求

在为团队客人提供行李服务时，在工作态度上应该更加仔细，进一步加强工作责任感，并主动为客人提供行李方面的帮助。

四、实训方法

（1）先由教师进行示范，然后多人一组分别现场模拟旅行社导游、团队客人及行李员、前台接待员。

（2）在模拟过程中，任课教师现场点评学生表现，指出其不足之处。

五、实训步骤

1. 团队抵店的行李服务与操作标准（见表 4-14）

表 4-14　团队抵店的行李服务与操作标准

实训步骤	操作标准
接收行李	（1）当团队行李送到酒店时，由领班向团队行李员问清行李件数、团队人数，并请团队行李员在入店登记表上登记姓名和行李牌号等 （2）由领班指派行李员卸下全部行李，并清点行李件数，检查行李有无破损。如遇破损，须请团队行李员签字证实，并通知团队陪同及领队 （3）整齐排放行李，全部系上有酒店标志的行李牌，并用网子罩住，以防丢失、错拿
分拣行李	（1）根据前台分配的房号分拣行李，并将分好的房号清晰地写在行李牌上 （2）与前台分房处联系，问明分配的房间是否有变动，如有变动，须及时更改 （3）及时将已知房间号码的行李送至房间 （4）如遇行李姓名卡丢失，行李应由领队帮助确认
送行李到房间	（1）将行李平稳摆放到行李车上，在推车入店时，注意不要损坏客人物品和酒店设施 （2）在进入楼层后，应将行李放在门左侧，轻轻敲门三下并口称“行李服务”，待客人开门后，主动向客人问好，固定房门，把行李送入房间内，待客人确认后方可离开。如果客人的行李不见了，应婉转地让客人稍候并及时报告领班 （3）对于破损和无人认领的行李，要与领队或陪同及时取得联系，以便尽快解决
行李登记	（1）送完行李后，应将送入每个房间的行李件数准确登记在团队入店登记单上 （2）如果是开门直接送入的，则应注明“开门”字样，并核实总数是否与刚入店时一致
注意事项	（1）分清团队、人数，分清行李件数并系好行李牌 （2）分送行李要准确，做到同房间同车，同侧同楼层同车，不同团队的行李分车送 （3）运送行李动作要文明，按规定敲门

2. 团队离店的行李服务与操作标准（见表 4-15）

表 4-15　团队离店的行李服务与操作标准

实训步骤	操作标准
准备	（1）仔细审阅前台送来的团队离店名单 （2）提前 3 天将欲离店团队的团号、房间号、人数与计算机内的档案核对 （3）与团队入店时填写的行李表核对，并重新建立新表 （4）夜班领班将核对后的表格转交下一班领班
收取行李	（1）依照团号、团名及房间号码到楼层收取行李 （2）与客人确认行李的件数。如客人不在房间，则检查行李牌号及姓名 （3）如客人不在房间，又未将行李放在房间外，则应及时报告领班解决 （4）根据领班指定位置摆放行李并罩好，以免行李丢失
核对	（1）统计行李件数的实数是否与登记数吻合 （2）由领班与陪同或领队一起确认行李件数。若无误，请其在团队离店单上签字 （3）从前台得到该团队的行李放行卡后，方可放行
行李放行及资料存档	（1）由领班问清行李员所取的团队行李的团号和团名 （2）待团队行李员确认行李件数后，请其在离店单上签上姓名和车牌号 （3）领班把团队离店登记单存档
注意事项	（1）查清要离店团队的编号名单，上夜班的前台服务员或者行李员需要填写离店表，交接班时，如有特殊情况要交代清楚 （2）按规定确认、签字，有放行卡方可放行 （3）记录存档的环节不可忽视

项目五　前厅入住登记接待业务实训

任务一　散客登记入住

一、实训目的

让学生了解总台服务接待的基础知识，掌握客人入住登记服务的程序、步骤及注意事项。

二、实训场地及物品准备

前厅实训室、总台。

三、实训内容及要求

（1）让学生积极参与到整个实训中去，要遵循接待的基本程序和礼貌礼节。

（2）为客人办理入住登记的时间，一般不得超过 3 分钟。

（3）为客人设计并填写入住登记表格。

（4）学会如何做好交接班的准备工作，如房卡、各类票据、办公用品及各类办公硬件设施设备，确保一切都能正常运营。如发现有缺损的应及时补充。

四、实训方法

（1）示范讲解。

（2）把学生分为客人组和服务组，分组训练。

（3）综合评价，按实训成绩分为优秀、合格、不合格三个等级。

五、实训步骤

前厅部接待员应该按照标准的服务流程，礼貌热情地接待客人，为客人提供热情周到的服务。散客登记入住流程如图 4-5 所示。

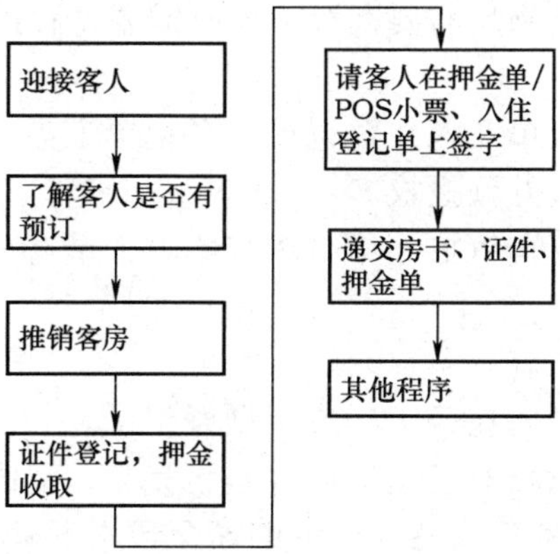

图 4-5　散客登记入住流程

1．迎接客人

（1）有客人朝前台走来时，立即起立并微笑，当客人距前台 3 米处，主动热情地问好。

（2）视线始终注视客人，不能显得心不在焉。

（3）语气柔和、语调适中。

（4）客人在前台等候的时间不得超过 60 秒。

（5）如是常客，则尽量用客人的姓氏称呼客人。

2．了解客人是否有预订

（1）向客人询问是否有预订。

（2）如有则核实客人的姓名或预订人姓名及公司，与客人核对预订时留的电话号码或其他预订信息，要复述客人的预订要求，得到最后的确认。

（3）如没有则进入下一步程序。

3．推销客房

（1）确认客人没有预订后，应立即询问客人对住房的要求。

（2）熟悉并掌握本酒店的各种优惠政策，合理推销。

（3）根据客人的实际情况合理推销房间。

（4）注意在向客人推销房间时，销售的是客房，而不是客房的价格，应强调的是客房的价值。

（5）提供客房的等级要符合客人的实际情况。

（6）根据客人的实际情况及接待员的判断，尽可能推销高价房。

4．证件登记，押金收取

（1）客人决定入住后，请客人出示证件并如实登记。

（2）一般客人的证件与信用卡或现金是一起放在钱包里的，所以，在收取押金的时候服务员要掌握好时机，尽量不让客人掏两次钱包。

（3）在客人拿证件或押金时，接待员应迅速找出房卡，并准备好入住登记表和押金单。

（4）双手接过客人证件、现金或信用卡并致谢。

（5）计算机上登记完毕后迅速做好系统 C/I。

（6）如客人需要签单的，做好核对。

5．请客人在押金单/POS 小票、入住登记单上签字

（1）询问客人是否有贵重物品需要寄存，如有需要寄存的，按照寄存流程为客人办理好寄存手续。

（2）迅速填写客人的押金单及入住登记单（登记单上需填上房号、房价、姓名）。

（3）如客人选择刷卡，做好预授权。

（4）双手将登记表、押金单/POS 小票、笔交给客人请客人签字，称呼客人时带上客人姓氏。

（5）提醒客人应填写的内容。

（6）在客人填写的时候及时在手工房态上做好记录。

（7）客人填写好后，注意核对已填写内容是否完整、清晰。

6．递交房卡、证件、押金单（客人刷卡的递交信用卡/POS 小票）

（1）将房卡、早餐券、POS 小票、信用卡、客人证件整理到欢迎袋里面双手一并交给客人。（按照此顺序有序摆放，对客人来说最重要的放在最上面。如客人是交现金的，押金单垫在最下面。）

（2）唱付：提醒客人，“××先生/小姐，这是您的房卡、早餐券，您的证件和押金单请收好，您的房间号是×××，早餐时间是 7：00—9：00，请在一楼用餐”。

（3）按照指引流程为客人指引房间。

7．其他程序

（1）电话通知房务中心 C/I。

（2）补充客人名单及相关资料。

（3）将住宿登记表及 POS 小票等放入相应房间账袋。

（4）如客人需要泡温泉或其他康乐服务，通知相关部门做好接待准备工作并告知结算方式。

任务二　团队登记入住

一、实训目的

让学生掌握办理团队入住手续的操作流程，并明白团队入住和散客入住在办理环节中的区别。

二、实训场地及物品准备

前厅实训室、总台。

三、实训内容

接待团队并为团队办理相关的入住登记手续。

四、实训方法

（1）示范讲解。

（2）把学生分为客人组和服务组，分组训练。

（3）综合评价，按实训成绩分为优秀、合格、不合格三个等级。

五、实训步骤

团队登记入住流程如图 4-6 所示。

图 4-6　团队登记入住流程

1．团队入住前的准备工作

（1）提前分配好房间。

（2）填写团队用房分配表，并通知客房中心。

（3）再次与团队用房表核对。

（4）与房务中心联系，询问房间清扫情况，做好跟进。

（5）若有其他特殊要求，提前通知相关部门做好准备工作。

（6）根据团队订房资料，准备好所有房卡，统一存放，注明房号及团体名称。

2．团队入住

（1）立刻通知客房中心团队抵店。

（2）通知行李员做好行李服务。

（3）主动与领队联系，确认团员人数及房间数。

（4）向领队索取团队名单及团队客人证件，如实做好登记。

（5）问清楚陪同团队的叫醒时间、就餐时间、预计离店时间并通知相关部门，登记好领队的房号。

（6）问清楚结算方式，如果是现付团队，收取一定的押金。

3．团队进房

（1）由行李员引领客人上楼，做好行李的分送工作。

（2）通知客房中心 C/I。

（3）在计算机中做好 C/I，将团队及客人资料输入计算机。

（4）如客人需要泡温泉或其他康乐服务的，通知相关部门做好接待准备工作并告知结算方式。

（5）检查所有团队资料与各项工作的落实，确保准确无误。

项目六　前厅综合接待业务实训

任务一　问讯服务

一、实训目的

掌握如何礼貌地接听客人的电话，并能适时地为客人提供问讯服务。了解做好问讯服务所应当具备的基本素质和能力，了解问讯服务的注意事项。

二、实训场地及物品准备

前厅实训室、总台问讯处。

三、实训要求

（1）要求学生们不断提高自己的口语表达水平，能够大胆地表述或者对酒店的相关情况进行整体的介绍。

（2）学生应该更加广泛地收集酒店行业及周边配套设施的相关信息，以便更好地为客人服务。

（3）掌握问讯服务的规范操作。

四、实训方法

（1）在教师的指导下分析客人在住店期间可能存在的需要问讯的问题。

（2）根据所学的理论知识，分组讨论并分角色模拟接受问讯服务。

（3）各小组进行模拟表演，其余组进行点评。

（4）对学生的模拟进行点评，指出正确的做法和注意事项。

五、实训步骤及内容

（1）熟悉本酒店组织机构、各部门的职责范围及有关负责人的姓名。

（2）熟悉本酒店特色、有关政策和所有服务设施、服务项目及营业时间。

（3）熟悉本酒店周围的交通情况及至本地主要机场、码头、车站的距离及抵达方法。

（4）熟悉与本酒店挂钩的医院名称、电话号码和地址。

（5）熟悉本地国际、国内主要航班及航空公司名称、主要列车车次、轮船航次及方向、抵离时间。

（6）熟悉熟悉本地各主要旅游观光景点、商场、购物中心、活动场所和商业街、影剧院、体育场、展览馆等名称、概况、特色以及与酒店的距离。

（7）熟悉到本地周边主要省、市的距离及抵达方法。

（8）熟悉主要客源国或客源地的风土人情、生活习惯、爱好忌讳等。

（9）熟悉本地政府机关、公安保卫部门、外事、外贸、科研、旅游部门、大专院校及重点企业的地址及联系方式。

（10）熟悉本地各著名餐馆的经营特色、地址及营业时间。

（11）熟悉本地各主要宗教场所的名称、地址、开放时间。

（12）熟悉本地当天的天气预报等。

（13）熟悉本店当日活动安排表。

（14）熟悉当地出租汽车至市内主要景点、机场、车站和附近城市的里程以及各车型规定的每公里收费标准。

（15）熟悉酒店的各项规定等。

任务二　留言服务

一、实训目的

掌握留言服务的操作程序，了解留言服务的规范性及时效性。

二、实训场地

前厅实训室、总台。

三、实训内容

（1）留言服务通常分为电话留言、口头留言、书面留言三种。电话留言多由话务员完成，口头和书面留言多由前台职员完成。

（2）留言服务又可分为访客留言、住客留言。

1）访客留言是来访客人给住店客人的留言，可由来访者口述、问讯员记录，再请来访者过目签字，或由来访者自己填写访客留言单，然后问讯员签字，再通知被访的住店客人。接受客人留言后，必须在留言单上用打时机打上时间。可以由电话总机话务员开启客人房间的留言灯。

2）住客留言是住店客人给来访客人或其他住客的留言，可填写住客留言单，并存放在前台；住客留言单一般一式两联，即问讯组、电话总机各保存一联，且要在上面注明留言内容的有效时间。

四、实训方法及要求

（1）让学生学会如何为住店客人或者非住店客人提供留言服务。

（2）在留言服务的实训过程中，一定要尊重客人的隐私，不能够随意化。

五、实训步骤

留言服务流程如图 4-7 所示。

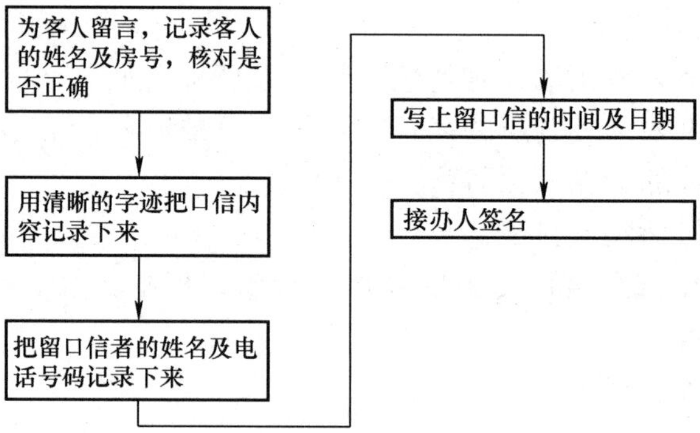

图 4-7　留言服务流程

任务三　客人邮件的处理

一、实训目的

熟悉客人邮件的处理服务工作，为客人提供完善的问讯服务。

二、实训场地

前厅实训室、总台。

三、实训内容

分检和派送收到的邮件及代售邮票和代寄邮件等服务。

四、实训方法及要求

（1）掌握如何收取客人的邮件及分发客人的邮件。

（2）了解有关邮件的保管事宜，并学会妥善地为客人保管邮件。

（3）了解特快专递、重要邮件等的相关知识，并在第一时间送给客人或者跟客人进行联系。

五、实训步骤

处理邮件的步骤如图 4-8 所示。

图 4-8　处理邮件的步骤

（1）对于寄给住店客人的邮件，收到后应立即在计算机上核对，也可在客人花名册中查找：是否与住店客人姓名和房号吻合；如邮件上只有姓名而无房号，则应从计算机中找出后在邮件上注明房号，然后分发。

（2）如是挂号信、包裹单、汇款单、EMS 邮政特快专递急件，则立即用电话通知客人来取。如客人不在房内，则发“邮件通知单”，并在信件记录本上做好记录；也可通过电话总机，在客人房内电话机上亮起红灯，表明有留言。客人一回店即可发现并及时来取。

（3）客人来取特种邮件时要查看有关证件，并请客人在邮件收发单上签字，以免发生纠纷时责任不清。

（4）对于已离店的客人邮件，应在邮件上注明客人的离店日期。如果客人离店时有交代并留下地址委托酒店转寄，酒店则按要求给予办理；如客人未做任何交代，又属普通信件，有些酒店则在邮件上注明保留 5～10 天，过期按寄件人的地址退回。客人的电报、加急电报、电传、传真等通常应按原址及时退回。

（5）对于已预订房间但尚未抵店的客人邮件，要在邮件上注明抵店日期，然后将邮件放在指定的格子内，并在客人“订房委托书”和“预订登记表”内上注明有邮件。在客人抵店前，将邮件取出并在客人抵店办理入住登记时转交。

（6）对于姓名不详、无法查找的客人邮件，若是急件，则在信件上盖上“查无此人”印章，同时打上收件日期、时间，并立即退回；若是普通信件，可保留一段时间，一般不超过一个星期，但要经常查对，若确实无人领取，则退回给寄信人，做好邮件退回记录。

（7）帮客人代寄或转交物品和邮件时，原则上不包括贵重物品和现金。

任务四　电话叫醒服务

一、实训目的

掌握叫醒服务的服务流程与标准，避免出现叫醒失误的情况。

二、实训场地

前厅实训室、总台。

三、实训内容

（1）了解叫醒的基本类型：人工叫醒和自动叫醒。

（2）掌握不同叫醒的区别。

（3）掌握叫醒的时间及设置的有关事宜。

（4）在叫醒过程中，如果客房内无人应答，5 分钟后再叫醒一次（自动叫醒系统会在 5 分钟后再进行一次叫醒）。

四、实训方法

（1）根据所学的理论知识，分组讨论并分角色模拟接受电话叫醒服务。

（2）各小组进行模拟表演，其余组进行点评。

（3）对学生的模拟进行点评、指出正确的做法和注意事项。

五、实训步骤

电话叫醒服务的流程如图 4-9 所示。

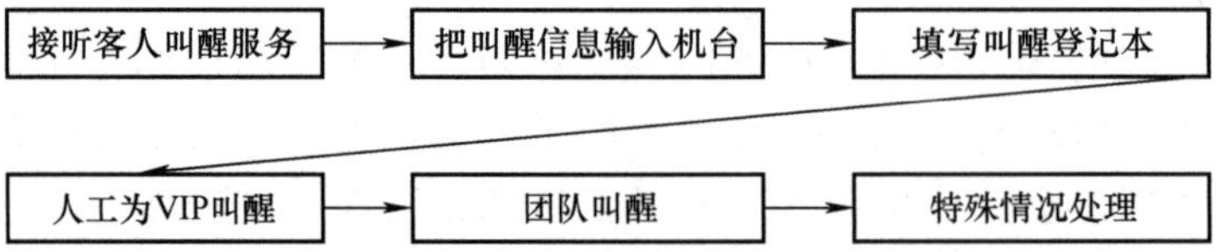

图 4-9　电话叫醒服务的流程

1．接听客人叫醒服务

（1）当接到客人需要叫醒服务时，要问清客人房号、姓名及叫醒时间。

（2）复述客人叫醒的要求，以获客人确认。

（3）检查叫醒客房的种类和客人类型，如是套房、VIP，必须做出特别提示。

（4）祝客人晚安。

2．把叫醒信息输入机台

（1）按机台上的叫醒键，输入客房号码和叫醒时间。

（2）按机台执行键。

（3）将套间客房的叫醒信息输入卧室的电话分机。

（4）夜班话务员再次检查叫醒的输入情况、客房情况、套房状况等。

（5）按照最早的叫醒时间，打开叫醒打印机并检查叫醒系统的工作情况。

3．填写叫醒登记本

（1）将叫醒时间输入机台后，在叫醒登记本上按时间顺序填写客人的房号、客人叫醒时间。

（2）认真复查，签上话务员姓名。

4．人工为 VIP 叫醒

（1）在客人指定的叫醒时间，按下客人的房间号码。

（2）用亲切和蔼的语气称呼客人的姓名。

（3）叫醒时要讲：早上好/下午好/……，现在是×点钟，已到您的叫醒时间。

（4）祝客人愉快。

5．团队叫醒

（1）接到客人电话要求将整个旅游团的客人全部叫醒时，应礼貌地请客人到前台问讯处登记。

（2）受理 23:00 时以后的团队叫醒服务预订，记录团号、叫醒时间、预订人姓名、预订人房号。

（3）根据前台问询处提供的叫醒记录，中班话务员负责找出团队用房表，并与叫醒登记表核对，夜班话务员必须再次复核团队叫醒记录。

（4）核对叫醒登记表和团队分房表，然后按要求将团队叫醒输入机器。

（5）检查叫醒团队客人的情况，如有问题必须及时纠正。

6．特殊情况处理

（1）如发现漏叫或没有打印出来的叫醒客人，话务员必须用电话叫醒客人，并做好记录。

（2）如客房叫醒无人应答，话务员必须立即通知客房服务中心或大堂经理去客房检查，并做好详细记录。

（3）如有客人要求取消叫醒服务，话务员必须在登记本、黑板、计算机上同时做出更正，并在交接班笔记上说明。

（4）如有客人要求多次叫醒时，话务员必须在“叫醒登记本”上做出说明。

任务五　商务中心服务

一、实训目的

掌握商务中心各项服务的服务流程和具体要求，以便为客人提供更好的服务。

二、实训场地

前厅实训室、总台。

三、实训内容

商务中心服务。

四、实训方法

（1）分组讨论并分角色模拟接受商务中心服务。

（2）各小组进行模拟表演，其余组进行点评。

（3）老师对学生的模拟进行点评，指出正确的做法和注意事项。

五、实训步骤

1．代购机票

代购机票时主要应注意以下事项。

（1）订购国内航段机票，国内客人需提供身份证或身份证复印件。未满 18 岁的须有户口本或独生子女证。国外乘客应出示护照，港澳乘客需出示港澳居民来往内地通行证（回乡证）。

（2）请客人填写委托单，写清客人要订的航班、到达地点、所乘的舱位。

（3）如预订国际航段机票，需有客人英文名字或中文名字的汉语拼音，特别要注意中国香港、台湾地区的汉语拼音与大陆不同。

（4）客人须交足机票预订金。

（5）国际或国内预订机票，需提前 4 天预订，否则不予以保证。

（6）机票出票后，立即通知客人或送票到客人房间。

2．代购火车票

代购火车票时主要应注意以下事项。

（1）国内客人预订车票需提前 4 天。请客人填写委托单，注明时间，车次，软、硬卧或普通坐票。

（2）向客人收取车票预订金。

（3）车票订好后，提前一天通知客人取票。

（4）接受客人委托订票后，应在订票记录本上进行详细记录。

（5）外籍宾客预订车票需提前 6 天。

（6）代客人填写委托预订单，注明时间，车次，软、硬卧或软、硬席。

（7）需向客人收预订金及本人护照，并在订票记录本上做好记录，妥善保管客人护照。

（8）提前两天取票，并通知客人或为客人送票到房间。

项目七　前厅收银业务实训

任务一　前厅收银准备工作

一、实训目的

熟悉收银工作准备事项和内容，为顺利完成收银工作打下良好的基础。

二、实训场地

前厅实训室、总台。

三、实训内容及要求

（1）学会办理客人入住登记时的收款和退房时的结账手续。

（2）学会计算客人的房费，并按照不同的入住时间来计算房费。

四、实训方法

（1）分组讨论并分角色模拟接受收银服务。

（2）各小组进行模拟表演，其余组进行点评。

（3）教师对学生的模拟进行点评，指出正确的做法和注意事项。

五、实训步骤

（1）前台收银员根据接待员转来的“住宿登记单”按计划住宿天数向宾客收取住宿押金，对持有信用卡的宾客，需要检查信用卡是否有效后进行刷卡。在预授权单据上请客人签字。若收取现金押金，则开具“押金收据”，一式三联，一联留存，一联交给客人，一联交财务部作为交款附件。并及时将金额录入计算机，最后填写手工账单。

（2）收银员每日中午 12 点和下午 6 点前查核是否有欲离店客人，及时核查该房间是否续房，续住的房间要及时提醒客人刷卡，押金不足的一定要催缴押金。

（3）客人结账时，前厅收银员要主动、热情、迅速地为客人提供服务。

1）散客结账时，总台服务员要先通知楼层及时进行查房，然后由客人凭收据和房卡进行退房结账。

2）收回“押金收据”，然后从账单内取出该房间的所有单据，经核对后，给客人进行结账。客人付费时，工作人员要礼貌告知客人收款数额，将应退的钱退还给客人。

3）如客人要求开具发票，要做好发票的票号登记，并将票根与结账单一并装订交给财务人员。

4）客人结账完毕，要向客人道谢，并请其再度惠顾酒店。

5）若客人将押金收据遗失，必须请押金收据签名人本人出示有关证件，并做好相关押金单遗失手续，待客人签字确认后方可进行结账。

（4）前厅收银员在记录住店客人在酒店所发生的费用时，需要分门别类，详细记入客人账单，不得遗漏。登记这些账目时一定要与账户相符，并且及时征得客人的认可方可入账，同时在相应单据上加盖转账或现金收讫章。

（5）客人离店后，收银员要将客人账单按时间顺序分类进行保存、备查，根据每班客人离店情况，所收款数与当班营业额进行核对，两者必须相符。

（6）收款员遇到与酒店有往来业务的单位（挂账单位）时，接待员应根据销售部提供的准予签单消费客人表，检查该客户是有否有权签单挂账，如客户在前台有账户，且是签单人的，方可准予消费。若并非签单人本人的账户，一定要与挂账单位签单人进行联系，对来客身份进行核实后，方可进行消费，并请客人在住宿登记单上签字并留下客人的联系方式，待客人退房时请客人在结账单上签字，并及时与签单人进行联系，并通知其消费情况；反之，则请客人用其他方式付款。

（7）收款员交接班和汇总程序：早、中、晚三班收银员交班时需填制当班营业报表，办理营业款的交付工作，清点营业款。填写交款袋并进行封包，在投款时要准确填写收银员交款汇总表，并由见证人签字确认。

最后双方进行备用金的交接，将收银员当班期间在交班本上记录的需要传达的注意事项进行交接，核查无误后由接班人员登记交换事宜并签字。

任务二　散客结账服务

一、实训目的

了解前台结账的基本知识，掌握结账服务程序及标准，达到熟练应用的目的。

二、实训场地

前厅实训室、总台。

三、实训内容

散客结账业务。

四、实训方法

（1）分组讨论并分角色模拟接受散客结账服务。

（2）各小组进行模拟表演，其余组进行点评。

（3）教师对学生的模拟进行点评，指出正确的做法和注意事项。

五、实训步骤

办理退房结账手续是客人离店前所接受的最后一项服务，服务人员应该给客人留下良好的最后印象。结账服务一般在 3 分钟之内完成。

1．散客结账服务

（1）和各楼层保持密切的联系，等待客人前来结账。

（2）前厅收银员根据接待处转来的“住宿登记单”，按计划住宿天数向客人收取住宿押金。

（3）如客人需续住，由楼层服务员通知客人到收银台补交住宿押金。

（4）收银员每日要核查客人押金是否足够。

（5）客人结账时，前厅收银员要主动、热情、迅速地为客人提供服务。

（6）前厅收银员在记录住店客人住店期间所发生的费用时，要分门别类、详细地记入账单。

（7）客人离店后，收银员要将客人账户按时间顺序分类进行保存、备查。根据每日客人离店情况，将所收款数与当日营业额进行核对，两者必须相符。

（8）制作每日收入报表。将当日所收款项与现金核对，汇总上交。

（9）收银员遇到特殊客人，在收费前应请示酒店部门经理，按其指示给予优惠或免收，同时要在账户上加以说明。

（10）当客人付清账款后，收银员应用电话通知楼层服务台对房间进行清理，并通知行李员为客人搬运行李。

2．散客结账时的注意事项

（1）客人结账时，要注意收回房门钥匙及房卡。

（2）通知楼层服务员迅速检查客房，查看客人物品有无遗漏或房间物品有无丢失或损坏现象。

（3）委婉地问明客人是否还有其他临时消费，以免漏账，给酒店造成损失。

（4）注意做好“验卡”工作。

（5）支票结算。

任务三　团队客人结账服务

一、实训目的

了解团队客人前台结账的基本知识，掌握结账服务程序及标准，达到熟练应用的水平。

二、实训场地

前厅实训室、总台。

三、实训内容

团队结账业务。

四、实训方法

（1）分组讨论并分角色模拟进行团队结账服务。
（2）各小组进行模拟表演，其余组进行点评。
（3）教师对学生的模拟进行点评，指出正确的做法和注意事项。

五、实训步骤

1．团队客人结账流程

（1）在团队结账之前半小时做好相关的准备工作，将团队的账单复查一遍，确认是否均按相关要求入账，所有附件是否齐全等。

（2）将结账退房的团队名称、团号通知客房中心，以便检查客房酒水的消费情况。

（3）查看团队预订单的付款方式以及有否特殊要求，做到总账户和分账户分开。

（4）打印团队账单，请该团陪同在团队总账单上签字，并注明他所代表的旅行社，以便旅行社结算。

（5）为有分账户的宾客打印账单并收银。

2．团客结账时的注意事项

（1）结账过程中，如出现账目上的争议，及时请结账主管人员或大堂经理协助解决。

（2）收银员应保证在任何情况下，不得将团队房价泄露给客人；若客人要求自付房费，应按当日门市价收取。

（3）团队延时离店，须经销售经理批准，否则按当日房价收取。

（4）凡不允许挂账的旅行社，其团队费用一律到店前现付。

（5）团队陪同无权私自将未经旅行社认可的账目的账款转由旅行社支付。

任务四　外币兑换服务

一、实训目的

熟悉外币兑换的工作流程，保证外币兑换服务的工作质量。

二、实训场地

前厅实训室、总台。

三、实训内容

外币兑换服务。

四、实训方法

（1）分组讨论并分角色模拟进行外币兑换服务。

（2）各小组进行模拟表演，其余组进行点评。

（3）老师对学生的模拟进行点评，指出正确的做法和注意事项。

五、实训步骤

1．外币兑换周转金出入库程序

根据酒店与银行签订的代兑换外币业务协议的规定，银行地区分行向酒店提供一定数量的兑换周转金，由兑换领班专人管理，单设保险柜，并建立严格出入库手续，确保外币兑换工作的顺利进行。外币兑换周转金通常每天入库一次，出库两次。每笔金额出入库都要做到签字手续齐全、数字准确无误。

2．外币兑换前准备工作程序

（1）收银员每天早上要按时收听并对中国人民银行公布的外汇牌价进行录音，及时更改当天的外汇牌价表。

（2）领用当天所使用的兑换水单，检查是否连号，是否有缺号现象，并办理领用手续。

（3）领用并配备大、小面值的兑换周转金，办理出库手续。

（4）进行外币兑换及承付现金时，首先问候客人。当客人兑换时，首先请客人出示护照或其他证件，方可填写水单。经办人接到客人填好的水单时，应注意检查客人的国籍、姓名、护照号码、房间号码、兑换外币金额等内容是否填写齐全；判断、识别真假外币；凡是旅行支票，都要检查支票及水单签字与支票背书是否一致。检查后，由经办人根据中国人民银行卖价或现钞价，核算成外汇人民币转交复核员，经复核员再次审核无误后，即可承付现金交经办人。经办人接过现金后，复核承付现金是否正确，无误后连同水单一起呈交客人，请客人查收，并欢迎客人下次再来。

（5）外币兑换营业日报表的编制程序为：当一笔兑换业务完毕时，由复核员将水单号码、兑换外币种类及金额分别填写在兑换营业日报上。编表要求是：按照水单顺序号码一一填写；外币现金、支票分别填写；每笔现金、支票金额分别以现钞价或卖价兑换人民币金额。

（6）兑换员下班前，进行外币及周转金交接。外币交接程序为：兑换营业日报表编制完毕后，兑换员应将外币日报表包捆好装入现金袋内封好，并在口袋封口处签上自己的名字，放在指定保险箱内，待第二天领班清点和汇总。

模块五
客房服务技能实训

项目一　客房部认知

- **任务描述**

了解客房部的含义，明确客房部的主要工作及特点，熟悉客房类型及用品设置。

- **相关知识**

一、客房部的主要任务

客房部又称房务部或管家部，其工作重点是管理好所有客房，通过组织接待服务，加快客房的周转。在整个酒店的运营中，客房部主要承担以下五个方面的工作。

（1）酒店的清洁卫生，为客人提供舒适的环境。

（2）做好客房接待服务，保障客人的安宁环境。

（3）降低客房费用，确保客房正常运转。

（4）协调与其他部门的关系，保证客房服务需要。

（5）配合前厅部销售客房，提高客房利用率。

二、客房部的特点

随着现代旅游业的迅猛发展，旅游酒店市场竞争更加激烈。客人已不再满足于能有一个栖身之地，他们对客房环境、客房设施设备、清洁卫生质量以及服务质量等都提出了更高的要求，为客房的现代化服务和管理提出了新的课题。因此，要想搞好客房部的工作，还必须研究客房部经营在新形势下的特点。

1．出租客房和提供服务

客房商品的特殊性主要表现在它是出租客房和提供服务，而不发生实物转移。所以要让客人真正满意，必须在客房产品本身的装饰布局、清洁卫生以及各项对客服务等方面尽心竭力。而这其间，“软件”——服务质量和管理水平是衡量客房产品质量的最重要的参考依据之一。

2．以“暗”的服务为主

在酒店行业，一般把看得见的服务称为“明”，见不到的服务称为“暗”。鉴于客房中的很多服务工作都是以客人外出或不打扰客人为前提的，所以客房服务不能像餐饮服务那样，注重场面的渲染，服务于客人眼前，忙碌于左右，而应该注意服务过程的“三轻”，尽量将服务工作做在客人到达之前和不在房内的时间，让客人感到酒店处处都在为自己服务却又看不到服务的场面，但又如同在自己家里一样方便、称心。

3．随机性

客房业务工作的内容是零星琐碎的，具有很强的随机性，特别是每一位客人在何时、在什么情况下需要哪些服务，事先都难以掌握。这就要求服务员既要主动，又要善于揣摩客人的心理，提供规范性和个性化相结合的服务。由此，我们可以认定客房服务的好坏在很大程度上取决于每一位服务人员的综合素质和“实战”经验。

三、客房的种类划分

1．单人间

单人间（single room）又称“单人房”（见图 5-1），是酒店中最小的客房。以前房内放一张单人床，适合单身客人住用。现在有的酒店在房内放置一张双人床，内部的面积与布局的档次也有所提高，逐步摆脱了经济客房的概念。再加之其位置比较偏僻，私密性较强，故而很适合单人旅游者居住。

2．双人间

双人间（twin room）又称“标准间”（见图 5-2），房内多放置两张单人床，可供一位或两位客人居住。在特殊情况下，也可以通过加床的方式安排第三位客人入住。这类客房在酒店占绝大多数。

图 5-1　单人间

图 5-2　双人间

3．三人间

三人间（triple room）（见图 5-3）是指可以供 3 位客人同时居住的房间。房内放 3 张单人床，属经济型房间。这类客房在酒店，特别是高档酒店很少见。当客人需要三人同住一个房间时，往往采用在双人间中加一张折叠床的方式来解决。

4．普通套间

普通套间（junior room）又称“标准套间”（见图 5-4），一般由卧室和起居室组成。卧室内放置一张双人床，也可以放置两张单人床。起居室一般供拜访住客的客人使用。

图 5-3　三人间

图 5-4　普通套间

5．豪华套间

豪华套间（deluxe suite）（见图 5-5、图 5-6）一般至少由卧室、起居室、餐厅或会议室（可以兼做）组成，甚至还有由 3～5 间或更多房间组成的套间。此类房间十分注重装饰布局的设计和设备用品的配置，卧室中多配以大号双人床或特大号双人床，以增强客人的舒适感。在条件许可的情况下，此类房间往往也被安排在景色较好的位置，以增加物有所值的印象。

图 5-5　豪华套间卧室

图 5-6　豪华套间起居室

6．总统套间

总统套间（presidential suite）（见图 5-7、图 5-8、图 5-9）又称“总统套房”，一般由七八个房间组成，分别承担总统房、夫人房、随从房、警卫房、会议室、娱乐室、书房、客厅、餐厅等不同用途，一般三星级以上的酒店才配备总统套间。总统套间显示了酒店的规格和档次，所以套间内设计布局十分精巧、讲究，设备、用品极其豪华、雅致。

图 5-7　总统套间卧室

图 5-8　总统套间书房

图 5-9　总统套间餐厅

7. **特殊客房**

特殊客房（special room）是为某一类人特别设计和布置的客房。如专为残疾人服务的客房，该房间内配置有能满足残疾人生活、起居一般要求的特殊设备（见图 5-10）和用品。

图 5-10　残疾人卫生间

近几年根据不同客人的需要，客房从功能上还可分为商务客房、办公客房、娱乐客房、健身客房、知识客房、男性客房、女性客房、VIP 客房、医疗客房、家人团聚客房等。各种客房各有不同的特点，但又有很强的兼容性。

四、客房各功能区及设备用品

1. **卧室**

以标准间为例，净面积一般不少于 18 平方米，高度不低于 2.7 米。

（1）睡眠空间。

睡眠空间是客房最基本的空间，一般安排在房内靠卫生间一侧，不对着房门及进门的走廊。

1）床。

卧室放置两张单人床，其规格长为 2 米，宽为 1.2 米。

床由床垫、床架和床头板三部分组成，软板一般可与床架分离，床架下安有定向轮，方便服务员做床（但也有例外，即床架与床头软板相连，做床时站在床侧进行）。

2）床头柜。

床头柜放置在两张床中间，其长度一般为 60 厘米，高 50～70 厘米。

床头柜又称“集控箱”，配有音响设备，并带有各种开关。床头柜柜面上摆放电话机、“祝君晚安”或“请勿在床上吸烟”牌、便签及铅笔等物品。柜内摆放两双一次性拖鞋及两个擦鞋器（或擦鞋套）。

（2）起居空间。

由于标准间的空间比较实用和紧凑，所以起居空间一般被安排在标准间的窗前，客人能在此休息、会客、休闲、饮食及看电视等。

1）软座椅，又可称为圈椅，一般成对出现。

2）茶几，一般是小圆桌，桌上可放置烟缸、茶杯、茶叶及电热水壶等。

（3）书写与梳妆空间。

标准间的书写与梳妆空间在床的对面，沿墙设计一长条的多功能柜桌。一般包括行李架、写字台（墙上安装一面镜子）和电视机柜。

1）行李架。

行李架（见图 5-11）一般设置在进入卧室区域的入口，床的对面。传统的行李架是一个小柜子，表层可放置客人的各种行李箱包等，内部一般可用来摆放酒店或客人的一些物品。

2）写字台、化妆台。

写字台（见图 5-12）、化妆台装有抽屉，可放置文具和一些客人的用品。两用的写字化妆台所靠的墙面一般都设有梳妆镜，梳妆镜的高度应能使客人站在写字台前照全人的头部。为了达到好的效果，上方应装有照明灯。

图 5-11　行李架

图 5-12　写字台及电视机柜

3）电视机柜。

电视机柜是每个客房的必备物品，电视机柜的高度一般是 45～47 厘米或是 65～70 厘米，正好是人体坐在沙发或椅子上的高度，它可以减轻看电视时眼睛的疲劳感，以达到保护视力的作用。

（4）储存空间。

储存空间主要是指设在房门进出过道侧面壁橱和紧靠壁橱的小酒柜。

1）壁橱。

壁橱设在客房入口的小过道内，便于客人在离开酒店时检查橱内东西是否取完。壁橱的宽度应不小于 100 厘米，橱门至墙壁的距离不小于 50 厘米。

2）小酒柜。

小酒柜的上方摆放烈性酒、酒具、茶水具以及小食品，下层也可以放置储存饮料的小冰箱，既可以满足客人的饮用需求，同时还能让茶几留出更多的空间，供客人摆放自己的物品。

2．卫生间

卫生间（见图 5-13）即盥洗空间，又可通俗地称为浴室。客房的卫生间一般是“背靠背（back to back）”设计，目的是使相邻客房的两个卫生间可以共用一个下水道。

卫生间的主要设备有浴缸、坐便器、洗脸盆三大件。

图 5-13　卫生间

项目二　客房对客服务实训

一、实训目的

熟悉酒店客房接待服务的礼仪规范知识，能通过实训具备客房接待礼仪的实际操作技能。

二、实训步骤

（1）回顾酒店客房部各岗位接待礼仪规范，提炼知识要点。
（2）以课堂小组为单位进行客房服务礼仪模拟场景的演练。
（3）项目组互评，教师综合点评，总结每个小组的优缺点并重新进行演练。

三、实训内容

（一）房务中心电话服务礼仪实训

房务中心电话服务礼仪实训要求与操作标准如表 5-1 所示。

表 5-1　房务中心电话服务礼仪实训要求与操作标准

实训内容	操作标准	实训要求
房务中心接听宾客来电	准备充分	做好接听电话准备，手边有纸笔进行电话要点记录
	及时接听	电话铃响 3 声内接起电话
	礼貌问候	报出部门名称，主动、清晰地问候客人
	询问事宜	询问客人来电事宜，主动表示提供服务的意愿
	记录要点	记录来电要点，尤其是客房号
	回应需求	积极予以回应，对无法满足的要求表示歉意
	礼貌结束	向客人道别后等宾客挂断电话后结束通话

（二）客房服务员进房服务礼仪实训

客房服务员进房服务礼仪实训要求及操作标准如表 5-2 所示。

表 5-2　客房服务员进房服务礼仪实训要求及操作标准

实训内容	操作标准	实训要求
客房服务员进房服务礼仪	（1）礼貌敲门自报家门 （2）进入客房征询意见 （3）礼貌退出	力度适中，缓慢而有节奏地敲门 用中英文问好“你好，客房服务员/housekeeper” 听到客人肯定地回答或者确定房内无人时方可进入 如果宾客在房间，征询同意后方可进房间整理 高效完成整理工作，礼貌致歉，退出房门

任务一　客人迎接服务

一、实训目的

掌握迎接客人的服务流程，了解接待应注意的事项，达到规范操作与熟练运用的目的。

二、实训内容

客人入住服务操作技能。

三、实训步骤

1．迎前准备工作

客人到达前的准备工作一定要充分、周密，要求达到以下几点。

（1）了解客人情况。楼层服务台接到总台传来的接待通知单后，应详细了解客人的人数、国籍、抵离店时间、宗教信仰、风俗习惯和接待单位对客人生活标准的要求、付费方式、活动日程等信息，做到情况明、任务清。

（2）布置房间。要根据客人的风俗习惯、生活特点和接待规格，调整家具设备，配备日用品，补充小冰箱里的食品饮料。对客人宗教信仰方面忌讳的用品要暂时撤换，以示对客人的尊重。房间布置完，还要对室内家具、水电设备及门锁等再进行一次全面检查，发现有损坏、失效的，要及时维修或更换。

2．客人到店的迎接工作

客房服务的迎接工作是在客人乘电梯上楼进房间时进行的。客人经过长途跋涉，抵达后一般比较疲惫，需要尽快妥善安顿，以便及时用餐或休息。因此，这个环节的工作必须热情礼貌、服务迅速，分送行李要准确，介绍情况要简明扼要。

（1）迎接宾客。客人步出电梯，服务员应微笑问候。无行李员引领时，服务员应帮助客人提拿行李至客房，并介绍房内设施设备的使用方法。

（2）分送行李。主要指的是团体客人的行李。由于团体客人的行李常常是先于或后于客人到达酒店，因此行李的分送方式有所不同。先到的行李由行李员送到楼层，排列整齐，由楼层服务员核实件数，待客人临近到达，再按行李标签上的房号逐一分送。如发现行李标签失落或房号模糊不清，应暂时存放，待客人到来时，陪同客人认领。后到或随客人到的行李，则由行李员负责分送到房间。

3．接待贵宾

贵宾是指有较高身份地位或因各种原因对酒店有较大影响力的客人，在接待中应得到酒店的较高礼遇。各酒店对贵宾范围规定不一，大致包括以下几类人。

（1）对酒店的业务发展有极大帮助，或者可能给酒店带来业务者。

（2）知名度很高的政界要人、外交家、艺术家、学者、经济界人士、影视明星以及社会名流。

（3）本酒店系统的高级职员。

（4）其他酒店的高级负责人。

（5）酒店董事会高级成员。

对贵宾的接待，从客房布置、礼品准备，到客房服务的规格内容，都要高出普通客人，使其感到酒店对自己的重视。

4．豪华套房及重点客房接待程序

（1）接到公关营销部下发的“VIP 接待计划书”，应立即仔细阅读并记录在案。

（2）客房部经理参加公关营销部经理召集的接待协调会议，明确本部门接待任务和要求。

（3）召集本部门主管以上的人参加会议，制订部门接待计划，责任落实到人。

（4）本部门各岗位必须熟记贵宾的人数、姓名、身份、在店时间、活动过程等内容。

（5）各级管理人员逐级检查下级准备工作完成情况，要求逐条落实。

（6）配合工程人员逐级检查贵宾用房，确保设备使用无误。保证贵宾房设施设备始终处于良好状态。

（7）贵宾入住前 2 小时按等级标准摆设好鲜花和果盘。

（8）贵宾为外籍人员时，应按照贵宾国籍送该国语言报纸；如没有，则送英文报纸。内宾送当日当地政府报纸。

（9）将电视调至贵宾母语频道。可能的话，显示中英文对照的欢迎词。

（10）贵宾抵店前 30 分钟，打开房门，开启室内照明灯。

（11）贵宾抵店前 30 分钟，要从一楼门口至电梯口铺设红地毯，随时保持地毯之清洁。

（12）房务中心在贵宾抵店时立即电话通知相关部门。

（13）礼宾司安排专人等候在一部电梯门口，专为贵宾开电梯。

（14）贵宾抵店，由房务部经理率当值管理人员及服务员在楼层迎接。

（15）贵宾入住 3 分钟内，根据人数送上欢迎茶。

（16）贵宾在店期间，房务部当值员工应密切配合安保、消防人员做好保卫工作。应热情、礼貌、有效地答复贵宾提出的问题。

任务二　客人送别服务

一、实训目的

熟悉送别客人应注意的事项，掌握送别客人的服务流程，达到规范操作与熟练运用的目的。

二、实训内容

客人送别服务操作技能。

三、实训步骤

客房部迎送客人服务标准主要有以下几点。

（1）掌握客人离店的准确时间。

（2）检查代办的事项是否完成。

（3）征求即将离店客人的意见，并提醒客人检查自己的行李和物品，以防遗漏。

（4）客人走后迅速检查房间设备有无损坏，物品有无丢失，客人有无使用客房小酒吧内的食品，有无客人遗留物品，并在 3 分钟内报告前台收银处。

（5）处理客人委托或交办的事项。

（6）客人离店后要迅速清洁整理房间，并通知前台。

（7）填写“客房情况日报表”。

任务三　洗衣服务

一、实训目的

熟悉洗衣服务基本程序和相关标准，达到规范操作与熟练运用的目的，避免出现失误。

二、实训准备

（1）服务人员在整理房间的时候，检查是否配齐了洗衣单和洗衣袋。

（2）客房部和洗衣房应及时沟通，确保洗衣服务正常进行。

三、实训步骤

客人在酒店居住期间，可能会需要酒店提供洗衣服务，尤其是商务客人和因公长住酒店的客人。因此，酒店的服务工作人员要为客人提供优质有效的洗衣服务，满足客人的需要。

1．客衣收取程序及注意事项

（1）收衣准备。传送员要保持良好的个人仪表仪容，准备好干净取衣车，接到洗衣通知后立刻上楼层取衣（限乘服务电梯）；为加快取衣速度，先去中间层，再去上下层；先取 VIP 和快件洗衣。如遇房间挂 DND 卡或上双锁，需通知客房中心，待客房中心服务员与客人电话联系，经客人同意后，再敲门取衣。

（2）当客人在房间时，按下列程序收衣：轻轻敲门 3 声后，报上部门名；客人开门后，主动礼貌地问候客人；查对客人是否已将洗衣单填写完整，洗衣单上须有房间号及客人签名，如果没有，需礼貌地让其补填完整；封紧洗衣袋口，提醒客人是否还需要其他帮助；礼貌地与客人道别，半侧身退出房间；将洗衣袋装进洗衣车。

（3）经 3 次敲门后，仍无人开门说明客人可能不在房间。此时，按下列程序取衣：可请楼层服务生帮助打开房门；轻轻打开一道门缝，再次大声重复一遍“洗衣服务”，当证实客人确实不在房间时，将门打开，开门人依门而立，不允许进屋，另一名取衣员走进房间；找到洗衣袋后，拿到门外查对是否已填写洗衣单，如尚未填写应立即将房间号写在洗衣袋上，注明日期及取衣员姓名；将洗衣袋放入洗衣车。

（4）如洗衣袋挂在房间门外，但无电话通知时，按取衣程序查对后，应将洗衣袋取走；若从楼层服务员处取衣，按程序逐袋查对，如发现无洗衣单或无房号时，须立即请楼层服务员确认房间号，同时在洗衣袋上做相应记录再将洗衣袋放入洗衣车。

（5）取衣后，迅速乘服务电梯返回洗衣房，不得在任何地方无故逗留；未使用洗衣车时，禁止将洗衣袋在地上拖拽；立即将 VIP 或快件洗衣交打号员按有关程序处理。

2．客衣送回程序及注意事项

（1）汇集同属一个房间的所有洗衣，依据“洗衣单”查对是否数量齐全，包装是否符合标准，做好送衣登记；将整理完毕的挂件衣服按房号顺序（由高到低）和体积（由大到小）挂在送衣架上，并仔细核对是否有误。

（2）前往楼层，先送重要客人的衣物；对有特殊要求的客人，严格按照客人要求的送衣时间送衣。

（3）送衣时如遇房间挂 DND 卡或上双锁，在送衣本上记录送衣时间、送衣员姓名，并标明房间 DND 或 DL（双锁）；将该房间的衣服由客房服务员接收，待客人索要时再送。

（4）如果客人在房间，轻轻敲门 3 声后，报“洗衣服务”，待客人开门后，主动问候客人；将洗衣袋放于床尾，将挂件挂在壁橱内，同时将空衣架收出；提醒客人检查洗衣质量，并请客人核对衣服是否齐全；请客人在“收衣记录”上签名并与客人礼貌地道别；轻轻将房间门关好。

（5）经 3 次敲门后仍无人开门，说明客人可能不在房间，此时可请客房服务员协助开门送入；慢慢推开一道门缝，再大声重复一遍“洗衣服务”，仍无人答应时，将门推开；传送员走进房间，迅速判断客人是否有可能离店（如房间迹象表明客人有可能已离店时，暂将衣服拿回，与前台联系后酌情处理）；将洗衣袋及挂件放在规定位置，将空衣架收出，衣柜门保持半开状态；和客房服务员按洗衣单再次核对送进的衣物是否与房间号相符，以及件数是否齐全，并由客房服务员签收；两人退出房间，客房服务员负责检查房门是否关好。

（6）返回洗衣房，送衣过程中的特殊事宜应立即和客房中心服务员联系；同时将客人的意见或建议上报给上级管理人员；如衣服未送进房间，其原因要告知客房中心，服务员将衣服妥善保管好；注意送衣时严禁动用房间里的任何物品。

任务四　遗留物品的处理

一、实训目的

能够处理客人遗留物品的问题。

二、实训准备

准备好相关表格。

三、实训步骤

遗留物品处理操作标准如表 5-3 所示。

表 5-3　遗留物品处理操作标准

实训内容	操作标准
客房服务中心登记	（1）客房服务中心服务员根据所交物品与“遗留物品单”核对 （2）核对准确后，填写客人遗留物品登记表，登记表记清：物品发现地点、物品名称、数量、品牌、颜色；拾到的日期、时间；拾物者姓名
保管	（1）由专人将遗留物品放入遗留物品室进行保管，按日期顺序摆放 （2）若物品是潮湿的棉布草，将布草烘干后再打包 （3）如果遇到客人查询遗留物品或说明隔日来取的，均放入待取物品柜中（放入待取物品柜时应在待取登记本上登记）
认领	（1）核对客人原住房号、遗失日期、物品名称、品牌、颜色、件数 （2）凭客人有效证件，填好证件号码，客人签字后领取（身份证、护照、回乡证、军官证等） （3）对受委托来办理认领遗留物品的处理，必须核实受委托人身份，请示当班主管或经理同意，经授权后方可办理
一般遗留物的处理	（1）食品类鲜活物品只保存 3 天，由主管处理 （2）遗留物分月存放，存放期 3 个月，无人认领则给予销毁，由保卫部和客房部一同进行 （3）客人声明不要的遗留物品由文员、主管共同确认是否需要保存并签字
贵重遗留物的处理	（1）现金保存 3 天，之后无人认领，由客房部经理交财务部保管 （2）其他贵重物品保存 2 个月无人认领，由客房部经理出具清单，物品交保卫部
注意事项	（1）贵重物品、食品、公共区域物品、一般物品等应进行分类登记 （2）遗留物品室清洁干净，登记一定要清晰、准确，并且便于查询 （3）如遇客人电话查询遗留物品，客房服务中心人员应注意核对准确 （4）如遇客人需要邮寄，由大堂经理协助处理

任务五　托婴服务

一、实训目的

掌握托婴服务所需的知识和技能，应客人之需提供安全、温馨的婴儿照看服务。

二、实训准备

（1）酒店需培训几名兼职的保育员，具备婴儿看护的必备知识，能随时为宾客提供托婴服务。

（2）酒店需有专门的托婴服务场所，配备玩具等必备用品。

三、实训步骤

托婴服务实训内容及操作标准如表 5-4 所示。

表 5-4　托婴服务实训内容及操作标准

实训内容	操作标准	注意事项
受理	（1）记录客人要求，通知当班主管 （2）请客人填写“宾客委托代看婴儿服务单”，并签字确认 （3）提醒客人交代清楚注意事项及特殊要求	（1）要写清楚客人的房号、姓名，需要看护服务的时间、地点，以及儿童的姓名、性别、年龄、健康状况、特殊要求、紧急情况联系人 （2）病婴孩不予托管，身上有明显伤口的婴孩不予托管
服务安排	（1）主管安排专职人员提供服务 （2）严格按照程序进行登记	照顾小孩的员工一般应该是具有相关知识且有经验的女性员工
看管婴儿	（1）看护人员按时抵达看护地点，并留意客人的有关吩咐，处理好交接事宜 （2）严格按客人要求提供食物和玩具	服务过程中看护人员务必小心谨慎，不能离开儿童，不可随便给儿童东西吃，不让儿童接近容易被其碰伤、刺伤的东西，不能把儿童带离指定的地点，如有意外伤害马上汇报
交还宾客	（1）看护服务结束时，请客人在“宾客委托代看婴儿服务单”上签字确认 （2）及时通知服务中心，汇报服务工作	如果到看护服务的预定结束时间，客人仍未出现，看护人员必须坚守岗位，直到客人归来

任务六　小酒吧服务

一、实训目的

掌握酒店客房小酒吧服务所需的知识和技能，应客人之需及时添补所需酒水。

二、实训准备

小酒吧所需的酒水、价格表等。

三、实训步骤

小酒吧服务实训内容及操作标准如表 5-5 所示。

表 5-5　小酒吧服务实训内容及操作标准

实训内容	操作标准	注意事项
日常检查	（1）服务员每日清洁房间时同时清洁冰箱，并检查饮料是否数目相符，有无破损、变形 （2）开夜床时检查饮料消费情况 （3）安排专人检查所有房间的饮料过期情况，对一个月后将过期的饮料进行登记并更换	（1）检查空房时，如发现饮料数目不符，通知领班，查找原因，并及时补充完整 （2）凡发现酒水数量与规定配备数量不符、出现缺少和开启情况的，均视为客人消费
填写酒水消费单	（1）根据客人消费情况，如实填写酒水消费单 （2）将酒水消费情况登记在服务员每日工作单上	消费单一式四联，作为不同的凭证用途：第一联，派放到客人房间；第二联，交客房服务中心；第三联，交酒店财务部；第四联，交领用中心领取酒水使用
报告消费情况	将消费单第二联、第三联交至客房服务中心及酒店财务部及时入账	做到房号、酒水的消费品种和数量准确无误
领取、补充酒水	（1）将消费单第四联交至领用中心并领取酒水 （2）根据酒店的规定，补齐客房酒水消费品，摆放时注意商标朝外	客人消费酒水后并未打算退房的，须经客人签字后再进行补充

任务七　擦鞋服务

一、实训目的

掌握酒店擦鞋服务的操作步骤和注意事项。

二、实训准备

（1）在整理房间时，需检查房内是否已经配置相应的擦鞋篮、擦鞋垫以及擦鞋说明。

（2）备齐擦鞋油、刷子等工具。

三、实训步骤

擦鞋服务实训内容及操作标准如表 5-6 所示。

表 5-6　擦鞋服务实训内容及操作标准

实训内容	操作标准	注意事项
取鞋	（1）接到客人需求，立刻戴上白手套到客人房间 （2）按敲门程序进房，如客人在房间，礼貌询问客人：“××先生/小姐，请问是您需要擦鞋服务吗” （3）征得客人同意后将客人鞋筐内的拖鞋和擦鞋布等放入衣柜内，将要擦的鞋子放入鞋筐内 （4）向客人告别：“××先生/小姐，您的鞋子我们 15 分钟内给您送回来，再见” （5）携带鞋筐离开客人房间，将写有房号的纸条放入鞋筐内 （6）若客人不在房间，直接取走放在鞋筐内的鞋子	（1）在收鞋时应主动询问客人的皮鞋是否有特殊要求 （2）客人不在时，应仔细查看客人是否留有擦鞋时特别注意的事项
擦鞋	（1）取下白手套，戴上一次性手套 （2）用专用鞋刷或擦尘布去掉鞋子表面的灰尘 （3）根据鞋子的颜色进行上油工作，均匀地涂抹鞋油，注意鞋带及毛面不得上鞋油 （4）稍等 1～2 分钟，用鞋刷均匀地刷鞋，直至光亮 （5）用专用擦鞋布对鞋子进行抛光 （6）将擦干净的鞋子放入鞋筐内 （7）取下一次性手套	系带皮鞋应将鞋带解下再擦拭
送鞋进房	（1）戴上白手套 （2）按程序敲门进房 （3）询问客人对擦鞋服务是否满意：“××先生/小姐，您的鞋子已经擦好了，您看还满意吗” （4）将鞋子按客人要求放好 （5）若客人不在房间，将鞋筐放回原处 （6）向客人告别，退出房间：“祝您住店愉快，再见”	客人要求加急擦鞋的，应立即满足客人的要求

项目三　客房清扫实训

任务一　客房清扫顺序认知

● **任务描述**

了解各类房态，明确正确的清扫顺序。

● 相关知识

一、了解各类房态，明确各自的含义

（1）住客房（occupied，OCC），即客人正在住用的客房。

（2）走客房（check out，C/O），表示客人已结账并已离开客房。

（3）空房（vacant，V），表示昨日暂时无人租用客房。

（4）未清扫房（vacant dirty，VD），表示该客房为没有经过打扫的空房。

（5）住客外宿房（sleep out，S/O），表示该客房已被租用，但住客昨夜未归。为了防止发生逃账等意外情况，客房部应将此种客房状况通知总台。

（6）维修房或待修房（out of order，OOO），又称病房，表示该客房因设施设备发生故障，暂不能出租。

（7）已清扫房（vacant clean，VC），又称 OK 房，表示该客房已清扫完毕，可以重新出租。

（8）请勿打扰房（do not disturb，DND），表示该客房的客人因睡眠或其他原因而不愿服务人员打扰。“请勿打扰”及“请清理房间”指示牌如图 5-14 所示。

图 5-14　指示牌

（9）贵宾房（very important person，VIP），表示该客房住客是酒店的重要客人。

（10）长住房（long stay，LS），又称长包房，即长期由客人包租的客房。

（11）请即打扫房（make up room，MUR），表示该客房住客因会客或其他一些原因需要服务员立即打扫的客房。

（12）轻行李房（light baggage，L/B），表示住客携带很少行李的客房，为防止逃账，客房部应及时将情况通知前台。

（13）无行李房（no baggage，N/B），表示该客房的住客无行李，应及时通知前台。

（14）准备退房（expected departure，ED），表示该客房住客应当天中午 12:00 以前退房，但目前还未退房的客房。

（15）加床房（extra-bed，E），表示该客房有加床。

（16）续住房（stay，S），表示客人今天不离店，至少还会住一晚。

二、确定合理的清扫顺序

清扫时应考虑如下因素。

（1）满足住客的需要。

（2）有利于客房的销售，提高客房的出租率。

（3）方便工作、提高效率。

（4）有利于客房设备用品的维护保养。

由于要综合考虑以上四点因素，客房清扫整理的顺序也就没有绝对的标准，往往是根据具体情况临时制定、灵活调整。

三、确认正确的清扫顺序

服务员在了解自己所要打扫的客房状态后，应根据退房的先后次序、客人的特殊要求或前台及领班的特别交代，决定当天的客房清扫顺序。客房一般的清扫顺序如下。

（1）挂有“请即打扫”的客房或客人口头上提出要求打扫客房。一般情况下，如果住客要求“请即打扫”，则应优先安排清扫整理，满足客人的要求。

（2）前台或领班指示打扫的客房。有时前台或领班会因为排房的需要和特殊情况，规定对某间客房在什么时候必须打扫整理好，对此服务员必须有大局观念遵照执行。

（3）VIP 客房。鉴于 VIP 客人往往是酒店必须格外礼遇的重要客户，很大程度会直接影响酒店的经济效益和社会声誉，所以在许可的前提下，应优先考虑清扫 VIP 客房。

（4）走客房。在住客率很高、可供出租的空房很少时要及时打扫走客房。一方面是为了提高客房的出租率；另一方面是因为让客房长时间处于脏乱状态，不利于各种用品的清洁和保养。

（5）普通住客房。服务员要尽早安排清扫整理，争取在客人外出回来之前清扫整理好。如果客人有特殊要求，服务员也可与客人事先预定，在客人方便的时候适时清扫。

（6）空房。这种房间随时会被出租，为防止出现质量问题，要对这种房间进行卫生检查，如有必要，应做简单的清扫整理特别是对较长时间没有出租的干净空房，更应注意卫生检查。

客房清扫顺序的排列，其用意不仅在于满足客人的特殊要求，而且还须以加速客房出租的周转为主要考虑因素。因此，在旺季，也可先打扫走客房，使客房尽快重新出租，以便为酒店争取最佳的收益；而长住房则应与客人协调，约定时间再进行打扫。

任务二　敲门进房

一、实训目的

通过敲门进房的实训，使得酒店服务人员明确保护客人隐私和免打扰客人的重要性，养成敲门进入房间前先观察和思索的好习惯，随时按照规范敲门进入客房。

二、实训准备

（1）检查仪容、仪表是否符合酒店上岗的要求。

（2）了解将要进入的客房的房态。

（3）观察门外情况，注意有否“DND”牌、“请勿打扰”指示灯或双重锁标志。

三、实训步骤

（1）第一次敲门，用食指或中指的指关节在门的表面敲三下，并紧接着表明身份。

（2）门外等候。注意房内客人反应，时间约5秒钟。
（3）第二次敲门。
（4）第二次等候，与第一次等候时间相同。
（5）开门，手不离开门把手，将房门推开约30度，同时再次表明身份。
（6）进房，注意将房门完全打开。

四、要点及注意事项

（1）敲3下客人房门的规范要求为一轻两稍重，并有节奏感。

（2）酒店有尊重和保护客人隐私的义务。客人入住酒店期间则享有租用房间的使用权。

（3）客房服务人员在向客人提供服务的时候，应尽量不要打扰客人。

（4）凡是房门上挂有“DND”牌时，或房门上方墙壁上亮着“请勿打扰”指示灯时，不能敲门进房间。到14：00时（有些酒店是12：00）时，房门上仍然挂着“DND”牌，服务员可以打电话到客人房间，礼貌地询问客人是否需要整理房间。若出现无人应答的情况，很有可能是客人生病或其他问题，应立即报告客房领班或主管，并及时采取相应的措施。

（5）每一位酒店员工都应养成先敲门通报，征得客人的同意以后再可进客房的习惯。

（6）进入房间后，注意卫生间的房门是否关闭，如是关闭的，则需要敲门。

任务三　走客房清扫

一、实训目的

通过清扫客房的实训，全面掌握客房清扫的要领，养成良好的操作习惯。

二、实训准备

（1）到客房部签到并领取工作钥匙。

（2）准备工作车。按酒店规定将工作车准备充足、整齐，并保证清洁卫生。

（3）准备清洁用具。检查吸尘器是否正常运行，备齐抹尘和洗刷所需的工具、清洁剂等。

（4）核实房态是否处于走客房状态。

三、实训要求

（1）客房服务员接到通知后，应尽快对客房进行彻底的清扫。

（2）进入客房后，应检查房内是否有客人丢失的物品、客房的设备和家具有无损坏或丢失。如发现以上情况，立即报告领班，并进行登记。

（3）撤换茶水具，并严格洗涤、消毒。
（4）对卫生间各个部位进行严格洗涤、消毒。
（5）客房清扫合格，立即通知前台，即及时通报 OK 房，以便前台及时出租。

四、实训步骤

1．卧室清洁步骤

（1）开。开门、开灯、开空调、开窗帘、开玻璃窗。

按照规定的进入客房规范开门进房，将房门完全打开（用顶门器把门支好），直到该房间清扫完毕。开门打扫卫生的意义有三点：表示该客房正在清扫；防止意外事故的发生；有利于房间的通风换气。

将房间里所有的灯具开关打开，检查灯具是否完好。检查完后随手将灯关上，只留清洁用灯。一旦发现灯泡损坏，立即通知维修人员前来更换。

拉开窗帘时应检查帘子是否有脱钩和损坏情况。应打开空调，加大通风量，保证室内空气的清新，同时检查空调开关是否正常。

（2）清。清理烟灰缸、纸篓和垃圾（包括地面的垃圾）。烟灰缸里的烟灰倒入垃圾桶内，在浴室内洗净，用布擦干、擦净。收拾桌面和地面的垃圾及尖硬物品，将其放进垃圾桶或纸篓中。清理纸篓（垃圾桶）。在清理纸篓时，如发现有电池、刮胡刀片或碎玻璃片等废弃物，应及时单独处理。

（3）撤。撤除用过的茶水具、玻璃杯、脏布件。如果有用过的餐具也要一并撤去。撤走用过的茶水具、玻璃杯；撤走用过的床单和枕套，把脏布件放进清洁车内。

（4）做。做床。按铺床的程序换上新的床单、枕套。

（5）擦。擦拭灰尘，检查设备。从房门开始，按环形路线依次把房间家具用品擦干净。在除尘中注意需要补充的客用品和宣传品数量，检查设备是否正常。注意擦拭墙脚线。

（6）查。查看家具用品有无损坏，配备物品有无短缺，是否有客人遗留物品，要边擦拭边检查。

（7）添。添补房间客用品、宣传品和经洗涤消毒的茶水具（此项工作后应进行卫生间的清扫整理）。

（8）吸。地毯吸尘由里到外，同时对清扫完毕的卫生间地面吸尘。

（9）关（观）。观察房间清洁整理后的整体效果；关玻璃窗、关纱窗、关空调、关灯、关门。

（10）登。在“服务员工作日报表”上做好登记。

2．卫生间清洁程序

卫生间清扫的具体操作规范如下。

（1）开。开灯、开换气扇。
（2）冲。放水冲马桶，然后在抽水马桶的清水中倒入规定数量马桶清洁剂。
（3）收。收走客人用过的毛巾、洗浴用品和垃圾。
（4）洗。清洁浴缸、墙面、脸盆和抽水马桶。

（5）擦。擦干卫生间所有设备和墙面。

（6）消。对卫生间各个部位进行消毒。

（7）添。添补卫生间的棉织品和消耗品。

（8）刷。刷洗卫生间地面。

（9）吸。用吸尘器对地面吸尘。

（10）关（观）。观察和检查卫生间工作无误后即关灯，并把门虚掩。将待修项目记录上报。

五、实训注意事项

1．从上到下

例如，在擦洗卫生间和用抹布擦拭物品的灰尘时，应采取从上到下的方法进行。

2．从里到外

地毯吸尘和擦拭卫生间的地面时，应采取从里到外的方法进行。

3．环形清理

在擦拭和检查卫生间、卧室的设备用品的路线上，应按照从左到右或从右到左，亦即按顺时针或逆时针的路线进行，以避免遗漏死角，并节省体力。

4．干、湿分开

擦拭不同的家具设备及物品的抹布，应严格区别使用。例如，房间的灯具、电视机屏幕、床头板等只能使用干抹布，以避免污染墙纸和发生危险。

5．先卧室后卫生间

住客房应先做卧室再做卫生间的清洁卫生，这是因为客人有可能随时回来，甚至带来亲友或访客。先将客房的卧室整理好，客人归来既有了安身之处，卧室外观也整洁，客人当着访客的面也不会尴尬。对服务员来说，这时留下来做卫生间也不会有干扰之嫌。整理走客房则可先卫生间后卧室，一方面可以让弹簧床垫和毛毯等透气，达到保养的目的；另一方面又无须担忧会有客人突然闯进来。

6．注意墙角

墙角往往是蜘蛛结网和尘土积存之处，也是客人重视的地方，需要留意打扫。

任务四　住客房清扫

一、实训目的

熟悉不同情况下住客房的清扫程序，掌握清扫的相关标准，达到规范操作与熟练运用的目的。

二、实训准备

（1）到客房部签到并领取工作钥匙。

（2）准备工作车。按酒店规定将工作车准备充足、整齐，并保证清洁卫生。

（3）准备清洁用具。检查吸尘器是否正常运行，备齐抹尘和洗刷所需的工具、清洁剂等。

（4）核实房态是否处于住客房状态。

三、实训步骤

住客房清洁的具体内容和程序大致与走客房相同，但因客房仍然处于客人使用状态，在清扫时有许多要注意的地方。

（1）进入客房前先按门铃或敲门，房内无人方可进入。若客人在房间，应礼貌问好，主动征求意见，得到允许后方可进房进行清扫。

（2）如果客人暂不同意清理房间，将房间号码和客人要求清扫的时间写在工作表上。

（3）清扫时将客人的文件、图书、报刊稍加整理，但不能弄错位置，更不准翻看。

（4）除非放在垃圾桶里的东西，否则即使是放在地上的物品也只能替客人做简单的整理，千万不要自行处理。

（5）客人放在床上或搭在椅子上的衣服如不整齐，可挂到衣柜里；睡衣、内衣也要挂好或叠好放在床上。女宾住的房间更需小心，不要轻易动其衣物。

（6）擦壁橱时，只搞大面卫生即可，但注意不要将客人衣物搞乱、弄脏。

（7）擦拭行李架时，一般不挪动客人行李，只擦去浮尘即可。

（8）对女性用的化妆品，只需稍加整理，但不要挪动位置，即使用完的化妆品也不得将空瓶或包装盒扔掉。

（9）不要触摸客人的相机、计算机、笔记本和钱包之类的物品，以免引起不必要的麻烦。

（10）客人房间里的电热壶无水时要及时续满水。

（11）客房整理完毕，客人在房间时，要向客人表示谢意，然后退后一步，再转身离开客房，轻轻将房门关上。

四、注意事项

（1）在清扫工作中，遇到客人中途回房，应主动与客人打招呼，征求客人意见，以决定是否可以继续清扫。

（2）若未获允许，应立即离开房间，待客人外出后继续进行。

（3）若客人同意，应迅速把房间清扫干净，离开时应向客人表示谢意，然后退后一步，再转身离开房间，轻轻把门关上。

（4）为了表示对客人的尊重以及避免一些不必要的麻烦和误会，在清扫客房时，即使电话铃响也不应接听。

（5）在清扫住客房时，如果万一不小心损坏了客人的物品，应及时报告主管，并主动向客人赔礼道歉。若是贵重物品，应由主管陪同前往，征求客人意见。如果客人要求赔偿，应根据具体情况予以赔偿。

任务五　空房清扫程序

一、实训目的

掌握空房清扫的相关标准，明确空房清扫的重要性。

二、实训准备

（1）到客房部签到并领取工作钥匙。

（2）准备工作车。按酒店规定将工作车准备充足、整齐，并保证清洁卫生。

（3）准备清洁用具。检查吸尘器是否正常运行，备齐抹尘和洗刷所需的工具、清洁剂等。

（4）核实房态是否处于空房状态。

三、实训步骤

空房的整理虽然较为简单，但却必须每天进行，以保持其良好的状况，具体操作如下。

（1）每天进房开窗、开空调进行通风换气，将室温调节到合适的温度（22～24℃）。

（2）用干抹布擦去桌椅、电视机、电话、灯具、床头柜等设备、用具上的灰尘。

（3）连续空着的房间，每隔两三天要吸尘一次。

（4）卫生间的面盆、浴缸、马桶都要放水一至两分钟，以保证水质清洁、无异味。

（5）卫生间的毛巾因干燥而容易失去柔韧性，若不符合要求，须在客人入住前换好。

（6）检查房间设施设备情况。

（7）关窗，拉上纱帘，环视检查，退出房间。

任务六　开夜床服务

一、实训目的

通过开夜床服务的实训，掌握开夜床服务的技能技巧，养成想宾客之所想，千方百计为客人提供高品质服务的好习惯。

二、实训准备

（1）将参加班前会时所了解的房态认真记录在表格中。

（2）注意观察房门外是否有“DND”牌，并在工作表上做好记录。

（3）准备好开夜床所需的早餐点餐牌、巧克力、鲜花、水果、推车等物品。

三、实训步骤

开夜床服务通常在晚上 18：00 以后开始，也可在客人到餐厅用晚餐时进行，或按服务台的要求进行。

（1）进入客房要敲门或按门铃，并通报自己的身份和目的——夜床服务。如果客人在房内，则应经客人同意方可进入，并礼貌地向客人道晚安；如果客人不需要开夜床，服务员应在开夜床表上做好登记。

（2）开灯，并将空调开到指定的刻度上。

（3）轻轻拉上遮光帘和二道帘。

（4）开床：将床罩从床头拉下，整齐折叠好，放在规定的位置。

将靠近床头一边的毛毯连同衬单（盖单）向外折成 45 度角，以方便客人就寝。夏季气温高时，还可将毛毯对折，再将床单折成 45 度角。

拍松枕头并将其摆正，如有睡衣应叠好放置于枕头上。

按酒店规定在床头或枕头上放上鲜花、晚安卡、早餐牌或小礼品等。

（5）清理烟灰缸、桌面和倒垃圾；如有用餐，餐具也一并撤除。

（6）按要求加注冰水，放入报纸或将酒店提供的浴衣摊开放在床尾。

（7）如有加床，则在这时打开整理好。

（8）整理卫生间。

（9）检查一遍卫生间及房间。

（10）除夜灯和走廊灯外，关掉所有的灯并关上房门。如果客人在房内，不用关灯，向客人道别后退出房间，轻轻将房门关上。在开夜床报表上登记。

四、实训注意事项

（1）上述夜床服务内容和操作程序源于美式酒店管理制度，因此在具体的夜床服务中，应在了解客人的风俗习惯后加以调整和增减。例如英式夜床服务中没有开夜床，只需将床罩从床头拉下折好，然后放入规定的地方即可。

（2）是否进行夜床服务，应根据酒店的档次和经营成本而定。

（3）同样，是否需要重新更换毛巾和杯具等客用品，也应根据房间的等级和经营成本而定。

项目四　铺床实训

任务一　中式铺床实训

一、实训目的

（1）了解床上用品的规范及注意事项。

（2）熟练掌握中式铺床的技能。

二、实训准备

（1）床单（1 个，2.8 米×2 米）。
（2）被套（1 个，2.3 米×1.8 米）。
（3）羽绒被（1 床，重量约 1.5 千克/床）。
（4）枕芯（2 个，75 厘米×45 厘米）。
（5）枕套（2 个，80 厘米×50 厘米）。

三、实训步骤

中式铺床服务实训内容及操作标准如表 5-7 所示。

表 5-7 中式铺床服务实训内容及操作标准

主要步骤	操作标准
将床拉离床头板	（1）弯腰下蹲，双手将床架稍抬高，然后慢慢拉出 （2）将床拉离床头板约 50 厘米 （3）注意将床垫拉正并对齐
铺床单	（1）开单，用手抓住床单的一头，右手将床单的另一头抛向床面，并提出床单的边缘顺势向向右甩开床单 （2）打单，将甩开的床单抛向床头的位置。将床单打开，使床单的正面的朝上中线居中。手心向下抓住床单的一边，两手相距 80～100 厘米，将床单提起，使空气进到床尾部位，并将床单鼓起，在离床面约 70 厘米高度时，身体稍向前倾，用力打下去，当空气将床单尾部推开的时候，利用时机顺势调整，将床单往床尾方向拉正，使床单准确地降落在床垫的正确位置上 （3）包角，从床尾做起，先将床尾下垂部分的床单掖进床垫下面，包右角，左手将右手侧下垂的床单拉起折角，右手将右角部分掖入床垫下面，然后左手将折角往下垂拉紧包成直角，同时右手将包角下垂的床单掖入床垫下面，包左角方法与包右角相同，但左右手的动作相反，床尾两角与床头两角的包法相同
装被套	（1）把被芯两角塞进被套两角并系好带固定，双手抖动使被芯均匀地装进被套中，再把外面两角系好带固定，并系好被套口 （2）正面朝上，开口向内并位于床尾，平铺于床上，床头部分与床头平齐，四周下垂的尺度相同，表面要平整 （3）把床头部分的被套翻至 45 厘米处
装枕芯	（1）将枕芯装入枕套，四角到位，饱满挺括 （2）注意不要用力拍打枕头
放枕头	（1）枕头边与床头平行 （2）枕头中线居床的正中位置 （3）枕套沿无褶皱，表面平整，自然下垂
将床复位	弯腰将做好的床慢慢推进床板下，但要注意勿用力过猛
外观要求	看一看床铺得是否整齐美观，对做得不够的地方进行最后整理，务必使整张床面挺括、美观

中式铺床考核评分表如表 5-8 所示。

表 5-8 中式铺床考核评分表

序号	考核项目	评分标准	配分	得分
1	甩单	一次抛单定位	5	
		不偏离中线	4	
		正面朝上，四边下垂均匀	4	
2	包角	四个角式样、角度一致	12	
		各角均匀、紧密、挺括	8	
		床面平整、挺括	6	

续表

序号	考核项目	评分标准	配分	得分
3	套被套	一次抛开，正面朝上，开口在床尾	4	
		棉被不落地	4	
		被套四角与棉被四角要均匀吻合、四角饱满	12	
		不偏离中线	6	
		被套开口处的带子或接口不外露	5	
		被套前端与床头齐平后，翻边 45 厘米	5	
		被套两边及尾部自然下垂，外形平整、挺括	6	
4	套枕套	四角饱满、外形平整、挺括	8	
		枕头边与床头平行	3	
		枕头中线与床中线对齐	3	
		枕套沿无褶皱，表面平整，自然下垂	3	
5	放枕头	与床头两侧距离相等	1	
		两枕头方向一致，枕头开口背向床头柜	1	
合计			100	

任务二　西式铺床实训

一、实训目的

（1）了解床上用品的规范及注意事项。

（2）熟练掌握西式铺床的技能。

二、实训准备

（1）床单（2 个，2.8 米×2 米）。

（2）毛毯（1 个，2.4 米×2 米）。

（3）床罩（1 个，2.7 米×1.1 米，裙长 44 厘米）。

（4）枕芯（2 个，75 厘米×45 厘米）。

（5）枕套（2 个，80 厘米×50 厘米）。

三、实训步骤

西式铺床服务实训内容及操作标准如表 5-9 所示。

表 5-9　西式铺床服务实训内容及操作标准

主要步骤	操作标准
将床拉到容易操作的位置	屈膝下蹲，用手将床架连床垫慢慢拉出约 50 厘米
将床垫拉正放平	注意褥子的卫生状况
将第一张床单铺在床上（甩单、包边、包角）	（1）使床单的正面向上，中折线居床的正中位置 （2）均匀地留出床单四边，使之能包住床垫
将第二张床单铺在床上	（1）将正面向下，中折线要与第一张床单重叠 （2）床单上端多出床垫（床头）约 5 厘米

续表

主要步骤	操作标准
将毛毯铺在床上（盖毯、包边、包角）	（1）毛毯的商标须在床尾，商标在上 （2）毛毯上端应距床头25厘米
将床单与毛毯下垂部分掖入床垫与床架之间	（1）将长出毛毯30厘米的床单沿毛毯反折做被头 （2）两侧下垂部分掖入床垫后再将尾部下垂部分掖入床垫，并包好角
装枕（装芯、定位、整形）	（1）将枕芯装入枕套 （2）注意不要用力拍打枕头 （3）将枕头放在床头的正中，距床头5～10厘米
盖上床罩（定位、罩枕、整形）	（1）床罩下摆下要着地（指未定型床罩） （2）床罩顶端与枕头平齐，多余部分压在枕头下面，注意两条枕线的平直
将床推回原处	（1）用腿部将床缓缓推进床头板下 （2）再看一遍床是否铺得整齐、美观

西式铺床考核评分表如表5-10所示。

表5-10　西式铺床考核评分表

序号	考核项目	评分标准	配分	得分
1	铺床单	一次抖开床单	8	
		褥单、被单朝向正确，中心线对正	8	
		包角规范（90度）、角缝平整、紧密	12	
		翻边约离床头25厘米	4	
2	铺毛毯	一次抖开毛毯	8	
		面朝上，商标朝向正确，中心线与床单中心线重叠	6	
		毛毯离床头约25厘米	4	
		包角规范（90度），包边正确	12	
3	装枕头	四角到位，枕芯不得外露	8	
		枕头居中，枕侧两边与床两侧距离相等	4	
		枕头开口处与床头柜方向相反，枕边距床头2厘米	6	
4	罩床罩	床面平整、挺括	10	
		床罩下垂均匀平整，多余部分分别塞入两个枕头的下部，枕线重叠、棱角清晰	10	
合计			100	

项目五　公共区域的清洁保养实训

任务一　酒店大堂清洁保养

一、实训目的

（1）了解并明确公共区域清洁卫生所辖范围、业务项目及特点。

（2）了解公共区域的岗位职责。

（3）了解公共区域清洁卫生的要求。

二、实训准备

准备清洁剂、清洁工具等。

三、实训步骤及要求

（一）推尘

1．准备工作

（1）连接尘推杆、架，将尘拖套在尘推架上。

（2）提前 12～24 小时在干净的地拖上喷适量的地拖油，并保证在使用时尘推已完全干透。

2．推尘操作

（1）双手平握尘推，沿直线方向有顺序、由近及远地推尘。

（2）靠近墙角打一个“U”形弯，确保尘推不离地面。

（3）转完后推尘时需与原先推过的地段重叠三分之一的距离。

（4）当尘推积满灰尘时，要将尘土和杂物等推至边角不显眼处，然后用簸箕打扫干净或用抹布抹掉。

3．注意事项

（1）尘推不可靠近客人，应至少距离客人 1 米。

（2）不可跟在客人后面推尘，应在距离客人 2 米处绕道推尘。

（3）在客人活动频繁的白天，要注意及时将客人带入酒店大堂的尘土清理干净。

（4）雨雪天时，要在门中放上存伞架，并在大门内外铺上踏垫和小地毯，同时在入口处不停地擦洗地面的泥尘和水迹。

（5）大厅内有地毯处每天吸尘 3～4 次，每周清洗一次。

（6）每天夜间 12 点以后打薄蜡一次，并用磨光机磨光。

（二）清洁烟缸

（1）服务员在大厅巡视时要做好随时清理、更换烟缸的准备。

（2）替换烟缸时，首先要用托盘盛放干净的烟缸，从客人的左侧进行操作。

（3）在礼貌地征求客人同意后，用干净的烟缸将有烟头的烟缸盖上，并一同撤走放到托盘里，然后再将干净的烟缸换上。

（4）操作完成之后，要向客人道歉说：“不好意思，打扰您了”，然后再侧身离开。

（5）保证烟缸内不能存积两个以上的烟头。注意确保无浮尘、无水迹、无手印等痕迹。

（三）整理座位

（1）将客人使用过的沙发、茶几、桌椅及桌上的台灯等随时整理归位，以方便下一位客人的使用。

（2）如遗留有垃圾、果皮、纸屑等要立即进行整理，将座位等整理整齐，不要遗留任何脏物。

（四）抹尘

（1）服务员要每天不间断地巡视大厅各处并随身带好清洁物品。

（2）对大厅的柱面、墙面、台面、栏杆、座椅、沙发、玻璃门、指示牌等进行不间断的擦拭。

（3）在擦拭大厅的家具时要注意定时给家具上蜡，注意定期用铜粉擦拭铜器。

任务二　地面起蜡打蜡实训

一、实训目的

了解地面起蜡打蜡的要求和操作要领。

二、实训准备

（1）在工作区域外放置“小心地滑”“正在打扫”等警示牌。

（2）封闭即将要工作的区域。

三、地面起蜡实训步骤及要求

（一）准备工作

将起蜡区域内无关物品撤离现场。

（二）地面起蜡

（1）根据旧蜡层的厚薄，用40～80℃的热水勾兑起蜡水，充分搅拌均匀，将拖布在起蜡水中蘸湿。

（2）用湿拖布在地板上拖洗。

（3）等10分钟左右，至起蜡水完全起作用。

（4）用洗地机清洗地面。

（5）用吸水机吸去污水及余蜡。

（6）用盛满清水的洗地机清洗地面，使地板上的污水及余蜡再次被清洗。

（7）用吸水机吸去污水。

（8）检查地面，地面碱性不可过大，必要时可用清水再洗一次地面。

（9）用鼓风机彻底吹干地面，使石材缝隙中的水干透。

（三）结束工作

（1）清洗干净所用的设备和工具。
（2）晾干后全部放回到储备室。

（四）注意事项

（1）要彻底去除旧蜡层。
（2）起蜡水的标准是能将蜡完全起掉就好，浓度不可过大，否则会对大理石地面有腐蚀作用。
（3）起蜡后的地面要干净、明亮、无污迹、无碎屑。

四、地面打蜡实训步骤及要求

地面打蜡实训步骤及操作要求如表 5-11 所示。

表 5-11　地面打蜡实训步骤及操作要求

实训步骤	操作要求
准备工作	（1）在工作区域外放置“小心地滑”“正在打扫”等警示牌 （2）最好将打扫区域隔离开来，封闭打扫现场
地面除尘	（1）待起蜡后的地面充分干透后，用干净尘推推尘，确保地面干净无尘 （2）打扫时应注意各个角落的清扫
打蜡操作	（1）落蜡共需四遍：两遍底蜡，两遍面蜡 （2）将蜡水倒入盛蜡桶，蜡拖头浸上蜡水后在滤蜡器上擦干 （3）打蜡时，蜡拖头的起动方向如下：①第一遍底蜡：东西方向移动；②第二遍底蜡：南北方向移动 （4）更换干净的蜡拖头：①第一遍面蜡：东西方向移动；②第二遍面蜡：南北方向移动。这样是为了使地面上的蜡面更均匀，避免出现打蜡痕迹
抛光地面	（1）用高抛机和干净抛光垫进行抛磨，每处打过蜡的地方都要抛磨到 （2）如果时间允许，可在每一遍蜡打完后都进行抛磨，以提高蜡面的平整和光亮度 （3）蜡面光亮平整
收尾整理工作	（1）冲洗干净所有的布条、拖把，悬挂晾干 （2）拆下抛光垫或刷子，冲洗干净，悬挂晾干 （3）收起警示牌和所有物品，放回储备室
敲门进入	（1）进入卫生间前先敲 3 下门，确认无人后进入，清洁洗手间时应回避客人 （2）在门外把手或地上放置“正在打扫”标识
清理垃圾	（1）将所有垃圾倒入指定垃圾袋中 （2）用专用尘布擦洗垃圾桶内外部 （3）在垃圾桶上套垃圾袋 （4）清理烟缸，并擦拭干净
注意事项	（1）提醒客人注意安全，绕道行走 （2）每遍打完后，要等蜡面完全干透（30～40 分钟），方可进行下一遍的打蜡工作 （3）打蜡工作不宜选择在雨雪天进行，空气潮湿时打上的蜡不易干透，且易发黄 （4）打蜡时，蜡拖头在地面上运行的起点要在地面的接缝处 （5）在运行过程中不能有停顿，以免出现明显的接缝痕迹及厚薄不均的现象 （6）打面蜡与底蜡的蜡拖头应分开，避免发生化学反应

任务三　公共卫生间的清洁

一、实训目的

了解公共卫生间清洁要求和步骤。

二、实训准备

准备清洁剂、清洁工具等。

三、实训步骤及要求

公共卫生间清洁实训步骤及操作要求如表 5-12 所示。

表 5-12　公共卫生间清洁实训步骤及操作要求

实训步骤	操作要求
清洁马桶	（1）在马桶内倒入特定清洁剂 （2）用长柄刷擦洗马桶内壁 （3）用专用抹布擦净马桶内外、坐圈、盖板 （4）用清水对洗刷液残留物进行彻底冲洗 （5）用消毒剂或专用药水严格消毒，注意区分除尘布及马桶刷的使用，不可混用
清洁立式便池	（1）在便池内倒入特定清洁剂 （2）用长柄刷擦洗便池内壁 （3）用消毒剂或专用药水严格消毒
清洁镜面、墙面、面盆及台面	（1）分别用专用的清洁工具蘸取相应的清洁剂清洁镜面、墙面、面盆及台面 （2）用干抹布清洁五金件，确保光亮、无水迹
补充客用品	按照酒店规定数量补充面巾纸、手纸、洗手液等易耗品并摆放整齐
清洗地面	（1）在地面上喷撒万能清洁剂 （2）从里到外拖洗地面 （3）用清水拖洗干净，确保无残留清洁剂
退出	环视检查整体效果，退出卫生间
注意事项	（1）注意区分除尘布及马桶刷的使用，不可混用 （2）从上水孔至下水孔按顺序清洗，并用清水冲洗 （3）地面应拖干，以防客人滑倒；若地面未干，应放置提示标识 （4）确保卫生间的水龙头、烘干机等设备运转正常，方便客人使用

项目六　突发事件处理实训

任务一　失窃的预防与管理

一、实训目的

通过学习，掌握客人物品失窃预防方法以及处理流程，以便能够保障客人的财产安全。

二、实训内容

失窃处理流程。

三、实训步骤

酒店中客房财产和客人的财物常是不法分子盗窃的目标，客人和内部职工中的少数不良分子也会趁机作案，为了保障客人、酒店和员工的财产不受损失，客房部必须严格执行各项安全规定，预防各种盗窃事件的发生。

1．失窃的预防

（1）配备必要的设施设备。为了有效地防止失窃案件的发生，客房部除了增强全体员工的安全意识外，还要注意配备防盗设施，如闭路电视监控系统，各种报警及客房内安全装置等。在有可能的情况下，还应配备双向电子锁系统。

（2）加强对客人的管理，主要包括以下方面。

1）制定科学具体的客人须知，明确告诉客人应尽的义务和注意事项。提醒客人不要随意将自己的房号告诉其他客人或陌生人。

2）建立和健全来访客人的管理制度，明确规定接待来访客人的程序、手续及来访客人的离店时间，严格控制无关人员进入楼层。

3）切实做好验证工作和制定客人领用钥匙的规定。加强巡逻检查，发现可疑和异常情况及时处理。在巡逻中，注意楼道里有无徘徊的陌生人、可疑分子及不应该进入客房层或客人房间的人。

4）注意观察客房门是否关上及锁好，如果发现某房间的门虚掩，可敲门询问，客人不在客房内时，可直接进入客房检查有无异常情况；如果客人在房内，则提醒其将房门关好。

5）如发现醉酒、神志异常的客人，要特别留意，避免其损坏房内东西或不良分子乘机窜入房间盗窃和作案。

6）客人离店后，服务员或领班要及时查房，若有客人遗留物品，应登记上交；若发现有丢失或损坏的物品，应及时报告主管，并与有关部门取得联系。

（3）健全客房部员工管理制度。对员工的管理，关键是要根据酒店的安全管理条理制定明确的岗位责任制和行为准则，并加强对员工服务过程的管理，主要包括客房部员工出入酒店及携带物品的规定、员工进入客房及在房内服务的规定以及员工领用钥匙的程序和规定。

2．客人报失处理流程

（1）保安部接到报案后，由保安部经理派人迅速赶到大堂副理处，同时注意以下几点。

1）携带好访问笔录纸、照相机、手电、手套等所需用具。

2）认真听取失主对丢失财物过程各个细节的说明，详细询问丢失物品的特征。

3）通知有关部门、岗位的领导，并留下与丢失案件有关的人员。

4）客人明确要求向公安机关报案或丢失财物数额价值较大时，保安部应立即报告公安机关，同时保护好现场，即在公安人员到达前，不许任何人进出现场，不许移动、拿走或放入任何物品。发生在公共场所时，要划出保护区域进行控制。

（2）失主不要求报公安机关或公安机关未到现场，保安部随同失主和客房服务员迅速赶到现场，并注意以下几点。

1）到达现场后，首先查看现场是否遭到破坏，如现场完好，立即进行拍照。

2）认真听取失主对现场情况的陈述，查看失主物品被翻动的情况，注意发现有无犯罪分子遗留或抛弃的物品，以及可能留下指纹的纸张、杯子、皮夹等。如有，要戴好手套或用干净的软纸小心提取，然后放入干净的塑料袋或纸盒内以备技术鉴定用。

3）如需提取客人物品做鉴定，必须征得客人同意。

（3）做好访问笔录。首先查验失主护照是否与持照人一致，然后核对所失物品在海关申报单上是否登记，注意登记的数量、种类、型号是否相符。详细记录以下情况。

1）失主的姓名、年龄、性别、国籍、职务、来访目的，来店离店日期、具体时间和去向等。

2）丢失物品的准确时间，最后见到所失物品的时间。

3）丢失物品的准确地点、位置。

4）丢失物品的名称、种类、型号、数量、特征、新旧程度、特殊标记、有无上保险等。

5）丢失前是否有人来过房间。诸如亲朋探望、房间打扫、工程维修、衣物的洗送等情况。失主有无怀疑对象、根据等。

6）失主有何要求。例如，开具丢失证明或要求酒店赔偿。

（4）对现场进行仔细检查。对床上床下、衣柜例外、床头柜、酒柜、电视柜里外、沙发、窗帘、浴室、浴室顶棚、冰箱等处都要查到；委婉地征得客人同意后对其箱、包、行李进行查找；楼道里的服务车和有关部位也要检查。

（5）进行调查和处理。与案件涉及人员进行谈话，调查了解案发时的情况。诸如接触现场的所有人员，谁先进入、谁先离开等情况：接触现场的时间、工作程序、所处的位置、现场状态的回忆等情况。对物品丢失时的当班服务员，逐一谈话；如已下班，立即将其从家中找回；涉及两人以上的要分别谈话并注意保密，以防串供。对通过调查找出的重点嫌疑人员，要尽快取证，做到情节清楚，准确无误；调查处理时，要摆事实、讲道理、重证据，严格依据政策；拿出处理意见，经领导批准后执行。记录存档，避免下次出现类似的情况。

任务二　火灾处理流程

一、实训目的

通过学习，熟悉火灾处理流程，恰当、及时地完成相关事项，将火灾损失降至最低。

二、实训内容

火灾处理办法。

三、实训步骤

1．火警信号的处理

（1）服务人员首先要能辨别火警信号和疏散指令信号。

（2）客房员工听到火警信号，立即查实是否在本区域。

（3）无特殊任务的客房员工照常工作，保持镇静和高度的警惕，随时待命。

（4）除指定人员外，工作人员在任何情况下都不得与总机房联系，使客房电话线保持畅通。

（5）主管留在办公室待命，只有在客房区域现场发生火灾时才赶到现场。

2．疏散信号的处理

（1）迅速打开紧急出口（安全门）、安全梯，有组织、有计划、有步骤地疏散客人。

（2）组织客人从安全通道疏散时，一定不能乘电梯。

（3）楼层主管应敲击和打开房门，确认房内无人，并做好记号。

（4）各楼梯口、路口都要有人把守，以便为客人有秩序地引路，防止挤死、挤伤事故发生。

（5）待客人撤离至指定地点后，客房部员工应与前厅服务人员一起查点客人人数。对未撤离人员应立即通知消防队员抢救。

3．发生火灾应急程序

（1）发现火灾。发现火情打店内报警电话。任何人在酒店发现火情，都有责任及时报警，报警时要讲清起火具体地点，燃烧何物，火势大小，报警人身份、姓名及所在部门。如为较小火灾，则应尽快把火扑灭，然后报告部门主管经理，经理上报酒店总经理直至董事长。

（2）如火情紧急，应立即打开墙上的报警装置报警，迅速使用轻便灭火器灭火。如火势较大某岗位无能力扑火，应马上用最近的电话或对讲机报警，或到前台或保安部报警。

（3）灭火行动。

1）发生火灾后，接到报警呼叫，移除走道障碍物（工作车等）将其放到工作间或空房里；确信所有房门已被关闭。

2）一旦开始执行撤退指令，楼层负责人立即拿着住店客人清单到走道上按顺时针或逆时针方向通知客人，保持急而不乱，协助宾客从最近的消防逃生通道撤退。

3）协助大部分宾客撤退后，按顺时针或逆时针方向检查客房。用事先准备的粗笔在房门上画“无”字，在所有客房检查完毕后，通知前台或指挥岗。

4）在检查撤退房间中，发现自己受到火灾的影响，要停止检查尽快撤离此地，记下没有检查房号/楼层，通知前台指挥岗。告诉消防人员。

5）撤到集合点，清点楼层顾客，防止遗漏，等待指示。

4．各部门应采取的行动

（1）保安部。保安部经理携带对讲机迅速到消防中心接受救险总指挥部的指令；消防人员及办公室除一人留守外，其余人均携带手电筒、对讲机迅速赶到现场；保安领班带领保安员维持秩序，控制酒店大门，阻止外人进入酒店，以防不测。

（2）工程部。工程部经理迅速到消防中心接受指令；工程部各部位员工坚守工作岗位，做好各种工作准备；其余员工立刻赶到现场进行救火。

（3）客房部。部门经理赶到消防中心接受指令；副经理或服务人员赶到现场待命；服务中心留一人值班，及时向救险总指挥部报告失火楼层住的客人人数。

（4）其他部门。接通知后，各部门留足岗位人员，其余人员在本岗位待命；有条不紊地整理账目、文件、资料等，上好锁，准备疏散。

5．火灾发生后的善后处理

（1）全面疏散后，各部门要清点自己的人员，看是否全部撤出危险区域，客房部要清点客人，防止遗漏。

（2）在事故中的受伤人员应及时送医院治疗。积极主动地提供各种医治条件，对受伤人员及时做好安抚和慰问工作，任何逃避或消极的态度都不利于问题的处理。

（3）对死亡人员尽快查明身份，通知家属，根据国家有关政策法律文件规定，与家属和相关当事人协调赔偿善后工作。

（4）做好火灾现场勘察、清理、恢复工作，组织灾后建设，做好酒店客房更新改造工作。

（5）总结火灾发生与灭火情况，分析产生火灾原因状况，提出酒店客房安全的改进措施、更新观念，规范客房安全管理制度，确保酒店的安全。

任务三　客房个性化服务实训

一、实训目的

通过个性化服务实训，提高客房服务质量。

二、实训内容

客房针对性服务。

三、实训步骤

1．贵宾服务接待

（1）客房中心在接到贵宾接待通知单后，应熟悉有关内容，了解贵宾的日程安排、生活习惯与爱好等，并及时通知相关楼层，做好准备工作。

（2）领班安排楼层服务员对贵宾房进行大清扫（完成各项计划卫生），协助花房服务员、房内用膳服务员将增放的物品放入房间。

（3）房间布置完毕，领班进行严格检查，如发现问题，应立即纠正。

（4）领班检查合格后，通知楼层主管前往检查。

（5）楼层主管检查合格后，通知客房部经理前往检查。

（6）客房部经理检查合格后，通知大堂经理前往检查。

（7）楼层服务员再进房巡视一遍并抹尘、吸尘，确保万无一失。

（8）贵宾住店期间一离开客房，服务员即进行客房小整理。

（9）根据贵宾的生活习惯和爱好，提供有针对性的服务。

（10）留心贵宾的喜好，做好记录并及时将有关信息传递到总台，以便完善客史档案。

2．对伤病住客的服务

（1）得知客人生病后，应首先向客人询问病情，看是否需要就医，并报告客房部，表示关心和乐于帮助。

（2）如客人患感冒，夏季时要为其关掉空调；冬季要根据室温主动为客人加被子、毛毯，为其准备足量的开水或其他物品。

（3）在客人生病期间，应尽量保持客房内和楼层安静，房间卫生清扫可简化。

（4）如客人患病较重，应通知客房主管并立即与医务室联系并赶赴现场，实施处理。动员重病号住院治疗，不可延误时间，避免发生意外。

（5）如果发现客人得了传染病，要及时向部门经理汇报，并马上报告卫生防疫部门迅速将客人转送医院治疗，客人住过的房间，用过的设施物品，要请防疫部门彻底消毒。

（6）写出客人伤、病事件处理过程的详细报告，说明客人病伤原因、症状、处理方法、结果。

3．对醉酒客人的服务

（1）发现客人有醉态，服务人员要主动上前搀扶客人到房间（女服务员要找客人的陪同或同伴同行）。

（2）进房后扶客人躺在床上，帮客人沏上一杯浓茶，床边可放一个脸盆和一些卫生纸。把火柴、打火机、刀之类的危险物品放到客人拿不到的地方。对重度醉酒客人，应协助保安人员将其制服，以免扰乱其他住客或伤害自己。

（3）如果客人呕吐，应及时清理。

（4）在安置醉客回房休息后，服务人员要特别注意其房内动静，以免客房用品受到损坏，或因其吸烟发生火灾等不安全的情况。

4．对老年客人的服务

对年老体弱的客人，根据其年岁大、视力听力差、记忆力减退、行动不灵活等特点，在日常服务中，要给予特别关照。

5．对挑剔、容易暴躁的客人的服务

对于这一类客人的服务一定要有耐心，态度要友善，在不影响酒店利益的情况下，尽量顺从他们的要求。

6．对儿童的服务

服务人员要学会根据儿童的心理和特点进行服务。其基本原则是对待儿童要像对待成人一样不可懈怠，要提供耐心周到的服务。

7．对残疾客人的服务

酒店针对残疾客人的特点，进行特殊服务是非常重要的，尽量把公共场所设施设计得适合伤残人士的需要，尽量使他们感到方便。

8．对死亡客人的处理

（1）将客房门锁上，以便缩小影响范围，保护现场。

（2）要验明死者身份，如果不是住店客人要查看证件。

（3）死者财产的保管责任在于酒店，如果公安机关要作为证据将客人物品带走，必须请对方签字。

（4）将死者送出酒店时要避开客人，走员工通道。

（5）对房间进行整理、消毒。

模块六
餐饮服务技能实训

熟练的餐饮服务基本技能是做好服务工作、提高服务质量和效率的基本条件。餐饮服务工作的分工比较细致，可以分为不同的岗位，如值台、传菜、领台等，但不管负责哪项工作，熟练地掌握服务技能是做好餐饮服务工作、提高服务质量的基本条件。中西餐服务的每项基本技能和环节，如托盘、中西餐摆台、斟酒、餐巾折花、分菜都有特定的操作方法、程序和标准。只要掌握了这些方法、程序和标准，在对客服务的过程中就能得心应手、运用自如。掌握这些餐饮服务的基本技能要求，首先要做到操作规范化、程序化和标准化；其次要力求动作得体，姿态美观大方，在为客人用餐提供方便的同时，带给客人美的享受。

项目一　托　盘　实　训

托盘是餐厅服务中为顾客端送各种物品的常用工具之一，比手推车灵活、方便，比徒手端托卫生、安全。端托是在摆台、斟酒、上菜等操作过程中必须掌握的一项基本操作技能。因此餐厅服务员必须了解托盘的种类、规格及使用知识。

任务一　托盘认知

- **任务描述**

  了解托盘的种类、用途及作用。

- **相关知识**

一、托盘的种类

1．按制作材料分

（1）木质托盘。这种托盘用木做坯，外表用油漆进行彩绘。

（2）金属托盘。金属托盘分为铜质托盘、铝质托盘、不锈钢托盘、银质托盘、金质托盘等。金、银托盘一般均采用铜质金属做胎，外镀金或银。

（3）塑料托盘。这类托盘均采用防滑工艺处理。现在酒店多数使用这种托盘。

（4）胶木托盘。胶木托盘是使用最为广泛的托盘，有轻便、防滑、防腐、耐用、便宜等优点。

2．按规格分

托盘可分为大号（45 厘米、55 厘米）、中号（40 厘米、35 厘米）、小号（30 厘米）三类。餐厅席间服务常用的托盘以直径 40 厘米较为适宜（以上为圆形托盘规格）。另一种是长方形托盘，长 51 厘米、宽 38 厘米的为大号长方形托盘，长 45 厘米、宽 35 厘米的为中号长方形托盘，长 35 厘米、宽 22 厘米的为小号长方形托盘。

3．按形状分

托盘可分为圆形、长方形、正方形、特殊形四类。其中长方形、圆形托盘是最常用的托盘，长方形托盘在一些西餐厅、快餐厅比较常用。

二、托盘的用途

（1）大方托盘、中方托盘：传菜、托送酒水和搬运盘碟等较重的物品。可以采用双手、重托与轻托三种方法托盘。

（2）中圆托盘：一般用于摆台、酒水服务、撤换餐碟和烟缸等。

（3）小圆托盘：运送饮料和餐桌上的小器皿、账单、收款、递送信件或高档酒品等。

（4）异型托盘：主要用于特殊的鸡尾酒会或其他庆典活动，西餐中的咖啡厅、酒吧等应用比较多，而中餐厅很少使用。

三、托盘的作用

在餐饮服务中使用托盘来装运、递送各种不同的物品，体现了餐厅服务的规范化、程序化要求，而且还有利于提高服务质量，使餐厅服务朝高档次、高规格发展。不仅如此，在餐饮服务中广泛使用托盘，还起着讲究卫生、讲究礼貌礼节的作用。

正确地使用托盘，不但可以提高工作效率，还能美化服务姿态，为客人营造良好的用餐环境。

任务二　轻托操作实训

轻托又叫胸前托，所托物品的重量一般在 5 千克以下，因托送物品的总体重量较轻，所以我们称这种方法为“轻托”。轻托用途较广，需经常在客人面前操作，因此要求动作熟练、优雅和准确。轻托水平的高低往往决定了客人对酒店餐饮服务水平的评价。

一、实训目的

通过实训，使学生掌握轻托的使用方法，达到托盘操作平稳、运用自如的训练要求。

二、实训准备

圆托盘若干，饮料瓶、易拉罐2只/组，计时秒表一块。

三、实训方法

教师示范讲解法、学生分组训练法。

四、实训的步骤和操作要求

轻托实训步骤及操作要求如表6-1所示。

表6-1 轻托实训步骤及操作要求

实训步骤	操作要求
理盘	（1）整理，检查托盘是否干净完好并选择适当的托盘类型 （2）托盘一定要用毛巾擦拭干净，在托盘内垫上洁净的垫布或垫纸，垫布和垫纸一定要铺平摆正，使垫布或垫纸整洁美观
装盘	（1）根据所盛物品的形状、体积、重量以及先后使用顺序合理安排。一般应将重物、高物放于身体的内侧，这样易于掌握托盘重心 （2）将轻物、低物或先派用的物品装在盘的外侧，使盘内物品分布得体 （3）注意重心的控制，用圆托盘时，码放物品应呈圆形；用方托盘时横竖成行。但二者的重心应在托盘的中心部分，摆匀放均
起托	（1）先将左脚向前一步，站立成弓步形 （2）上身向左、向前倾斜，左手与托盘持平，用右手将托盘拉出桌面1/3 （3）按轻托要领将左手伸进盘底，左手托起托盘，右手可帮助一下，待左手掌握中心后应将右手放开。同时左脚收回一步，使身体成站立姿势
行走	（1）头正肩平，上身挺直，注视前方，脚步轻缓，动作敏捷，步伐稳健，行走自如，使托盘随走动的步伐自然摆动 （2）在为客人服务的过程中使持托盘的左手离上身有一定间距，不能紧贴上身。因为人体在走动时有轻微的摇动，如果托盘随步左右摇动就会使托盘中的物品产生滑动或使菜汁、汤水外溢，而且会让人觉得托盘姿势不优美
落托	（1）小心地放在一个选择好的位置，双手将托盘端至桌前，放稳后再取物品，从托盘两边交替拿下 （2）在落托盘时，一要慢，二要稳，三要平 （3）左手转掌落托盘时，要用右手协助。待盘面位于台面水平上方时，再用左臂或左手将盘向前推进 （4）落托动作结束后应及时将盘内物品整理好

以小组为单位，进行轻托操作练习，如表6-2所示。

表6-2 轻托练习要求

练习项目	要求
轻托	装满水的啤酒瓶、白酒瓶、葡萄酒瓶各一个，合理摆放于托盘中，3～5分钟站立、行走保持较好体态，不出现大的动作失误
	装有8分满的红酒杯、水杯、白葡萄酒杯各一个，合理摆放于托盘中，3～5分钟站立、行走保持较好体态，行走平稳，不倒不洒

轻托步骤及考核标准如表 6-3 所示。

表 6-3 轻托步骤及考核标准

考核项目	考核标准	分值	得分
理盘	根据所托物品选择合适的托盘，将托盘洗净擦干	10	
装盘	装盘合理安全，整洁美观	30	
起托	托盘应略高于腰部，左脚向前迈一步，右手将托盘拉出台面 1/3；托盘重心位于掌心，保持盘面平衡；左手掌呈凹形，不与盘底接触	10	
行走	行走时托盘平稳，酒水不洒，姿势正确，托送自如、灵活，头正肩平，面带微笑，目视前方	40	
落托	托盘行走至目的地后站稳，将盘内物品按要求放到工作台上	10	
总分		100	

五、注意事项

（1）时刻保持托盘干净清洁。
（2）物品摆放井然有序。
（3）重心不稳或盘中物件减少时，要随时用右手进行调整。
（4）对客服务时，托盘需悬于客位之外。
（5）严禁端着托盘在餐厅内奔跑。

任务三　重托操作实训

重托又称肩上托，一般所托重量在 10 千克左右，因盘中所托物品较重，故称“重托”。重托的托盘一般为质地坚固的大、中长方形托盘。重托与轻托最大的不同是将托盘在肩上托，多用于西餐的上菜与派菜。目前国内酒店为了安全起见使用重托的不多，一般用小型手推车递送重物，既省力又方便。

一、实训目的

通过实训，使学生掌握重托的使用方法，达到学生托盘操作平稳、运用自如的训练要求。

二、实训准备

长方形托盘若干，饮料瓶、酒瓶和练习专用空盘碟若干。

三、实训方法

教师示范讲解法、学生分组训练法。

四、实训的步骤和操作要求

重托实训步骤与操作要求如表 6-4 所示。

表 6-4　重托实训步骤与操作要求

实训步骤	操作要求
理盘	（1）选择合适的托盘，洗净双手并用干净巾布将托盘擦干 （2）在盘内垫上盘巾，铺平拉直，盘巾的四边与盘底对齐，力求美观整洁。为避免盘内的物品滑动，也可将盘巾适当蘸些水，使盘巾半干半湿
装盘	（1）根据所盛物品的形状、体积、重量以及先后使用顺序合理安排。一般应将重物、高物放于身体的内侧，这样易于掌握托盘重心 （2）将轻物、低物或先派用的物品装在盘的外侧，使盘内物品分布得体 （3）注意重心的控制，用圆托盘时，码放物品应呈圆形；用方托盘时横竖成行。但二者的重心应在托盘的中心部分，摆匀放均
起托	（1）先将左脚向前一步，站立成弓步形 （2）上身向左、向前倾斜，左手与托盘持平，用右手将托盘拉出桌面 1/3 （3）右手协助左手向上用力将托盘慢慢托起，在托起的同时转动托盘，使托盘在左旋转过程中送至左肩外上方，待左手指尖向后距肩 2 厘米处时，左手托实、托稳后，再将右手撤回呈下垂姿势
行走	（1）头正肩平，上身挺直，注视前方，脚步轻缓，动作敏捷，步伐稳健，行走自如 （2）掌握好托盘重心，保持平稳，右手或自然摆动或扶住托盘前内角，并随时注意防止他人碰撞
落托	（1）右手扶稳托盘，向右旋转托盘 （2）将托盘平稳地放在工作台上，再安全取出物品

五、注意事项

（1）时刻保持托盘干净清洁。

（2）物品摆放井然有序。

（3）托盘需落稳后再对客人进行服务。

（4）严禁肩负重托在餐厅快速奔走，以免在行走过程中冲撞客人。

项目二　铺台布实训

铺台布作为服务员最基本的服务技能之一，是餐厅服务员必须掌握的一门艺术。由于中西餐饮服务中餐台的台形有差别，因此铺台布的技能方法也有区别。台布也称桌布，是餐厅摆台所必备的物品之一。台布有很多不同的样式和颜色，台布的规格及色泽的选择应与餐台的大小、餐厅的风格相一致。

任务一　台布认知

- **任务描述**

了解台布的种类、用途及作用。

- **相关知识**

一、台布的种类

台布的种类很多，主要可分为以下四种。

（1）按台布的质地分。主要有纯棉台布、化纤台布、塑料台布、绒质台布等。其中，纯棉台布因吸湿性能好，为大多数餐厅所采用。

（2）按台布的图案分。有提花、团花、散花、工艺绣花等。其中，提花图案的台布使用较多。

（3）按台布的颜色分。有白色、黄色、粉色、红色、绿色等。其中，白色台布使用较多。

（4）按台布的形状分。有正方形台布、长方形台布、圆形台布等。其中，正方形台布常用于方台或圆台，长方形台布则多用于西餐各种不同的餐台，圆形台布主要用于中餐圆台。

二、台布的规格

台布的规格大小有多种，使用时应根据餐桌的大小选择适当规格的台布。常见的台布规格有如下几种。

（1）140 厘米×140 厘米，适用于 90 厘米×90 厘米的方台。

（2）160 厘米×160 厘米，适用于 100 厘米×100 厘米、100 厘米×110 厘米的方台。

（3）180 厘米×180 厘米，适用于直径 150 厘米、160 厘米的圆台。

（4）200 厘米×200 厘米，适用于直径 170 厘米的圆台。

（5）220 厘米×220 厘米，适用于直径 180 厘米或 200 厘米的圆台。

（6）240 厘米×240 厘米，适用于直径 220 厘米的圆台。

（7）260 厘米×260 厘米，适用于直径 240 厘米的圆台。

除了方台布外，还有长方形台布，如 160 厘米×200 厘米、180 厘米×300 厘米等不同规格。这类台布主要用于长方台及西餐的各类餐台，可根据餐台的大小和形状选用不同数量的台布，一块不够时可随意拼接，在拼接时应注意将接口处接压整齐。

圆形台布的规格各有不同，一般的圆形台布多为定型特制，即根据餐台的大小将台布制成大于餐台直径 60 厘米的圆形台布，使台布铺于餐台上圆周下垂 30 厘米为宜。

任务二　铺台布的操作实训

一、实训目的

掌握铺台布的操作技巧与标准，达到操作规范、一次到位，符合标准的训练目的。

二、实训方法

首先由教师示范讲解，然后学生动手操作训练。在学生操作训练的过程中，教师进行指导，学生反复强化训练，达到熟练掌握该项操作技能的目的。

三、教具准备

（1）餐桌、餐椅、服务桌。

（2）台布、秒表等。

四、实训内容

（1）中餐铺台布。

（2）西餐铺台布。

五、实训步骤和要求

1. 中餐铺台布的操作标准与要求（见表 6-5）

表 6-5　中餐铺台布的操作标准与要求

实训步骤	操作标准与要求
选台布	（1）洗净双手，根据周围环境选用合适的颜色和质地 （2）根据桌子形状和大小选择合适的规格
检查台布	认真仔细地对台布进行检查，如发现台布过旧、有破损和污迹等问题，要予以更换
铺台布	（1）抖台布：要求用力不要太大，动作要熟练、干净利落、一次到位 （2）定位：要求台布正面向上，台布中心对正桌子中心位置，台布舒展平整，四角下垂，台布四角对正桌边 （3）整平：整理台布使其平整无褶皱

2. 中餐铺台布的方法

（1）推拉式铺台布（见表 6-6）。

表 6-6　推拉式铺台布操作要领

实训步骤	操作要领
抖台布	（1）正身站于副主人位 （2）双手将台布向餐位两侧打开
拢台布	（1）双手拇指和食指捏住台布 （2）双手将台布收拢于身前，身体朝前微弯
推台布	（1）双手把台布沿桌面迅速用力推出 （2）捏住台布边角不要松开
台布定位	（1）台布下落时，缓慢把台布拉至桌子边沿靠近身体处 （2）调整台布落定的位置

（2）抖铺式铺台布（见表 6-7）。

表 6-7　抖铺式铺台布操作要领

实训步骤	操作要领
抖台布	（1）正身站于副主人位 （2）双手将台布从中线处打开抓好
拢台布	（1）双手拇指和食指捏住台布 （2）双手将台布收拢于身前，身体朝前微弯
铺台布	（1）手腕用劲，将抓起的台布抛向主人位一侧，将台布一次抖开铺在台面上 （2）捏住台布边角不要松开
台布定位	（1）台布下落时，缓慢把台布拉至桌子边沿靠近身体处 （2）调整台布落定的位置

（3）撒网式铺台布（见表 6-8）。

表 6-8　撒网式铺台布操作要领

实训步骤	操作要领
抖台布	（1）正身站于副主人位 （2）双手将台布向餐位两侧打开
拢台布	（1）双手拇指和食指捏住台布 （2）双手将台布收拢于身前，右臂微抬，呈左低右高式
铺台布	（1）腰向左转或右转 （2）手臂随腰部转动并向侧方挥动 （3）双手除捏握台布边角的拇指和食指，其余三指松开
台布定位	（1）台布下落时，拇指和食指捏住台布边角 （2）调整台布落定的位置

3．西餐铺台布（见表 6-9）

表 6-9　西餐铺台布操作要领

台形	操作要领
"一"字形台	（1）服务人员站在餐台长侧边 （2）把台布横向打开 （3）双手捏住台布一侧边，将台布送至餐台另一侧 （4）把台布从餐台另一侧向身体一侧慢慢拉开 （5）台布的鼓缝要向上，四周下垂均等 （6）铺好的台布平整、无褶皱和突起
较大的"一"字形台、"U"形台或"T"形台	（1）将几块台布拼铺在一起 （2）拼铺时，两块或多块台布的鼓缝方向一致 （3）台布连接边沿要重叠 （4）台布下垂部分要平行相等 （5）铺好的台布平整、无褶皱和突起

六、注意事项

（1）铺设台布时注意动作幅度不要过大，影响到客人。

（2）更换台布时，台面尽量裸露于客人面前。

（3）铺设台布的过程中台布不能碰到地面。

项目三　餐巾折花实训

餐巾又名口布、茶巾、席巾，是宴会、酒席及用餐过程中使用的保洁用品，也是一种装饰美化餐台的艺术品。餐巾折花是餐前准备工作之一，主要工作内容是餐厅服务员将餐巾折叠成各种不同的花样，插在口杯或水杯之中，也可以放置在餐盘或餐碟之内，供客人观赏和用餐过程中使用。

任务一　餐巾认知

- **任务描述**

认识餐巾的作用、种类及特点。

- **相关知识**

一、餐巾的主要作用

1．餐巾是餐饮服务中的一种卫生用品

客人用餐时，把餐巾放在膝盖上，一方面可以用来擦嘴，另一方面也可防止汤汁、油污等弄脏衣服，起到清洁卫生的作用。

2．餐巾可以装饰、美化席面

各种不同造型的餐巾花，摆在餐桌上可起到装饰、美化席面的作用，能给宴会增添热烈欢快的气氛，给宾客一种美的享受。

3．餐巾花的摆放可标志出主宾的座位

在折叠餐巾花时，应选择好主宾的花型。主宾花型的高度应高于其他席位以示尊贵。

二、餐巾的种类

1．全棉和棉麻混纺的正餐餐巾

特点是吸水性强，触感好，色彩丰富，但易褪色，不够挺括，每次洗涤需上浆，平均寿命4～6个月。

2．化纤餐巾

特点是寿命较长，色彩丰富，不易褪色，洗后挺括，但触感和吸水性较差。

3．维萨餐巾

特点是色彩鲜艳、丰富，挺括，方便洗涤，不褪色并且经久耐用，可用2～3年，但吸水性较差，价格较高。

4．纸质餐巾

特点是一次性使用，成本较低，一般用在快餐厅和团队餐厅。

三、餐巾花的种类

（1）按造型外观分，可分为动物类、植物类和实物造型。

（2）按折叠方法与摆放工具的不同，可分为杯盘花和环花。

任务二　餐巾折花的操作实训

一、实训目的

使学生掌握餐巾折花的基本手法与要领，达到规范操作、熟练折叠的训练目的。

二、实训方法

首先由教师示范讲解，然后学生动手操作训练。在学生操作训练的过程中，教师进行指导，学生反复强化训练，达到熟练掌握该项操作技能的目的。

三、教具准备

餐巾布若干块、餐桌、水杯、骨碟、托盘、秒表等。

四、实训内容

（1）餐巾花的 9 种基本技法训练。
（2）餐巾折花训练。

五、实训步骤和要求

1．餐巾折花的基本技法和操作要领（见表 6-10）

表 6-10　餐巾折花的基本技法和操作要领

基本技法	操作要领
折叠	折叠是最基本的餐巾折花手法，几乎所有折花都会用到。如将餐巾一叠二、二折四等，叠时要看准折缝和角度，一次折叠，避免因反复影响造型挺括美观
推折	推折是打折时应用的一种手法。推折时应在干净光滑的台面上，折时拇指、食指紧握折叠处向前推，用中指控制间距，不能向后拉折，一般应从中间分别向两边推折
卷	卷是将餐巾卷成圆筒并制出各种花型的手法，卷时要求两手用力均匀，同时平行卷动，餐巾两头形状一样
穿	穿是指用工具从餐巾的夹层折缝中边穿边收，形成褶皱，使造型更加逼真美观的一种方法
翻	翻是在折制的过程中，将餐巾折、卷后的部位翻成所需花样。如翻成花卉或鸟的头颈、翅膀、尾巴等形状
拉	拉一般在餐巾花半成形时进行，把半成形的餐巾花攥在左手中，用右手拉出一只角或几只角来
捏	捏主要是做鸟与其他动物的头所使用的方法。要求用拇指和食指将餐巾巾角的上端拉挺做头颈，然后用食指将巾角尖端向里压下，再用中指与拇指将压下的巾角捏紧成造型
掰	掰一般用于花，如月季花的制作等。将餐巾做好的褶用右手一层一层掰出层次，呈花蕾状。要领是：层次分明，间距均匀
攥	攥是为使折出的餐巾花半成品不易脱落走样而采用的方法。操作时，用左手攥住餐巾的中部或下部，然后用右手操作其他部位，攥在手中的部分不能松散

2．餐巾折花的练习

（1）盘花类。

1）扇面送爽（见图 6-1）及折花方法：

① 反面朝上，对折；

② 将双边向上长方折叠；

③ 均匀折 5 个裥；

④ 撑开成扇形，放入盘内。

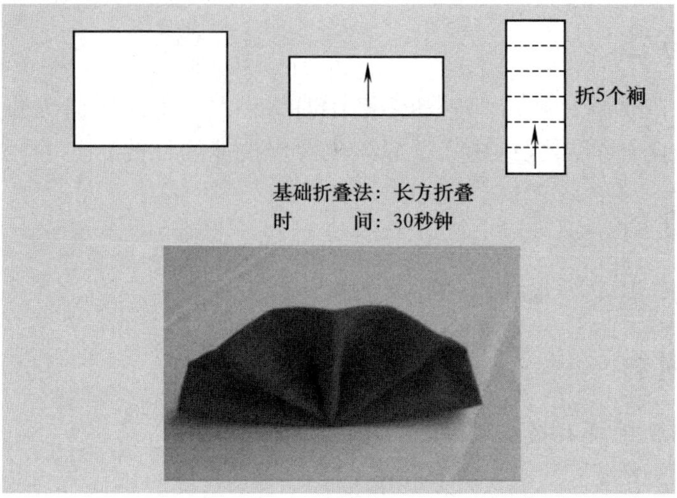

图 6-1　扇面送爽

2）三明治（见图 6-2）及折花方法：

① 反面朝上，将餐巾三等分两边向中间折叠；

② 以餐巾的横向中心线为基线，将上下两巾边按三等分向内翻折；

③ 再提起中间向背面折拢；

④ 整理，放入盘内。

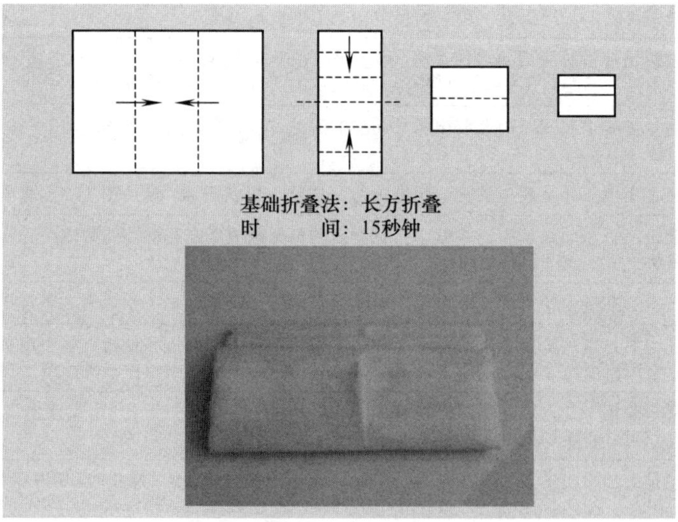

图 6-2　三明治

3）宝石花（见图 6-3）及折花方法：

① 反面朝上，两巾边向中心线对折；

② 再向背面对折形成长条形；

③ 采用推折的折叠方法，均匀推折 5 个裥；

④ 左手握住餐巾的下半部分，右手将餐巾两个叠层的折角部位各自分别向下翻折；

⑤ 撑开呈扇形，放入盘内。

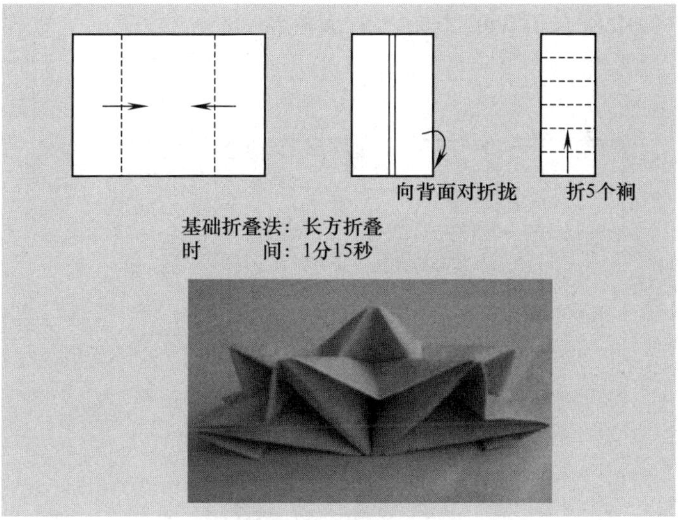

图 6-3　宝石花

4）皇冠（见图 6-4）及折花方法：

① 反面朝上，长方折叠；

② 将右上角与左下角相对向中线翻折成平行四边形；

③ 翻转餐巾，将上边向下翻折与底边重合；

④ 将左右巾角分正反面插入夹层；

⑤ 撑开成形，放入盘内。

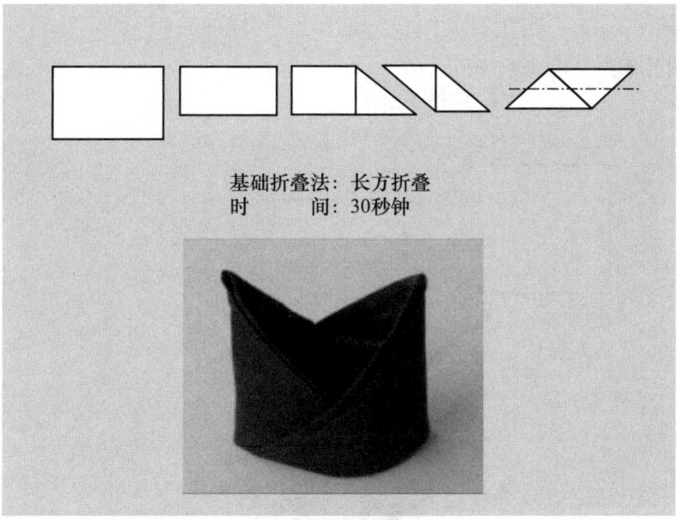

图 6-4　皇冠

5）龙头花（扬帆远航，见图 6-5）及折花方法：

① 反面朝上，正方折叠；

② 四片巾角朝下，向上翻折成三角形；

③ 将三角形两边向内对折于中线，并把突出新三角形部分反折于背面；

④ 把新三角形在反面对折；

⑤ 从中间拉出餐巾所有可见的巾角，形成帆状；
⑥ 整理成形，放入盘内。

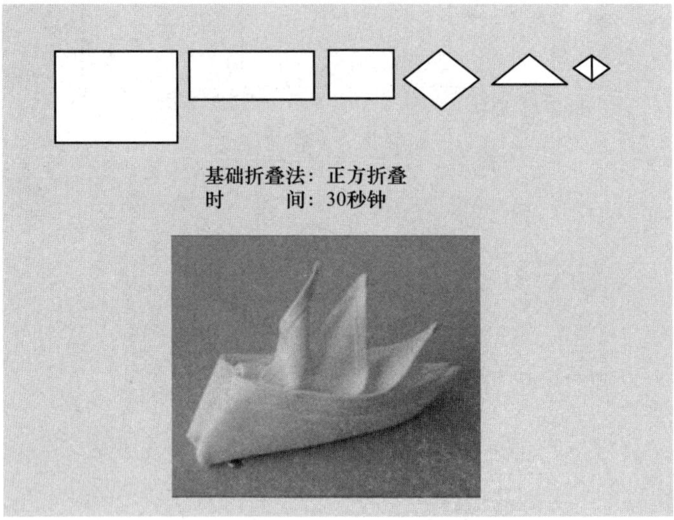

图 6-5　龙头花（扬帆远航）

（2）杯花类。

1）单荷花（见图 6-6）及折花方法：
① 反面朝上，正方折叠，四巾角朝左，菱形放置；
② 从中间向两边均匀推；
③ 左手攥住餐巾中心，四巾角朝上，底角上折 1/3；
④ 对称拉开四巾角，插入杯中；
⑤ 整理成形。

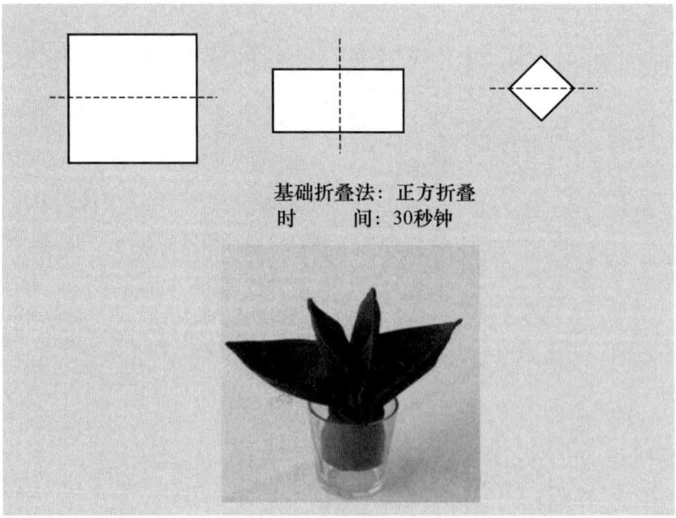

图 6-6　单荷花

2）双荷花（见图 6-7）及折花方法：
① 反面朝上，正方折叠，四片巾角朝下，菱形放置；

② 两片巾角向上翻折，两片巾角向下翻折，呈三角形，顶角朝左；
③ 以三角形的高为基准，从中间向两边均匀推；
④ 左手攥住餐巾；
⑤ 对称拉开四巾角，花芯垂直居中向上；
⑥ 插入杯中，整理成形。

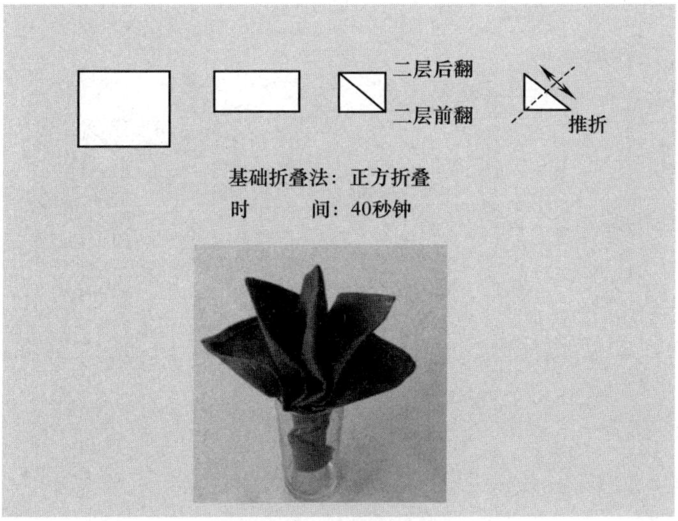

图 6-7　双荷花

3）冰玉水仙（见图 6-8）及折花方法：
① 反面朝上，正方折叠，四巾角朝下，菱形放置；
② 将一巾角向上翻折，三巾角向下翻折，呈三角形，顶角朝左；
③ 以三角形的高为基准，从中间向两边均匀推；
④ 左手攥住餐巾，拉开四巾角，花芯垂直居中向上；
⑤ 插入水杯 ，整理成形。

图 6-8　冰玉水仙

4）双芯结蒂（见图 6-9）及折花方法：

① 反面朝上，长方折叠；

② 两片巾角下翻，对折呈正方形，菱形放置，巾角朝下；

③ 一片巾角上翻，一片巾角下翻，呈三角形；

④ 以三角形的高为基准，从中间向两边均匀推；

⑤ 左手攥住餐巾，拉开两片巾角，放入杯中；

⑥ 翻出花芯，整理成形。

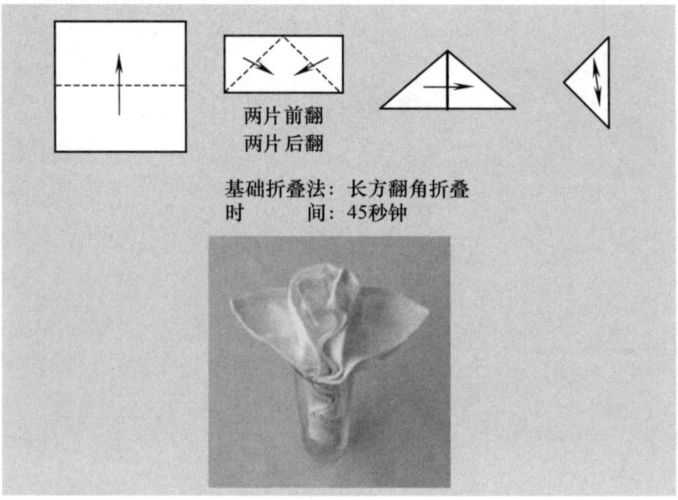

图 6-9　双芯结蒂

5）卷蝴蝶（见图 6-10）及折花方法：

① 反面朝上，将左右两边向中间对拢成长方形反一面后对折，巾角朝下；

② 翻开两巾角，从下往上卷至折叠处，提起作第一个褶裥；

③ 再翻开两巾角，继续向上均匀推；

④ 将两边向下对拢；

⑤ 插入杯中，整理成形。

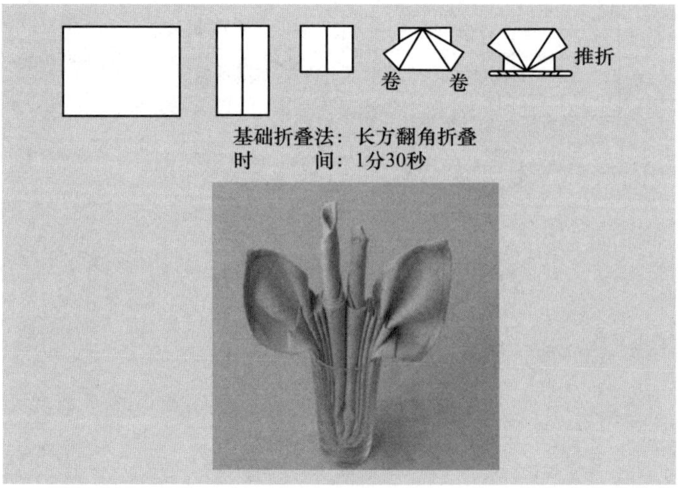

图 6-10　卷蝴蝶

3．注意事项

（1）操作前要洗手消毒。
（2）在干净的托盘或餐盘中操作。
（3）操作时不允许用嘴叼、咬。
（4）放花入杯时，要注意卫生，手指不允许接触杯口，杯身不允许留下指纹。
（5）摆放折花时，花形要正面朝向正席位，便于欣赏。

项目四　斟 酒 实 训

斟酒服务在餐饮服务工作中比较频繁，无论是中餐还是西餐，在就餐服务中都是由服务人员提供斟酒服务，尤其在宴会服务中运用最多。斟酒服务要求不滴不洒、不满不溢；要求服务人员掌握正确的服务方法和相关的酒品知识，这对于提高餐饮服务质量十分重要。

一、实训目的

使学生掌握斟酒的操作要领及标准，达到规范操作、技能娴熟的训练要求。

二、实训方法

首先由教师示范讲解，然后学生动手操作训练。在学生操作训练的过程中，教师进行指导，学生反复强化训练，达到熟练掌握该项操作技能的目的。

三、教具准备

圆托盘若干，装满水的啤酒瓶、红酒瓶、白酒瓶、香槟酒瓶若干，啤酒杯、红酒杯、香槟酒杯若干，不同类型的开瓶器、酒钻、毛巾、冰桶、冰块、工作台等。

四、实训内容

（1）酒水准备。
（2）示瓶。
（3）开瓶。
（4）徒手斟酒。
（5）托盘斟酒。

五、实训步骤和要求

1．酒水准备

（1）降温处理。

许多酒品的饮用温度大大低于室温，这就要求对酒品进行降温处理，比较名贵的瓶装酒大都是采用冰镇的方法来降温。冰镇的方法有加冰块、加碎冰和冷冻等。

1）冰镇准备：准备好需要冰镇的酒水及所用的冰桶，并将冰桶架放在餐桌的一侧。

2）酒水冰镇：

① 将冰块放入冰桶内，将酒瓶插入冰块中约 10 分钟，即可达到冰镇的效果；

② 服务员手持酒杯下部，杯中放入冰块，摇转杯子，以降低杯子的温度；

③ 用冰箱冷藏酒水。

（2）升温处理。

有些酒品的饮用温度高于室温，这就要求对酒品进行温烫。温烫有四种常用的方法：水烫、火烤、燃烧和冲泡。水烫，即将饮用酒事先倒入烫酒器，然后置入热水中升温。火烤，即将酒装入耐热器皿中，置于火上烧烤升温。燃烧，即将酒盛入杯盏中，点燃酒液以升温。冲泡，即将沸滚饮料（水、茶、咖啡等）冲入酒液，或将酒液注入热饮料中。

1）加热准备：准备好暖桶、酒壶和酒水，将暖桶架放在餐桌的一侧。

2）酒水温烫：

① 在暖桶中倒入开水，将酒水倒入酒壶后放在暖桶中升温；

② 将酒水装入耐热器皿中，置于火上升温；

③ 将酒水倒入杯中后，将被子置于酒精炉上，点燃酒精升温；

④ 将加热的饮料冲入酒液或将酒液注入热饮料中升温；

⑤ 酒水加热要在客人面前进行。

2．示瓶

宾客点用的整瓶酒，在开启之前都应让主人先过目一下。

示瓶的方法是：服务员站于主人的右侧，左手托酒瓶，右手扶瓶颈，酒标面向客人，让其辨认。当客人认可后，才可进行下一步的工作。如果没有得到客人的认同，则去酒窖更换酒品，直到客人满意为止。

另外，餐厅服务员在为客人示瓶之前，要将酒瓶瓶身、瓶口擦干净，检查一下是否过期、变质，是否是客人所需要的那款酒，酒瓶有没有破裂。

3．开瓶

酒水在上餐台斟酒前，首先要将瓶盖或瓶塞打开。

（1）开瓶准备：备好酒钻、布巾、酒篮、冰桶。

（2）开启酒瓶：

1）开瓶时，要尽量减少瓶体的晃动。

2）将酒瓶放在桌上开启，先用酒刀将瓶口凸出部分以上的钻封割开除去，用布巾将瓶口擦净后，将酒钻慢慢钻入瓶塞。

3）开启有断裂迹象的软木塞时，可将酒瓶倒置，利用内部酒液的压力顶住木塞，然后再旋转酒钻。

4）开拨酒塞越轻越好，以防发出突爆声。

5）香槟酒的瓶塞大部分压进瓶口，上有一段帽形物露出瓶外，并用铁丝固定。开瓶时，可在瓶上盖一块布巾，双手在布巾下操作。具体方法是左手斜拿酒瓶，大拇指紧压塞顶，用右手扭开铁丝，然后握住塞子的帽形物，轻轻转动，靠瓶内的压力和手部力量将瓶塞拔出。操作时，应尽量避免酒瓶晃动或瓶塞拔出时发生突爆声以防酒液溢出。拔出酒塞后一般应通过嗅辩瓶塞底部的方法检查瓶中酒水是否有质量问题。

（3）擦拭瓶口、瓶身：开启瓶塞后，要用干净的布巾仔细擦拭瓶口、瓶身。擦拭时，注意不要让瓶口积垢落入酒内。

（4）酒瓶摆放。

1）开启的酒瓶、酒罐可以留在客人的餐桌上，一般放在主人的右侧。

2）使用冰桶的冰镇酒水要放在冰桶架上，冰桶架距离餐桌不要过远，以方便本桌客人取用和不妨碍别桌客人用餐为准。

3）用酒篮盛装的酒瓶连同篮子一起放在餐桌上。

4）随时撤下餐桌上的空瓶、空罐，并及时回收开瓶后的封皮、木塞、盖子等杂物，不要将其留在客人的餐桌上。

4．斟酒

（1）托盘斟酒。

1）斟酒准备。

① 检查酒水标识和酒水质量。

② 擦拭酒瓶。

③ 按规范将酒瓶摆放在托盘内。

2）托盘斟酒的操作方法。

① 站在客人的右后侧，按先宾后主的次序斟酒。

② 左手托盘，右脚向前，侧身而立，保持平稳。

③ 向客人展示托盘中的酒水、饮料，示意客人选择自己喜欢的酒水、饮料。

④ 待客人选定酒水、饮料后，服务员直起上身，将托盘移至客人身后。托盘移动时，左臂要将托盘向外托送，避免托盘碰到客人。

⑤ 用右手从托盘上取下客人所需的酒水进行斟酒。

⑥ 斟酒时要掌握好酒瓶的倾斜度并控制好倒酒的速度，瓶口不能碰到杯口。

⑦ 斟酒完毕，将瓶口抬起并顺时针旋转 45 度后向回收瓶。

（2）徒手斟酒。

1）斟酒准备。

① 双手消毒。

② 检查酒水质量。

③ 擦拭酒瓶。

④ 准备一块消过毒的服务布巾。

2）徒手斟酒的操作方法。

① 斟酒时，服务员站在客人的右后侧，按先宾后主的次序斟酒。

② 左手持布巾背在身后，右脚向前，侧身而立，右手持瓶向前伸出。

③ 将酒瓶商标朝上展示给客人，示意客人确认酒水饮料。

④ 待客人确认后，服务员用右手为客人斟酒。

⑤ 斟酒时要掌握好酒瓶的倾斜度并控制好倒酒的速度，瓶口不能碰到杯口。

⑥ 斟酒完毕，将瓶口抬起并顺时针旋转 45 度后向回收瓶，再用左手中的布巾将残留在瓶口的酒水拭去。

5．斟酒的注意事项

（1）为客人斟酒不可太满，瓶口不可碰杯口。

（2）斟酒时，酒瓶不可拿得过高，以防酒水溅出杯外。

（3）当因操作不慎将杯子碰倒时，应立即向客人表示歉意，同时在桌上酒水痕迹处铺上干净的餐巾。

（4）因啤酒泡沫较多，斟倒时速度要慢，让酒沿杯壁流下，这样可减少泡沫。

（5）当客人祝酒讲话时，服务员要停止一切服务，端正肃立在适当的位置，不可交头接耳，要注意保证每个客人杯中都有酒水；讲话即将结束时，要向讲话者送上一杯酒，供祝酒之用。

（6）主人离位或离桌去祝酒时，服务员要托着酒，跟随在主人身后，以便及时给主人或其他客人续酒；在宴会进行过程中，看台服务员要随时注意每位客人的酒杯，见到杯中酒水只剩下 1/3 时，应及时添满。

（7）斟酒时应站在客人的右后侧，切忌“左右开弓”进行服务。

（8）手握酒瓶的姿势。首先要求手握酒瓶中下端，商标朝向宾客，便于宾客看到商标，同时可向宾客说明酒水特点。

（9）斟酒时要经常注意瓶内酒量的多少，以控制酒出瓶口的速度。因为瓶内酒量的多少不同，酒的出口速度也不同，瓶内酒越少，出口的速度就越快，倒时容易冲出杯外。所以，要掌握好酒瓶的倾斜度，使酒液徐徐注入酒杯。

六、考核标准

斟酒服务实训考核项目及考核标准如表 6-11 所示。

表 6-11　斟酒服务实训考核项目及考核标准

考核项目	考核标准
酒水的冰镇与加热	准确掌握酒水冰镇与加热的方法。要求动作规范、熟练
酒水的开瓶	准确掌握不同酒水的开瓶方法。要求动作规范、熟练
托盘斟酒	托盘上放置三四个大小、高低不一的酒瓶，向客人问斟软饮。要求在 5 分钟内完成，做到动作规范、不滴不洒、不贴靠客人
徒手斟酒	（1）斟白酒时，要求在 2 分钟内完成斟酒工作，做到斟酒均匀（八分满）、不滴不洒，注意酒水商标的展示及手持瓶的位置 （2）斟葡萄酒时，要求在 2 分钟内完成为 10 位客人斟酒的工作，做到斟酒均匀（2/3 杯）、不滴不洒，注意酒水商标的展示及手持瓶的位置

项目五　中餐摆台实训

餐台是餐厅为客人提供服务的主要服务设施之一，餐台的布置称为摆台，是将餐具、酒具以及辅助用品按照一定的规格整齐美观地铺设在餐桌上的操作过程，是一名合格的服务员的综合基本能力的体现。摆台具体包括铺台布、餐台排列、席位安排、餐具摆放等。摆台要求做到清洁卫生、整齐有序、各就各位、放置得当、方便就餐、配套齐全。这样既可以保证用餐环境的方便舒适，又可以给就餐的客人以良好的心境感受，创造一个温馨舒适的就餐环境。中餐摆台又可分为零点便餐摆台和宴会摆台。

任务一　中餐零点便餐摆台

一、实训目的

通过实训，使学生掌握中餐零点摆台的程序和标准。

二、实训方法

首先由教师示范讲解，然后学生动手操作训练。在学生操作训练的过程中，教师进行指导，学生反复强化训练，达到熟练掌握该项操作技能的目的。

三、实训准备

1．瓷器

（1）餐碟（也称骨碟、渣盘）。是进餐中吃冷、热菜和放骨、刺等用的盘，一般选用直径 15 厘米左右的圆盘。

（2）衬盘（垫盘）。放在餐碟下面的衬盘，主要起美观台面的效果，一般高级宴会用得较多。其颜色和款式变化也较多，制作材料有金属、瓷器、水晶、有机玻璃等。

（3）汤碗。用来盛汤或接吃带有汤汁的菜肴，一般选用直径为 9～10 厘米的小碗。高级和重要宴席汤碗放在镀金或银器碗托里。

（4）汤勺。有瓷制的小汤勺，也有金属制的长柄汤勺。长柄汤勺主要作公用勺，摆放在筷架上备用。小汤勺用来盛汤、吃甜点或带有汤汁的菜肴，一般摆放在汤碗或味碟里。

（5）味碟。味碟用于盛放辣酱、豆油、醋、姜汁、芥末等调味品。一般选用直径为 7～10 厘米的小碟。

（6）筷架。筷架的作用是将筷子前端架起，避免与桌面接触，保证卫生。筷架有瓷制品，也有金属制品、木制品等，其形态不一，经过改良后的筷架还可放置长柄汤勺，又叫作筷子公羹架。

（7）香巾碟。放置热毛巾的小碟子。香巾碟有瓷制的、水晶的、金属的、竹制的，形态不一、造型各异。

2．玻璃器皿

主要指酒具，包括白酒杯、葡萄酒杯、饮料杯。

3．其他餐具

如筷子、烟缸、牙签、餐巾、台布等物品。

四、实训内容

中餐便餐有两种形式，一种是包餐，一种是零点。包餐标准固定、人数固定、餐桌固定，一般是 10 人一桌，座位无主次之分。零点则不固定桌次，由客人任选座位，入座后按菜单点菜。便餐摆台分早餐、午餐、晚餐摆台。

1．摆台前的准备

（1）洗净双手。

（2）领取各类餐具、台布、桌裙等。

（3）用干净的布巾擦亮餐具和各种玻璃器皿，要求无任何破损、污迹、水迹、手印等。

（4）检查台布是否干净，是否有皱纹、破洞、油迹、霉迹等。不符合要求的应进行调换。

2．铺台布

（1）铺台布。铺台布的方式很多，有推拉式、撒网式、抖铺式等，铺台布的基本要领是：服务员站在主位一侧，用双手将台布抖开铺在桌面上。台布正面向上，中心线对准主位、副主位，十字中心点居于餐桌正中心，台布四角下垂分布均匀，若是圆台布则台布边缘距地面相等。铺好的台布应舒展平整，同一餐厅所有餐桌台布的折缝要横竖统一。然后再将转圈和转盘放于中心点上。

（2）换台布。换台布是将脏台布撤下的同时，将干净台布迅速地铺到台面上的一种做法，目的是不让台面裸露在客人面前。这里特别介绍一下当台面上有玻璃转盘时换台布的做法。服务员站在主位一侧，首先将脏台布收拢至转圈处，然后掀开转盘取出转圈移置于餐台一边，再移动转盘放于转圈上，收起脏台布。接着采用上面介绍的甩台布的方法将干净台布铺上后，将转盘上一小边台布掀开，一手掀转盘一手取转圈放于台布中央，然后双手将转盘立于桌面，再滚动放于转圈上，拉好台布，检查转盘的转动是否灵活，电池是否需要更换，有无摆动、杂音等，检查完毕后才开始摆台。

3．摆餐具

（1）早餐摆台。中式早餐摆台比较简单，一般是将骨碟摆在座位正中，距桌边约一厘米。汤碗或小饭碗摆在骨碟左侧。筷子装在筷套内摆在骨碟的右侧。汤勺摆在汤碗内，勺把朝向同一方向。如图 6-11 所示。

（2）午、晚餐摆台。午、晚餐摆台与早餐摆台基本相同，只是在餐碟前面加放一个水杯，将叠好的餐巾花摆在餐碟内或插放在水杯中。摆放时，要求桌面上各种餐具、用具摆放有条理，整齐一致，美观大方。如图 6-12 所示。

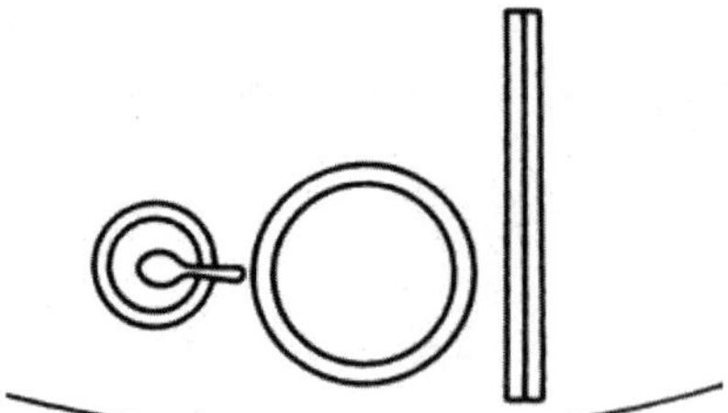

图 6-11　中餐早餐摆台

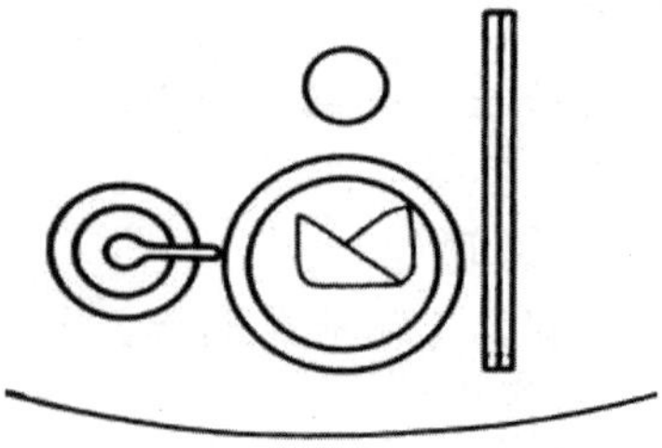

图 6-12　中餐午、晚餐摆台

（3）粤菜零点摆台。粤菜是我国很有影响的菜系之一，全国各大城市的粤菜酒楼也比比皆是。粤菜零点摆台与一般午、晚餐摆台有所不同，其摆台方法是：骨碟摆放在座位正中，距桌边约一厘米。筷子装在筷套内摆在骨碟右侧。骨碟左前方摆放小汤碗，小汤勺摆放其中勺柄朝向同一方向（或左或右）。骨碟右前方摆放味碟。味碟与汤碗的上方，同时也是骨碟与转盘中心点连线上摆放水杯。筷子右边放茶盘和茶杯，杯柄朝右。餐巾花放在骨碟中。如图 6-13 所示。

图 6-13　粤菜零点摆台

虽然国内各地区和菜系习惯各不相同，各酒店的服务规范各异，摆台方法也不尽相同，但从总体上看，基本摆法是大同小异的。

任务二　中餐宴会摆台

一、实训目的

通过实训，使学生掌握中餐宴会摆台的程序和标准。

二、实训方法

首先由教师示范讲解，然后学生动手操作训练。在学生操作训练的过程中，教师进行指导，学生反复强化训练，达到熟练掌握该项操作技能的目的。

三、实训准备

同“中餐零点便餐舞台”。

四、实训步骤及要求

1. 铺台布、放转盘、围桌裙、配餐椅

（1）中餐宴会一般使用直径为 180 厘米的 10 人圆桌，台布选用 240 厘米的方台布或圆台布。

（2）玻璃转盘摆在桌面中央的转圈上，检查转盘是否能正常工作。

（3）规格较高的宴会还要在圆桌外沿围上桌裙。

（4）按宴会出席人数配齐餐椅，以 10 人为一桌，一般餐椅放置为三三、两两，即正、副主人侧各放三张餐椅，另两侧各放两张餐椅，椅背在一条直线上。

2．摆餐具

（1）骨碟定位。骨碟 10 个一摞放在托盘上，从主人座位处开始按顺时针方向依次摆放骨碟，要求碟边距离桌边 1.5 厘米，骨碟与骨碟之间距离均匀相等，若碟子印有店徽等图案，图案要正面示人。

（2）摆放小汤碗、小汤勺和味碟。在骨碟中心点与转盘中心点的连线两侧，左侧摆放小汤碗，汤勺摆放在汤碗中，勺柄朝左，连线右侧摆放味碟，汤碗与味碟之间相距 2 厘米，横向直径在一条直线上。

（3）摆放筷架、长柄汤勺、筷子。在小汤碗与味碟横向直径右侧延长线处放筷架、长柄勺、袋装牙签和筷子，勺柄与骨碟相距 3 厘米，筷套离桌边 1.5 厘米，并与骨碟纵向直径平行，袋装牙签与汤勺末端平齐。

（4）摆放玻璃器皿。在骨碟中心点与转盘中心点的连线上、汤碗和味碟的上方摆放葡萄酒杯，葡萄酒杯的左侧摆放饮料杯，饮料杯与汤碗之间的距离为 1.5 厘米，葡萄酒杯的右侧摆放白酒杯，三杯呈一条直线并左高右低排列，三杯之间的距离相等为 1.5 厘米。三杯横向直径的连线与汤碗与味碟横向直径的连线平行。

（5）摆放烟灰缸、火柴。在正、副主人杯具的右前方各摆放一只烟灰缸，其余位置可酌情摆放。烟灰缸的上端与杯具在一条线上，烟灰缸的边缘有三个烟孔，摆放时一个朝向主人另一个朝向主宾。也有的餐厅准备的是每人一个烟灰缸，则依照此法每个餐位摆放一个。烟灰缸的边缘摆放火柴，正面朝上。

（6）摆餐巾花。若是选用杯花，需提前折叠放置杯具内，侧面观赏的餐巾花如鸟、鱼等则头部朝右摆放。注意把不同样式、不同高度的餐巾花搭配摆放，主人位上摆放有高度的花式。

（7）摆公用餐具。在正、副主人杯具的前方，各摆放一个筷架或餐盘，将一副公用筷和汤勺摆放在上面，汤勺在外侧，筷子在内侧，勺柄和筷子尾端向右。

（8）摆放宴会菜单、台号、座卡。一般 10 人座放两份菜单，正、副主人餐具一侧各摆放一份，菜单底部距桌边一厘米。高级宴会可在每个餐位放一份菜单。

（9）摆插花。转盘正中摆放插花或其他装饰品，以示摆台的结束。

3．摆台后的检查工作

摆台后再次检查台面餐具有无遗漏、破损，餐具摆放是否符合规范，餐具是否清洁光亮，餐椅是否配齐。

中餐宴会摆台规则和评分标准如表 6-12 所示。

表 6-12　中餐宴会摆台规则和评分标准

项目	操作程序及标准	分值	扣分	得分
台布（4 分）	可采用抖铺式、推拉式或撒网式铺设，要求一次完成，两次扣 0.5 分，三次及以上不得分	2		
	台布定位准确，十字居中，凸缝朝向主副主人位，下垂均等，台面平整	2		
桌裙或装饰布（3 分）	桌裙长短合适，围折平整或装饰布平整，四角下垂均等（装饰布平铺在台布下面）	3		
餐椅定位（5 分）	从主宾位开始拉椅定位，座位中心与餐碟中心对齐，餐椅之间距离均等，餐椅座面边缘距台布下垂部分 1.5 厘米	5		

续表

项目	操作程序及标准	分值	扣分	得分
餐碟定位（10 分）	一次性定位、碟间距离均等，餐碟标志对正，相对餐碟与餐桌中心点三点一线	6		
	距桌沿约 1.5 厘米	2		
	拿碟手法正确（手拿餐碟边缘部分）、卫生	2		
味碟、汤碗、汤勺（5 分）	味碟位于餐碟正上方，相距 1 厘米	2		
	汤碗摆放在味碟左侧 1 厘米处，与味碟在一条直线上，汤勺放置于汤碗中，勺把朝左，与餐碟平行	3		
筷架、筷子、长柄勺、牙签（9 分）	筷架摆在餐碟右边，与味碟在一条直线上	2		
	筷子、长柄勺搁摆在筷架上，长柄勺距餐碟 3 厘米，筷尾距餐桌沿 1.5 厘米	5		
	筷套正面朝上	1		
	牙签位于长柄勺和筷子之间，牙签套正面朝上，底部与长柄勺齐平	1		
葡萄酒杯、白酒杯、饮料杯（9 分）	葡萄酒杯在味碟正上方 2 厘米	2		
	白酒杯摆在葡萄酒杯的右侧，饮料杯位于葡萄酒杯左侧，杯肚间隔 1 厘米，三杯成斜直线，向右与水平线呈 30 度角。如果折的是杯花，饮料杯待餐巾花折好后一起摆上桌	5		
	摆杯手法正确（手拿杯柄或中下部）、卫生	2		
餐巾折花（10 分）	花形突出主位，符合主题，整体协调	4		
	折叠手法正确、卫生，一次性成形，花形逼真，美观大方	6		
公用餐具（4 分）	公用餐具摆放在正副主人的正上方	2		
	按先筷后勺顺序将筷、勺搁在公用筷架上（设两套）；公用筷架与正副主人位水杯间距 1 厘米，筷子末端及勺柄向右	2		
菜单、花瓶和桌号牌（4 分）	花瓶摆在台面正中	1		
	菜单摆放在筷子架右侧，位置一致（两个菜单则分别摆放在正副主人的筷子架右侧）	2		
	桌号牌摆放在花瓶正前方、面对副主人位	1		
托盘（5 分）	用左手胸前托法将托盘托起，托盘位置高于腰部	5		
综合印象（12 分）	餐具颜色、规格协调统一，便于使用	3		
	整体美观、具有强烈艺术美感	4		
	操作过程中动作规范、娴熟、敏捷、声轻，姿态优美，能体现岗位气质	5		
合计		80		
操作时间：　　分　　秒　　　超时：　　秒　　扣分：　　分				
物品落地、物品碰倒、物品遗漏　　件　　　扣分：　　分				
实际得分				

项目六　上菜与分菜实训

上菜与分菜服务是餐厅服务员应掌握的基本技能之一。所谓上菜，就是由餐厅服务员将厨房烹制好的菜肴、点心按一定的程序端送上桌的服务方式。分菜亦称派菜、让菜。分菜服务是指菜肴、点心经客人观赏后，餐厅服务员代替主人，使用服务叉、匙将菜肴、点心依次分让到宾客餐碟中的服务过程。上菜和分菜服务是餐饮服务中技术性较强、难度较大的工作，服务员必须掌握这些技能。

任务一　上菜

一、实训目的

使学生了解上菜的位置、顺序、时机、要领、注意事项等，掌握该项技能的操作程序和要领，达到规范操作、技能娴熟的训练要求。

二、实训方法

首先由教师示范讲解，然后学生动手操作训练。在学生操作训练的过程中，教师进行指导，学生反复强化训练，达到熟练掌握该项操作技能的目的。

三、实训准备

托盘、各式菜肴、菜单、10 人台摆台、工作台等。

四、实训内容

（1）中餐上菜服务。

（2）西式上菜服务。

五、相关知识

1. 上菜位置

（1）中餐散点上菜位置：中餐散点菜肴服务较灵活，服务员应注意观察，以不打扰客人为原则，严禁在主人和主宾之间上菜。

（2）宴席上菜位置：从副主人右边第一与第二位之间空隙处侧身上菜。

2. 上菜顺序

上菜顺序原则上是根据地方习惯安排，如有的地方上菜顺序是先上冷菜、后上热菜；

热菜先上海鲜、名贵菜肴，再上肉类、鸡鸭类、整形鱼、菜，汤、面饭点心、甜菜，最后上水果。也有的地区先上冷菜，再喝汤，然后才上其他的热菜等。

3．上菜时机

上菜要求有节奏，一道一道依次上桌，一般要求在30分钟左右上完。也可以根据客人的要求灵活掌握。

4．上菜要领

（1）仔细核对台号、品名和分量，避免上错菜。

（2）整理台面留出空间，如果满桌，可以大盘换小盘、合并或帮助分派。

（3）先上调味，再用双手将菜肴端上。

（4）报菜名，特色菜肴应做简单介绍。

（5）大圆桌上菜时，应将刚上的菜用转盘转至主宾面前。

（6）餐桌上严禁盘子叠盘子，应随时撤去空菜盘，保持台面美观。

（7）派送菜肴应从主宾右侧送上，依次按顺时针方向绕台进行。

六、实训程序与操作标准

1．中餐上菜服务的操作标准与要求（见表6-13）

表6-13　中餐上菜服务操作标准与要求

实训步骤		操作标准与要求
上菜准备		（1）检查上菜工具的清洁和准备情况 （2）熟悉菜单，了解上菜顺序及数量，熟悉菜名 （3）确定上菜位置
上菜服务	检查菜品	检查传菜员托送的菜品与客人所点菜肴是否一致
	端送菜品	上菜时，将菜肴放在托盘内端至桌前，左手托盘，右脚在前侧身插站在上菜口两位客人的餐椅间，用右手上菜
	上菜	（1）从上菜口将菜肴送上餐桌，注意菜肴摆放的位置、搭配和间距 （2）上菜动作要轻，严禁菜肴从客人的头上越过 （3）上热菜时，菜盘内放置服务叉、勺，要注意将叉、勺柄朝向主人；如果盘子很热，一定要提醒客人注意 （4）上汤类菜肴时，服务员要给客人分汤 （5）如果有小孩同桌就餐，一定要将热菜、汤类远离孩子并提醒成年人注意 （6）上带头尾的菜品，应根据当地的上菜习惯摆放 （7）上带有佐料的菜肴，要先上配料后上菜，并一次上齐，切勿遗漏 （8）上需要用手的菜肴时要跟上小毛巾和洗手盅 （9）菜上齐后要告知客人，并询问是否还需要加菜或其他帮助 （10）上菜撤盘的基本礼仪要求是：上菜不准推，撤盘不准拖
	报菜名	（1）每上一道菜后应后退一步，然后要向客人介绍菜名和风味特点，特殊菜肴还应介绍食用方法 （2）介绍时要表情自然，面带微笑，声音悦耳，吐字清晰 （3）灵活使用敬语

2．西式上菜服务的操作标准与要求（见表 6-14）

表 6-14　西式上菜服务操作标准与要求

实训步骤		操作标准和要求	补充说明
上菜准备		（1）检查上菜工具的清洁和准备情况 （2）熟悉菜单，了解上菜顺序及数量，熟悉菜名	
上菜服务	法式服务	（1）由两名服务员共同完成 （2）所有的食物先在厨房进行初步加工 （3）上菜时，黄油、面包、沙拉及其他必须放在客人左侧的食品从左侧上桌，其他食品饮料一律从客人右侧送上餐桌	菜肴由服务员当着客人的面进行最后的烹制、分切装盘，然后送至客人面前
	俄式服务	（1）同一名服务员完成 （2）上菜时，服务员左手托餐盘，右手从客人右侧送上餐盘 （3）上菜时，按顺时针方向操作	服务员从厨房端出的菜肴是由厨师烹制并分切好的
	英式服务	（1）服务员充当主人助手的角色 （2）上菜时，服务员先将热餐盘从厨房端到餐桌上，放在主人的面前，再将盛有整块食物的菜盘也放在主人面前 （3）由主人亲自动手切分装盘，再由服务员将菜肴端给每位客人 （4）调味品、沙司及配菜摆放在餐桌上，由客人自取或相互传递	宾客像参加家宴一样，取到菜后自行进餐
	美式服务	（1）食物由厨师在厨房切分装盘，然后由服务员直接端盘 （2）用右手从客人右侧送到客人面前 （3）撤盘从客人右侧进行	上菜服务，遵循“右上右撤”原则

任务二　分菜

一、实训目的

使学生了解分菜服务的概念、分菜服务的方法、顺序与要求及分菜时的注意事项等，掌握该项技能的操作程序与标准，达到规范操作、熟练分菜的训练要求。

二、实训方法

首先由教师示范讲解，然后学生动手操作训练。在学生操作训练的过程中，教师进行指导，学生反复强化训练，达到熟练掌握该项操作技能的目的。

三、实训准备

服务叉、服务勺、长筷子、长柄勺、刀、叉、餐盘、工作台等。

四、实训内容

（1）中餐分菜服务。
（2）特殊菜肴的分菜服务。

五、相关知识

1．分菜的工具

（1）中餐分菜的工具：分菜叉（服务叉）、分菜勺（服务勺）、公用勺、公用筷、长柄勺等。

（2）法式服务的分切工具：服务车、割切板、刀、叉、分调味汁的叉和勺。

2．分菜工具的使用方法

（1）中餐分菜工具的使用方法。

1）叉、勺的使用方法：服务员右手握住叉的后部，勺心向上，叉的底部向勺心；在夹菜肴和点心时，主要依靠手指来控制；右手食指插在叉和勺把之间与拇指酌情合捏住叉把，中指控制勺把，无名指和小指起稳定作用；分带汁菜肴时用服务勺盛汁。

2）公用勺和公用筷的使用方法：服务员站在与主人位置成90度角的位置上，右手握公用筷，左手持公用勺，相互配合将菜肴分到宾客餐碟之中。

3）长把汤勺的使用方法：分汤菜，汤中有菜肴时需用公用筷配合操作。

（2）法式分切工具的使用方法。

1）分让主料：将要切分的菜肴取放到割切板上，再把干净割切板放在餐车上。分切时左手拿叉压住菜肴的一侧，右手用刀分切。

2）分让配料、配汁：用叉勺分让，勺心向上，叉的底部朝向勺心，即叉勺扣放。

3．分菜的基本要求

（1）将菜点向客人展示，并介绍名称和特色后，方可分让。大型宴会，每一桌服务人员的派菜方法应一致。

（2）分菜时留意菜的质量和菜内有无异物，及时将不合标准的菜送回厨房更换。客人表示不要此菜，则不必勉强。此外应将有骨头的菜肴，如鱼、鸡等的大骨头剔除。

（3）分菜时要胆大心细，掌握好菜的份数与总量，做到分派均匀。

（4）凡配有佐料的菜，在分派时要先沾（夹）上佐料再分到餐碟里。

4．特殊情况的分菜方法

（1）特殊宴会的分菜方法。

1）客人只顾谈话而冷淡菜肴：遇到这种情况时，服务员应抓住客人谈话出现短暂的停顿间隙时机，向客人介绍菜肴并以最快的速度将菜肴分给客人。

2）主要客人带有少年儿童赴宴：此时分菜先分给儿童，然后按常规顺序分菜。

3）老年人多的宴会：采取快分慢撤的方法进行服务。分菜步骤可分为两步，即先少分再添分。

（2）特殊菜肴的分让方法。

1）汤类菜肴的分让方法：先将盛器内的汤分进客人的碗内，然后再将汤中的原料均匀地分入客人的汤碗中。

2）造型菜肴的分让方法：将造型的菜肴均匀地分给每位客人。如果造型较大，可先分一半，处理完上半部分造型物后再分其余的一半。也可将食用的造型物均匀地分给客人，不可食用的，分完菜后撤下。

3）卷食菜肴的分让方法：一般情况是由客人自己取拿卷食。如老人或儿童多的情况，则需要分菜服务。方法是：服务员将餐碟摆放于菜肴的周围；放好铺卷的外层，然后逐一将被卷物放于铺卷的外层上；最后逐一卷上送到每位客人面前。

4）拔丝类菜肴的分让方法：由一位服务员取菜分类，另一位服务员快速递给客人。

六、实训步骤

中餐分菜服务程序的操作标准和要求如表 6-15 所示。

表 6-15　中餐分菜服务程序的操作标准和要求

实训步骤		操作标准和要求	补充说明
分菜准备		分菜工具的准备 （1）服务叉、服务勺 （2）一双长筷子、一把长柄勺 （3）一刀、一叉、一勺	物品要干净、整洁
分菜服务	桌面分让式	（1）从上菜口将菜肴送上餐桌 （2）展示菜肴、报菜名后撤离餐桌 （3）服务员站在客人左侧操作 （4）可以边分让边向客人介绍菜点的名称、口味 （5）给每位客人分让菜肴的数量、色彩要搭配	使用服务叉、服务勺分菜
	餐台分菜法	单人分菜式 （1）将客人用过的餐碟或汤碗撤下，再用托盘送上新的餐具，摆放在靠近身边的转盘上 （2）在上菜口将菜肴送上餐桌，展示菜肴并报菜名 （3）用公用筷、长柄勺将菜点分至餐碟中，拨动转盘 （4）按先宾后主的顺序，将菜肴送到客人的面前，逐个请宾客自取，服务人员也可以协助宾客端取	使用公用餐具——长筷、长柄勺分菜
		两人合作式 （1）从上菜口将菜肴送上餐桌 （2）展示菜肴并报菜名 （3）一名服务员站在上菜口，右手持公筷，左手持长把公用勺，为客人分菜 （4）另一位服务员绕台将每位客人的餐碟移到分菜服务员近处，从客人左侧将菜肴送上	常用于高档宴会
分菜服务	旁桌式分菜	（1）服务员从上菜口将菜肴送上餐桌 （2）报菜名，展示、介绍菜肴，供客人观赏后撤离餐桌 （3）在备餐桌上将菜分到餐碟内，然后用托盘从客人右侧送上	（1）使用刀、叉、匙分菜 （2）一般用于宴会服务
	厨房分菜法	（1）厨房将做好的菜肴直接在厨房或备餐间分派好 （2）服务人员用托盘从客人右边上菜	常用于分餐制和比较高档的炖品、汤类等菜肴

项目七　中餐零点服务实训

中餐服务分为零点服务、团体包餐服务和宴会服务等。零点服务是指客人随到随吃、自行付款的餐饮服务。经营方式是提供菜单，接受客人点菜，食品饮料服务到桌，最后凭点菜单结账。中餐零点服务包括餐厅订餐、餐前准备、迎宾服务、就餐服务和结账收银等五个环节。中餐零点服务是餐饮服务员必须掌握的基本技能之一。

任务一　餐厅预订

一、实训目的

使学生熟悉常用的预订方式，掌握预订的内容，熟练掌握当面预订和电话预订的受理程序。

二、实训方法

按照中餐零点预订的方式、内容设计模拟场景，首先由教师示范讲解，然后学生动手操作训练。在学生操作训练的过程中，教师进行指导，学生反复强化训练，达到熟练掌握该项操作技能的目的。

三、实训准备

电话、记录登记表、餐厅台图、笔、本、菜单、餐桌、餐椅等。

四、实训内容

（1）当面预订。
（2）电话预订。

五、实训步骤及操作标准

1．预订方式

一般而言，餐厅预订方式有当面预订、电话预订、传真预订和网络预订四种，下面主要介绍前两种的具体操作。

2．预订内容

餐厅预订通常应包含以下具体内容。
（1）客人预订的用餐日期及时间。
（2）客人用餐人数及标准。
（3）用餐标准、菜单及酒单的确定。
（4）其他服务项目或客人的特殊要求。
（5）订餐客人姓名、单位、联系电话。

3．当面预订服务的操作标准与要求（见表 6-16）

表 6-16　当面预订服务的操作标准与要求

实训步骤	操作标准与要求
问候客人	（1）引位员看到客人来到餐厅，应热情礼貌地问候客人："您好，女士（先生）。"若知道客人姓名应尊称其姓氏 （2）当知道客人是来订餐时，务必主动向客人介绍自己，表示愿意为客人服务 （3）如果餐厅设有专职订餐员，要及时引领客人到达订餐处并做好交接介绍工作

续表

实训步骤	操作标准与要求
了解需求	（1）礼貌地问询客人姓名、单位、用餐日期及时间、宴请对象、人数、台数、标准及联系方式等内容 （2）在征得客人同意后为其安排相应的包间或餐台，并告知客人包间名称或餐台的台号
接受预订	（1）向客人复述预订内容，并请客人确认 （2）确认客人的姓名、电话等信息 （3）务必告知客人预订餐位保留期限 （4）向客人致谢并道别
预订通知	（1）填写预订单 （2）订好菜单的预订，立即通知餐厅经理、厨师长等 （3）未订标准或菜单的预订，只要通知餐厅即可 （4）有特殊要求的预订，要及时通知餐厅总领班和厨师长得知
预订记录	（1）务必将预订的详细内容记录在预订登记本上 （2）零点餐厅预订登记本每月一本，用后必须存档

4. 电话预订服务的操作标准与要求（见表 6-17）

表 6-17　电话预订服务的操作标准与要求

实训步骤	操作标准与要求
问候客人	（1）电话铃响 3 声之内接听电话 （2）使用酒店规定的服务用语向客人问好，并准确报出餐厅名称及自己的姓名
了解需求	（1）对报出姓名的客人，服务员应称呼其姓名，以示对客人的尊重 （2）仔细聆听客人的介绍，了解客人的身份，问清客人的姓名、单位或房号、用餐日期及时间、宴请对象、人数、台数及其他要求等
接受预订	（1）向客人复述预订内容，并请客人确认 （2）确认客人的姓名、电话等信息 （3）务必告知客人预订餐位保留期限 （4）向客人致谢并道别
预订通知	（1）填写预订单 （2）订好菜单的预订，立即通知餐厅经理、厨师长等 （3）未订标准或菜单的预订，只要通知餐厅即可 （4）有特殊要求的预订，要及时通知餐厅总领班和厨师长得知
预订记录	（1）务必将预订的详细内容记录在预订登记本上 （2）零点餐厅预订登记本每月一本，用后必须存档

任务二　餐前准备

一、实训目的

通过对餐前准备工作基础知识的讲解和餐前准备操作技能的训练，学生能意识到餐前准备工作的重要性，了解餐前准备的内容，掌握餐前准备工作的操作程序与标准，为接下来的服务工作打下良好的基础。

二、实训方法

首先由教师示范讲解，然后学生动手操作训练。在学生操作训练的过程中，教师进行指导，学生反复强化训练，达到熟练掌握该项操作技能的目的。

三、实训准备

（1）餐具：骨碟、味碟、汤碗、汤勺、筷子、筷架等。
（2）用具：台布、餐巾、小毛巾、花瓶、调味瓶、牙签筒、烟灰缸、备餐柜、菜单等。
（3）酒具：饮料杯、葡萄酒杯、白酒杯等。

四、实训内容

开餐准备。

五、实训步骤

1．召开班前会

召开班前会是餐厅每天开餐前必须进行的一项工作，一般由餐厅经理或主管负责。开班前会的要点如下。

（1）班前会要有时间限制，一般以 15 分钟为宜；要有固定的开会时间，通常午餐班前会在上午 10 点进行，晚餐班前会在下午 4 点进行。
（2）开会前要做好充分的准备工作，事先记录开会时要讲的工作要点。
（3）开会时要求员工列队，要用友好的态度激励员工。
（4）讲话要清晰，气氛要轻松，让员工易于接受。
（5）定期请上级领导到会指导，及时传达上级的指示，做到下情上报，上情下传。
（6）遇到重大问题可延长开会时间。
（7）利用班前会实施培训和技术交流。
（8）强调餐厅制度及工作标准。
（9）开餐前要检查员工的仪容仪表是否符合本酒店的要求。

2．餐前各项准备工作的操作标准与要求（见表 6-18）

表 6-18　餐前各项准备工作的操作标准与要求

实训步骤	操作标准与要求
员工准备	员工按餐厅规定着装、化妆
餐厅摆台准备	（1）餐具定位准确 （2）餐具距离相等 （3）餐厅所有餐具横竖成一条线 （4）餐具干净卫生，无破损
餐厅卫生准备	（1）餐厅大门及周围环境干净整齐 （2）地毯干净无杂物，无起包现象 （3）备餐柜内外干净，物品齐全 （4）台面干净、无褶皱 （5）服务车干净、无异味 （6）沙发桌椅干净、无污渍 （7）转盘干净明亮，转动自如 （8）客用通道及卫生间清洁

续表

实训步骤	操作标准与要求
备餐柜准备	物品齐全、分类摆放、干净整齐、使用方便
检查设备	开餐前 1 小时检查所有照明设备、空调、背景音乐及音响设备是否正常，发现问题及时报修
检查预订摆台	（1）所摆餐位符合一定人数 （2）指示牌干净，内容正确 （3）餐台鲜花鲜艳、美观，无客人禁忌 （4）客用菜单干净，内容正确无误
打开餐厅大门	如无特殊情况，一般午餐在 11 点整，晚餐在 5 点整开始，由迎宾员提前 5 分钟打开餐厅大门，准备迎接客人

任务三　迎宾服务

一、实训目的

通过对迎宾服务基础知识的讲解和迎宾服务操作技能的训练，学生掌握引领客人入座的要领和安排客人座位的要点，熟练掌握餐厅接待宾客时的迎宾服务程序。

二、实训方法

按照中式零点餐厅服务的方式、内容等设计场景。首先由教师示范讲解，然后学生动手操作训练。在学生操作训练的过程中，教师进行指导，学生反复强化训练，达到熟练掌握该项操作技能的目的。

三、实训准备

记录本、笔、菜单、餐桌、餐椅、衣架等。

四、实训内容

迎宾服务。

五、实训步骤

1. 问候引领客人

（1）当客人来到餐厅时，引位员要热情礼貌地问候客人。

（2）询问客人姓名，以便于称呼客人。

（3）询问客人是否有预订，如客人尚未订桌，立即按需要给客人安排座位。

（4）询问客人是否吸烟，如客人不吸烟要为客人安排在不吸烟区就座。

（5）协助客人存放衣物，提示客人保管好贵重物品，将取衣牌交给客人。

（6）引位员右手拿菜单，左手为客人指示方向，要四指并拢手心向上，同时说：“您好，请这边走。”

（7）引领客人进入餐厅时要和客人保持1米的距离。将客人带到餐桌前，并征询客人意见。帮助客人轻轻搬开座椅，待客人落座前将座椅轻轻送回。

2．安排客人座位

（1）一张餐桌只安排同一批的客人就座。

（2）要按照一批客人的人数安排合适的餐桌。

（3）吵吵嚷嚷的大批客人应当安排在餐厅的包房或餐厅靠里边的地方，以避免干扰其他客人。

（4）老年人或残疾人尽可能安排在靠餐厅门口的地方，可避免多走动。

（5）可将年轻的情侣安排在安静及景色优美的地方。

（6）服饰漂亮的客人可以渲染餐厅的气氛，可以将其安排在餐厅中引人注目的地方。

3．拉椅让座

（1）站在椅背的正后方，双手握住椅背的两侧，后退半步的同时将椅子拉后半步。

（2）用右手做“请”的手势，示意客人入座。

（3）在客人即将坐下的时候，双手扶住椅背的两侧，用右腿顶住椅背，手脚配合将椅子轻轻往前送，使客人不用自己移动椅子便能恰到好处地入座。

（4）拉椅、送椅的动作要迅速、敏捷，力度要适中、适度。

4．送上菜单

（1）引位员在开餐前应认真检查菜单，保证菜单干净整洁，无破损。

（2）按引领客人人数，拿取相应数量的菜单。

（3）当客人入座后，打开菜单的第一页，站在客人的右后侧，按先宾后主、女士优先的原则，依次将菜单送至客人手中。

5．服务茶水

（1）服务茶水时，应先询问客人喜欢饮用何种茶，适当做介绍并告之价位。

（2）按照先宾后主的顺序给客人倒茶水。

（3）在客人的右侧倒第一杯礼貌茶，以八分满为宜。

（4）在给全部客人倒完茶，将茶壶添满水后，放在转盘上，供客人自己添茶。

6．服务毛巾

（1）根据客人人数从保温箱中取出小毛巾，放在毛巾篮中，用毛巾夹上毛巾。

（2）上毛巾时，站在客人右侧。

（3）按女士优先、先宾后主的原则依次送上。

（4）热毛巾要抖开后放在客人手上。

（5）冷毛巾直接放在客人右侧的毛巾盘中。

（6）客人用过毛巾后，征询客人同意后方可撤下。

（7）毛巾要干净无异味，热毛巾一般保持在40℃。

7．铺餐巾

（1）服务员依据女士优先、先宾后主的原则为客人铺餐巾。

（2）一般情况下应在客人右侧为客人铺餐巾，如果在不方便的情况下（如一侧靠墙），也可以在客人左侧为客人铺餐巾。

（3）铺餐巾时应站在客人右侧，拿起餐巾，将其打开，注意右手在前，左手在后将餐巾轻轻铺在客人腿上，注意不要把胳膊肘送到客人前面（左侧服务则相反）。

（4）如有儿童用餐，可根据家长的要求，帮助儿童铺餐巾。

8．撤、补餐具

（1）按用餐人数撤去多余餐具（如有加位则补上所需要餐具），并调整座椅间距。

（2）如有小孩就餐，需搬来加高童椅，并协助小孩入座。

9．撤筷套

（1）在客人的右侧，用右手拿起带筷套的筷子，交于左手，用右手打开筷套封口，捏住筷子的后端并取出，摆在桌面原来的位置上。

（2）每次脱下的筷套握在左手中，最后一起撤走。

10．记录

在协助服务员完成上述服务后，引位员回到迎宾岗位，将客人人数、到达时间、台号等迅速记录在迎宾记录本上。

任务四　就餐服务

一、实训目的

通过对餐中服务基础知识的讲解和就餐服务操作技能的训练，学生了解和掌握就餐服务的基本内容和要求，掌握就餐服务的程序和标准，达到能够为客人提供满意、熟练而准确的就餐服务的目的。

二、实训方法

按照中式零点餐厅客人就餐的方式、内容等设计场景。首先由教师示范讲解，然后学生动手操作训练。在学生操作训练的过程中，教师进行指导，学生反复强化训练，达到熟练掌握该项操作技能的目的。

三、实训准备

餐桌、餐椅、菜单、笔、点菜记录单等。

四、实训内容

就餐服务。

五、实训步骤

就餐服务是点菜服务的继续，也是餐饮服务中时间最长、环节最复杂的服务过程。客人就餐服务的操作标准与要求如表 6-19 所示。

表 6-19　客人就餐服务的操作标准与要求

实训步骤	操作标准与要求
保持餐桌卫生清洁	（1）时刻保持餐台的清洁卫生，随时收走餐台上的杂物，空盘要在征得客人同意后撤去 （2）在撤换菜盘时，如转盘脏了，要及时抹干净。抹时用干净的抹布和一只餐碟进行操作，以免脏物掉到台布上。清理干净转盘后才能重新上菜 （3）如果餐桌台面上有剩余残物，要用专用的服务用具清除，切不可用手直接操作
撤换餐具	（1）撤换餐盘需在宾客将盘中食物吃完后方可进行 （2）如宾客放下筷子而菜未吃完时，应征得宾客同意后才能撤换 （3）撤换时要边撤边换，撤与换交替进行 （4）按先主宾后其他宾客的顺序撤换 （5）注意要站在宾客右侧操作，摆放餐具要轻拿轻放。右手操作时，左手要自然弯曲放在背后
撤换烟灰缸	（1）烟灰缸内有两个烟蒂或明显杂物时，需给客人更换烟灰缸 （2）准备两个干净的、消过毒的烟灰缸，放入服务托盘中 （3）撤换时，站在客人的右侧，并示意客人 （4）左手托托盘，右手从托盘中取出一个干净的烟缸，盖在客人台面的脏烟灰缸上，用食指压住上面的干净烟灰缸，用拇指和中指夹住下面的脏烟灰缸，把两个烟灰缸一同撤下放入左手的托盘中，再将托盘中另一个干净的烟灰缸放在餐桌烟灰缸原来的位置。这样可以避免烟灰飞扬，污染菜点或落在客人身上
服务香烟	（1）当客人准备吸烟时，要主动上前为客人点烟。操作时用右手在客人右后侧进行 （2）使用打火机为客人点烟时，需事先对其火焰大小进行检查 （3）操作时用右手握住打火机，拇指按住打火机开关，在客人侧面将打火机打着后再移送过去 （4）点燃香烟后，熄灭火焰，再为另一个客人重新打火点烟。不能用一个火苗为两个以上的客人点烟
服务酒水	（1）随时观察客人用酒情况，在客人饮用剩至 1/3 时，及时斟酒 （2）掌握客人酒水情况，及时推销，提供添酒服务
加菜的处理	（1）服务员应仔细观察，及时了解客人加菜情况 （2）了解客人加菜的原因 （3）主动介绍菜肴，帮助客人选择菜肴 （4）根据客人的需要开单下厨

任务五　结账收银

一、实训目的

使学生掌握结账的种类，熟悉结账服务的要求，熟练掌握相关服务的程序与标准，达到能准确而熟练地为宾客提供服务。

二、实训方法

按照中式零点餐厅餐后结束工作的服务方式、内容等设计模拟场景。先由教师示范讲解，然后学生动手操作训练。在学生操作训练的过程中，教师进行指导，学生反复强化训练，达到熟练掌握该项操作技能的目的。

三、实训准备

餐桌、餐椅、菜单、笔、结账单、现金、支票、信用卡、账单夹、食品盒、塑料袋等。

四、实训内容

结账收银。

五、实训步骤

结账服务实训步骤与操作标准和要求如表 6-20 所示。

表 6-20　结账服务实训步骤与操作标准和要求

实训步骤	操行标准和要求
结账准备	（1）在给客人上完菜后，服务员要到账台核对账单 （2）当客人要求结账时，请客人稍等，服务员立即去收银处，告诉收银员台号，取回账单并核对账单上的台号、人数、菜肴及酒水消费是否准确无误 （3）将账单放入账单夹内，并确保账单夹打开时，账单正面朝向客人 （4）准备好结账用笔
递交账单	将取回的账单夹在账单夹内，走到主人右侧，打开账单夹，右手持账单夹上端，左手托账单夹下端，递至主人面前，请主人检查，同时用手势将消费金额示意给客人
现金结账	（1）客人支付现金时，服务员礼貌地在餐桌旁当面清点钱款 （2）请客人等候，将账单及现金交给收银员 （3）核对收银员找回的零钱及账单联是否正确 （4）服务员站在客人右侧，将账单上联及所找零钱夹在账单夹内送给客人 （5）现金结账时应注意唱收唱付 （6）真诚感谢客人
支票结账	（1）客人支票结账，应请客人出示身份证或工作证，然后将账单及支票、证件交给收银员 （2）收银员结账完毕后，记录证件号码及联系电话 （3）服务员将账单第一联及支票存根核对后送还给客人，并真诚感谢客人。如客人使用密码支票，应请客人说出密码，并记录在一张纸上。结账后将账单第一联、支票存根、密码交给客人并真诚地感谢客人 （4）客人使用旅行支票结账，服务员需礼貌地告诉客人到外币兑换处兑换成现金后结账
信用卡结账	（1）如客人使用信用卡结账，服务员应将账单送给客人核对 （2）请客人跟随服务员到收银台划卡结账 （3）收银员做好信用卡收据，服务员检查无误后，将收据、账单及信用卡交给客人，请客人在账单和信用卡收据上签字，并检查签字是否与信用卡上的一致 （4）将账单第一页、信用卡收据和信用卡递还给客人 （5）真诚感谢客人 （6）将账单第二联和信用卡收据及另外三联送回收银处
签单结账	（1）服务员在为住店客人送上账单的同时，应礼貌地要求客人出示房卡 （2）礼貌地示意客人写清房号，用楷书签名 （3）客人签好账单后，服务员将账单重新夹在账单夹内 （4）真诚地感谢客人 （5）迅速地将账单交收银员，以查询客人的名字与房间号码是否相符
宾客意见卡	若客人结账后不急于离开餐厅，应礼貌地请客人填写宾客意见卡，并表示感谢

项目八　中餐宴会服务实训

宴会是政府机关、社会团体、企事业单位或个人为了表示欢迎、答谢、祝贺等以及庆贺重大节日而举行的一种隆重、正式的餐饮活动。宴会在酒店餐饮经营中具有非常重要的意义，因此每个酒店都非常重视宴会的促销和服务管理，尽可能满足客人提出的要求，为他们提供尽善尽美的服务。

中餐宴会服务可分为五个环节：中餐宴会的预订、宴会前的准备工作、宴会前的迎宾服务、宴会中的就餐服务和宴会结束工作。

中餐宴会服务是餐饮服务员必须掌握的基本技能之一。

一、实训目的

使学生掌握中餐宴会服务程序并能熟练地在工作中运用。

二、实训方法

按照中餐宴会预订的方式、内容设计模拟场景，首先由教师示范讲解，然后学生动手操作训练。在学生操作训练的过程中，教师进行指导，学生反复强化训练，达到熟练掌握该项操作技能的目的。

三、实训准备

电话、记录登记表、餐厅台图、笔、本、菜单、餐桌、餐椅等。

四、实训内容

（1）中餐宴会预订。

（2）餐前准备。

（3）迎宾服务。

（4）就餐服务。

（5）餐后结束工作。

五、实训步骤

1. 中餐宴会预订

（1）宴会预订方式。

1）面谈预订。

2）电话预订。

3）传真预订。

4）网络预订。

5）政府指令性预订。

（2）宴会预订的内容。

1）客人预订的用餐日期及时间。

2）宴会举办单位或个人。

3）客人用餐人数及标准（人均消费、每席价格、总消费额）。

4）宴会主办单位联系人姓名、单位、联系电话及传真号码。

5）宴会类型。

6）付款方式。

7）预订金额。

8）宴会菜单。

9）酒店宴会预订人员。

10）接受预订的日期和预订员签字。

11）酒店的有关规定与要求或客人的特殊要求。

12）宴会的主题。

13）预订宴会的场地。

14）宴会预订单编号。

15）宴会酒水要求。

16）宴会布置要求。

17）预订登记表。

（3）中餐宴会预订的程序与操作标准和要求（见表 6-21）。

表 6-21　中餐宴会预订程序与操作标准和要求

实训步骤	操作标准和要求
准备工作	（1）按照酒店规定着装，准时到岗 （2）参加班前例会 （3）查看交接班记录，处理未尽事宜 （4）查看宴会更改通知单并迅速发至各营业点 （5）核对宴会记录，送宴会通知单至各餐厅、厨房、酒吧、行政办、大堂、前台问讯处、客房及总吧台
问候客人	（1）以规范的礼貌用语问候客人，并自报部门 （2）如是电话预订，要求在电话铃响三声之内拿起电话 （3）无论客人来店当面预订还是电话预订，都应亲切地向客人介绍情况，回答客人提出的问题
接待介绍	（1）向客人介绍酒店特色，如菜系、价格、服务设施、等级标准及收费项目等 （2）耐心倾听客人提出的问题，根据客人提问进行介绍，当好客人的参谋。不能说“不知道”“不行”“没有”等。如当即回答的确有困难，应马上向客人道歉，并设法在 10 分钟内弄清楚并告知客人 （3）对当面预订的客人，除口头介绍外，还应提供菜单，陪同客人实地考察等
受理预订	（1）详细了解客人的单位名称、宴会目的、用餐时间、出席人数、宴会性质、宴会标准、联系电话等信息 （2）订餐洽谈和签约时，要明确宴会承办的细节，带领客人参观宴会厅，了解客人的特殊要求 （3）客人订餐时要避免催促，给订餐者充足的考虑时间 （4）向客人提供宴会活动布置平面图、菜单、预算单等

续表

操作程序	操作标准和要求
确认预订	（1）客人无其他要求后，礼貌地将预订情况向客人复述一遍，以便核对 （2）详细填制宴会预订单，请客人签字。不论是中文还是外文的订单，书写都必须规范、清楚 （3）客户预订大型宴会时，应送交销售部经理或餐饮部经理签发宴会确认书，再交客户签字确认 （4）向预订客人收取10%的预订金，并开出收据
致谢送客	礼貌地向客人致谢，并将客人送至电梯口或门口
发出通知	（1）预订确认后应开出预订单，发至相关部门做好餐前准备 （2）将客人的特殊要求通知餐厅主管和厨师长 （3）对当日未确认的预订，要求再次主动与客人联系、确认
更改预订	处理临时更改通知单，及时通知有关部门
交接班	与下一班员工交接，安排好未尽事宜与注意事项

2．餐前准备

（1）知识准备。

1）宴会服务员需做到“八知五了解”。

“八知”：知道主人身份、客人身份、国籍、宴会标准、开始时间、菜肴品种和酒水要求、主办单位或个人信息、付款方式与主办单位的联络方式。

“五了解”：了解客人的风俗习惯、客人的生活禁忌、客人的特殊需求、进餐方式、主宾和主人的特殊爱好等。

2）宴会前应做好的准备工作。

宴会服务人员应按宴会要求布置场地，如摆放花篮、横幅、水牌等；按照宴会要求备好餐具、酒水、饮料；检查餐具是否整洁，有无破损，桌椅是否整洁，地面是否清洁等；宴会开餐前30分钟领取酒水、上桌，提前15分钟上凉菜。

（2）餐前准备的操作标准及要求（见表6-22）。

表6-22　餐前准备的操作标准及要求

实训步骤	操作标准及要求
个人准备	按照酒店规定着装，化淡妆，准时到岗
宴会准备	（1）根据宴会类别、档次布置宴会厅，摆好餐台 （2）熟悉菜单，选配器皿用具，备足备用餐具并逐项检查，保证清洁光亮，无破损 （3）备足酒水、饮料并摆放到位 （4）按照标准配备相应数量的服务用具并按规定摆放在工作台上 （5）做好各自工作区域的卫生 （6）检查宴会厅设施的运转情况，宴会前开启空调，使宴会厅温度适宜。大型宴会厅提前30分钟开启，小型宴会厅提前15分钟开启；提前30分钟开启宴会厅所有的照明灯光
检查	（1）自查个人仪表，重要宴会需戴白手套，复查餐台物品摆放是否符合要求 （2）接受领导检查 （以上工作应在开餐前半小时完成）
开餐准备	（1）宴会开始前15分钟，值台员与传菜员相互配合，按要求上好凉菜。上凉菜时应按颜色深浅、荤素搭配的原则，均匀地摆放在转盘上 （2）宴会开餐前5分钟，按要求斟上红酒和白酒 （3）准备好开水及消毒湿巾和餐巾纸 （4）在开餐前10分钟，按规定位置面向门口站好

3．迎宾服务

迎宾服务的操作标准与要求如表 6-23 所示。

表 6-23　迎宾服务的操作标准与要求

实训步骤	操作标准与要求
准备工作	（1）按照酒店规定着装，准时到岗 （2）参加班前会 （3）查看交接班记录，处理未尽事宜
接听电话	按照标准接听电话，提供信息，解答疑问
迎宾准备	根据宴会的入场时间，提前在宴会厅门口迎候宾客，表情自然、热情，眼光平视前方
主动问候	客人到达时，要面带微笑，主动问候客人
热情迎宾	将客人引领到休息室休息或直接带到指定的宴会厅
介绍答疑	介绍宴会厅的菜点、服务项目、设施，回答客人的问题
接挂衣帽	（1）规模较小的宴会，可将客人脱下的衣帽挂在宴会厅门口的衣帽架上，并提醒服务员照看 （2）规模较大的宴会，通常设有衣帽间，可将客人的衣帽存放在衣帽间内 （3）服务员接挂衣帽时应握住衣领，切勿倒提，以防物品倒出 （4）贵重衣帽要用衣架，以防衣服走样。贵重物品请客人自己保管
拉椅让座	为客人拉椅让座，介绍宴会厅内值台服务员并做好交接工作
订花服务	为宴会重要客人预订鲜花
茶水服务	按服务规范为客人提供茶水服务

4．就餐服务

就餐服务的操作标准与要求如表 6-24 所示。

表 6-24　就餐服务的操作标准与要求

实训步骤	操作标准与要求
开餐服务	（1）宴请人数如有增减，应使用托盘增撤餐具和菜肴，同时通知厨房增减菜肴数量 （2）撤花瓶、席位卡、从客人右侧为客人打开餐巾并铺好，撤去筷套 （3）从主宾右侧，按顺时针方向撤去冷菜的保鲜膜（用服务夹操作） （4）征询客人饮用何种茶水，将茶水准备好后，依照先长后幼、先女后男的次序进行斟倒，斟倒的茶水以七八分满为宜 （5）茶水斟倒完毕后，需向壶内重新注满开水，并将茶壶放回台面，注意不要将壶嘴朝向客人 （6）如是吸烟餐厅，应主动为客人点烟
酒水服务	（1）依据操作方法和服务顺序，在征询客人的意见后，用右手在客人右后侧为客人斟倒酒水。一般斟八分满为宜。斟白酒和红酒时，应先斟红酒，后斟白酒 （2）客人表示不需要某种酒时，应将空酒杯撤走 （3）斟酒水从主宾开始，按顺时针方向进行，并遵循先主宾后主人、先女宾后男宾的原则逐位斟倒。随时注意宾客杯中的酒水，当剩余 1/3 时，应及时斟满 （4）如遇主宾致词，服务员应立即停止服务，保持场内安静。主人讲话即将结束时，服务员要把主人的酒杯送上，供主人祝酒。大型宴会主宾致词时，服务员应备好一至两杯甜酒，在致词结束需要敬酒时送上。主人离位给来宾敬酒时，服务员应托酒跟随在主人身后，及时给主人或来宾续酒 （5）当客人起立干杯或敬酒时，应帮助客人拉椅。客人就座时，再把椅子向前推，要注意客人的安全
就餐服务	（1）征询客人意见后将茶杯撤下，准备开餐 （2）严格遵循中餐上菜顺序上菜，热菜要热，冷菜要冷，不同烹饪方法的菜要用不同的餐具。大型宴会或重要宴会要服从专人指挥，以免造成早上、迟上、漏上，影响宴会效果 （3）上菜位置在陪同和翻译之间或副主人右边，以不打扰客人为原则；严禁从主人和主宾之间上菜 （4）多桌宴会时，正菜应以主桌为准，先上主桌，再按照桌号依次上菜；绝不可主次颠倒 （5）热菜一定要在冷菜进食一半左右开始上 （6）展示菜肴并报出菜名 （7）摆放菜肴时，应将观赏面或优质部位正对主位。注意成对摆放，荤素搭配摆放 （8）上完甜食点心后，撤走调味碟、勺子、筷子、筷架、毛巾碟，送上茶水，并把牙签盅移至转盘上 （9）宴会期间，及时给客人更换烟灰缸及餐碟 （10）如有急事或电话需要找客人，应与宴会主办单位负责人联系

续表

实训步骤	操作标准与要求
水果服务	（1）上水果前，应将台面清理干净 （2）根据不同的水果，为客人提供水果刀和水果叉 （3）当客人进食完水果后从客人右侧将水果盘、垫碟、水果一起撤下 （4）用完水果后，擦净转盘，重新摆上鲜花，以示宴会结束
茶水服务	（1）为客人摆上茶杯，然后在客人右侧为其斟倒茶水 （2）为客人上第三道小毛巾

5．餐后结束工作

餐后结束工作的操作标准与要求如表 6-25 所示。

表 6-25　餐后结束工作的操作标准与要求

实训步骤	操作标准与要求
结账	（1）清点酒水、香烟、水果，核对宴会人数、标准以及菜单外的额外费用，将陪同等的工作餐及时通知收银台 （2）如是单位宴请，签单时核对签单人的单位工作证，然后将账单交予收银员 （3）现金、支票、信用卡等结账方式的标准及要求参见表 6-20
致谢送客	礼貌与客人道别，并向客人表示感谢，诚恳欢迎客人再次光临
收台检查	撤收餐具，清理桌面，更换台布，打扫卫生，落实安全措施后服务员方可离岗

项目九　西餐摆台实训

西餐服务具有悠久的历史，在国际上早已形成一定规范。我国的西餐服务应遵循国际惯例，在服务做到标准化、规范化和程序化的基础上，体现个性化服务，以优质的服务为酒店创造良好的经济效益。

西餐摆台也可分为零点摆台和宴会摆台两种。

一、实训目的

使学生掌握西餐摆台的程序和标准。

二、实训方法

首先由教师示范讲解，然后学生动手操作训练。在学生操作训练的过程中，教师进行指导，学生反复强化训练，达到熟练掌握该项操作技能的目的。

三、实训内容

（1）西餐零点摆台。

（2）西餐宴会摆台。

四、实训步骤

1．西餐零点摆台

西餐厅一般使用正方形或长方形餐台，根据餐厅的形状和规模摆放不同餐位数的餐桌，满足不同人数的客人就餐需要。在西餐厅，要求餐台摆放合理、摆设配套齐全、规格整齐一致，既方便用餐，又利于席间服务，同时具有美感。

（1）摆放桌椅。

根据布局，摆放餐桌和餐椅。要求餐桌的腿正对门的方向，椅子整齐有序。

（2）铺台布。

西餐铺台布前，先在台面上放上垫布，在垫布上铺台布。

（3）摆餐具。

1）西餐早餐摆台。西餐早餐摆台一般是在咖啡厅内提供的，可分为美式早餐、欧陆式早餐及零点早餐等，它们的摆台方法略有差异。基本摆法是：在餐椅正对处摆放直径为 24 厘米的餐盘，餐盘离桌沿 2 厘米，将折花的餐巾摆放在餐盘上；餐盘的左侧放一把餐叉，叉面朝上，右侧放餐刀，刀口向餐盘方向，汤匙放餐刀的右侧，匙面朝上，刀叉距餐盘 1.5 厘米，餐刀与汤匙之间的距离也是 1.5 厘米，刀、叉、勺下端应在一条直线上，距桌沿 2 厘米。面包盘在餐叉左侧，相距餐刀和桌沿各 1.5 厘米。黄油刀刀口朝左，摆放于面包盘右侧，与餐叉平行。餐刀正前方 3 厘米处摆放水杯。汤匙右侧摆放咖啡杯和咖啡碟，杯把和匙柄朝右。调味盅、牙签筒、烟灰缸等摆放在餐台中心位置上。如图 6-14 所示。

图 6-14　西餐早餐摆台

2）西餐午、晚餐摆台。

西餐午、晚餐摆台是在早餐摆台的基础上，撤去咖啡杯具而增加茶匙和甜点叉。甜点叉横放于餐盘正上方，叉柄朝左。在甜点叉的上方，与甜点叉平行摆放茶匙，匙柄朝右。如图 6-15 所示。

图 6-15　西餐午、晚餐摆台

2．西餐宴会摆台

（1）餐具的准备工作。

西餐餐具品种较多，每上一道菜就要撤去用完的那套餐具。

（2）台布、摆餐椅。

西餐宴会一般使用数张方桌拼接而成。铺台布的顺序应由里向外铺，目的是要让每张台布的接缝朝里，避免步入餐厅的客人看见。铺好的台布要求中线相接，成一条直线，台布两侧下垂部分美观整齐，两边均匀。

（3）摆餐具。

1）摆餐盘。与中餐摆台一样，从主人位开始顺时针方向在每个席位正中摆放餐盘；注意店徽等图案摆正，盘边距桌沿 2 厘米，盘与盘之间的距离相等。

2）摆刀叉。在餐盘的右侧从左到右依次摆放主餐刀、鱼刀、汤匙、开胃品刀，刀口朝左，匙面向上，刀柄、匙柄距桌沿 2 厘米。餐盘左侧从右到左依次摆放主餐叉、鱼叉、开胃品叉，叉面朝上，叉柄距桌沿 2 厘米。鱼刀、鱼叉要向前突出 4 厘米。

3）摆水果刀叉（或甜品叉）、甜品匙。在餐盘的正前方横摆甜品匙，匙柄朝右。甜品匙的前方平行摆放水果叉（或甜品叉），叉柄朝左。水果叉的前方平行摆放水果刀，刀柄朝右。

4）摆面包盘、黄油刀和黄油盘。开胃品叉的左侧摆放面包盘，面包盘中心与餐盘中心在一条线上，盘边距开胃品叉 1.5 厘米，在面包盘上右侧边沿处摆放黄油刀，刀刃朝左。黄油盘摆放在黄油刀尖上方 3 厘米处。

5）摆玻璃杯具。冰水杯摆放在主餐刀顶端，依次向右摆放红葡萄酒杯、白葡萄酒杯，三杯呈斜直线，与水平线呈 45 度角；如果有第四种杯子则占白葡萄酒杯的位置，白葡萄酒杯顺次向后移动，杯子依然成斜直线，各杯相距 1.5 厘米。

6）摆餐巾花。将叠好的盘花摆放在餐盘正中，注意主人位上放置有高度的盘花，另外注意式样的搭配。

7）其他。盐瓶、胡椒瓶、牙签筒按四人一套的标准摆放在餐台中线位置上。烟缸从主人右侧摆起，每两人之间放置一个，烟缸的上端与酒具在一条线上。菜单最少每桌摆放 2 张，高级宴会可每座摆放一张。插花或烛台等装饰品摆放在长台的中线上。

（4）摆台后的检查工作。

摆台结束后要进行全面检查，发现问题及时纠正。要达到全台看上去整齐、大方、舒适的效果。

西餐宴会摆台评分表如表 6-26 所示。

表 6-26　西餐宴会摆台评分表

项目	项目评分细则	分值
仪表仪态（10 分）	头发干净、整齐，着色自然，发型美观大方	2
	男生不留胡须及长鬓角，女生化淡妆	2
	手部干净，不留长指甲，不涂有色指甲油	2
	服装、鞋袜整洁干净，符合岗位要求	2
	举止大方、注重礼貌、面带微笑	2

续表

项目	项目评分细则	分值
铺台布（2.5 分）	台布中凸线向上，两块台布中凸线对齐	0.5
	两块台布面重叠 5 厘米	0.5
	主人位方向台布交叠在副主人位方向台布上	0.5
	台布四边下垂均等	0.5
	操作规范，最多四次整理成形	0.5
席椅定位（1.5 分）	从主人位开始按顺时针方向摆设，从席椅正后方进行	0.5
	席椅间距基本相等，相对席椅的椅背中心对准	0.5
	席椅边沿与下垂台布相距 1 厘米	0.5
装饰盘（3 分）	从主人位开始顺时针方向摆设	0.6
	盘边距离桌边 1 厘米	0.6
	装饰盘中心与餐位中心对准	0.6
	盘与盘之间距离均等	0.6
	手持盘沿右侧操作	0.6
刀、叉、勺（10 分）	刀勺叉由内向外摆放，距桌边距离符合标准	5（每件 1）
	刀勺叉之间及与其他餐具间距离符合标准	5（每件 1）
面包盘、黄油刀、黄油碟（4 分）	摆放顺序：面包盘、黄油刀、黄油盘	1
	面包盘盘边距开胃品叉 1 厘米	0.6
	面包盘中心与装饰盘中心对齐	0.6
	黄油刀置于面包盘右侧边沿 1/3 处	0.6
	黄油碟摆放在黄油刀尖正上方，相距 3 厘米	0.6
	黄油碟左侧边沿与面包盘中心成直线	0.6
杯具（4 分）	摆放顺序：白葡萄酒杯、红葡萄酒杯、水杯（白葡萄酒杯摆在开胃品刀的正上方，杯底中心在开胃品刀的中心线上，杯底距开胃品刀尖 2 厘米）	1.2
	三杯成斜直线，向右与水平线呈 45 度角	1.2
	各杯身之间相距约 1 厘米	1.2
	操作时手持杯中下部或颈部	0.4
花瓶（花坛或其他装饰物）（2 分）	花瓶（花坛或其他装饰物）置于餐桌中央和台布中线上	1
	花瓶（花坛或其他装饰物）的高度不超过 30 厘米	1
烛台（2 分）	烛台与花瓶（花坛或其他装饰物）间间距相等	1（每边 0.5）
	烛台底座中心压台布中凸线	0.5（每座 0.25）
	两个烛台方向一致，并与杯具所呈直线平行	0.5（每座 0.25）
牙签筒（2 分）	牙签筒与烛台相距 10 厘米	1（每个 0.5）
	牙签筒中心压在台布中凸线上	1（每个 0.5）
椒盐瓶（2 分）	椒盐瓶与牙签筒相距 2 厘米	1（每组 0.5）
	椒盐瓶两瓶间距 1 厘米，左椒右盐，间距中心对准台布中凸线	1（每组 0.5）
餐巾盘花（4 分）	在盘中摆放一致，左右成一条线	1
	造型美观、大小一致，突出正副主人	3

续表

项目	项目评分细则	分值
倒水及斟酒（4分）	为三位客人斟倒酒水（其中餐台长边2人，短边1人）	
	口布包瓶，酒标朝向客人，在客人右侧服务	0.5
	倒水及斟酒的顺序为：水、白葡萄酒、红葡萄酒	0.5
	斟倒酒水的量：水4/5杯；白葡萄酒2/3杯；红葡萄酒1/2杯	3
	斟倒酒水时每滴一滴扣0.5分，每溢一滩扣2分	
托盘使用（1分）	餐件和餐具分类按序摆放，符合科学操作	0.5
	杯具在托盘中杯口朝上	0.5
综合印象（8分）	台席中心美化新颖、主题灵活	2
	布件颜色协调、美观	2
	整体设计高雅、华贵	2
	操作过程中动作规范、娴熟、敏捷，轻声细语，姿态优美，能体现岗位气质	2
合　计		60
物品落地、物品碰倒、物品遗漏　　件	扣分：　　分	
实际得分		

项目十　西餐宴会服务实训

西餐宴会是指采用西方国家宴请所惯用的布置形式、用餐方法、风味菜点而举办的宴请活动。其主要特点是：摆西餐台面，吃西式菜点，多用刀、叉、匙进食，采取分食制，常在席间播放音乐。

西餐宴会的用餐需求多种多样，有的只需要供应简单的三明治以及咖啡和茶水，有的则是一顿丰盛的节日大餐。宴会的场所也是五花八门，室内、室外、私人花园、大礼堂等均可举办宴会。

西餐宴会实训的内容有西餐宴会预订和西餐宴会服务。

任务一　西餐宴会预订

一、实训目的

使学生掌握西餐服务的相关服务技能，达到能够热情、准确、熟练地为客人服务的能力。

二、实训方法

首先由教师示范讲解，然后学生动手操作训练。在学生操作训练的过程中，教师进行指导，学生反复强化训练，达到熟练掌握该项操作技能的目的。

三、实训步骤与要求

西餐宴会预订操作标准与要求如表 6-27 所示。

表 6-27 西餐宴会预订操作标准与要求

实训步骤	操作标准与要求
准备工作	（1）按照酒店规定着装，准时到岗 （2）参加班前会 （3）查看交接班记录，处理未尽事宜 （4）查看宴会、团队用餐更改通知单，并准确迅速发至各营业点 （5）核对宴会记录，分送宴会通知单至各个餐厅、厨房、酒吧、总经理室、大堂处、前台问询处、客房及总吧台
问候客人	（1）以规范的礼貌用语问候客人，并自报部门名称 （2）如是电话预订，要求在电话铃响三声之内拿起电话 （3）无论客人来店当面预订还是电话预订，都应面带微笑、亲切地给客人介绍情况，回答客人提出的问题
接待介绍	（1）向客人介绍酒店特色，尽量满足客人的各种要求 （2）耐心倾听客人提出的问题，适时进行介绍，当好客人的参谋。不能说“不知道”“不行”“没有”等。如当即回答确有困难，应马上向客人道歉，并设法在 10 分钟内弄清楚并告知客人 （3）对当面预订的客人，除了口头介绍外，还应提供菜单和陪同客人实地考察
受理预订	（1）详细了解客户的单位名称、宴会目的、用餐时间、出席人数、宴会性质、宴会标准、联系电话、结账方式等客户要求和有关信息 （2）订餐洽谈和签约时，要明确宴会承办的各个细节，包括约定客人观看宴会厅、宴会厅的布置要求，了解客户的特殊要求 （3）客人订餐时应避免催促，给订餐者充足的考虑时间 （4）向客人提供宴会活动布置的平面图、菜单、预算单等
确认预订	（1）客人无其他要求后，应礼貌地将预订情况向客人复述一遍，以便核对 （2）详细填制宴会预订单，请客人签字；无论是中文还是外文的订单，书写都必须规范、清楚 （3）客户预订大型宴会，应送交营销部或餐饮部经理签发宴会确认书，再交客户签字确认 （4）收取订金，并开出收据 （5）在宴会活动日记簿上按日期标明活动地点、时间、人数等事项，并标注是否需要确认的标记
致谢送客	礼貌地向客人致谢，并将客人送至电梯口或门口
发出通知	（1）预订确认后应开出预订单，并发至相关部门做好餐前准备。经过认可的菜单、饮料、场地布置示意图等细节资料，应以确认信的方式迅速送交客人，附上一、二两联“宴会合同书”。将客人的特殊要求通知宴会厅主管和厨师长 （2）对于提前较长时间预订的宴会，应主动用信函或电话方式与客人保持联络，进一步确认日期及有关的细节。对暂定的预订应进行密切跟踪查询
建立档案	将预订单分为“待确定”和“已确定”两类入档，按时间顺序排列。在宴请活动前两天，必须设法与客人联系，进一步确定已谈妥的所有事项
更改、督察	（1）任何与宴请有关的变动都应立即填写“宴请变更通知单”，发送有关部门，变更通知单上需写明原来预订的编号并及时通知有关部门 （2）宴会销售预订员有责任督促检查当日大型宴会活动的准备工作，发现问题随时纠正
取消预订	如果客人取消预订，预订员应填写“取消预订报告”，送至有关职能部门，并为不能提供服务而向客人表示遗憾，希望今后有合作的机会

任务二　西餐宴会服务

一、实训目的

使学生掌握西餐服务的相关服务技能，达到能够热情、准确、熟练地为客人服务的目的。

二、实训方法

首先由教师示范讲解，然后学生动手操作训练。在学生操作训练的过程中，教师进行指导，学生反复强化训练，达到熟练掌握该项操作技能的目的。

三、实训步骤与要求

1．开餐准备

（1）按照酒店规定着装，准时到岗。

（2）搞好宴会厅的卫生，将自己工作区域的卫生清扫干净，做到无污渍、杂物，按宴会通知单要求完成宴会场地、台形、台面布置等工作。

（3）按出席人数、菜单摆好餐台，备好餐、酒用具，并逐项检查，确保餐酒用具清洁、光亮、无缺口、摆上鲜花、银烛台等装饰品，美化席面。

（4）检查宴会厅各种设备设施的运转状况，如有问题及时通知酒店有关部门处理。

（5）备好所有酒水，需要冰镇的要提前冰镇好，保证各种酒水符合要求。备好足够的开胃品、面包、黄油、果酱等，在开宴前 10 分钟，把开胃品摆放在餐桌上，每人一盘。在少数情况下也有把开胃品集中摆放在餐桌上，由客人自取，或由服务员帮助分配的情况。

（6）在摆开胃品时应考虑其荤素、特色、品味的搭配，盘与盘之间要留出一定距离，在客人杯中斟好冰水或矿泉水，在客人到达餐厅前 5 分钟，把面包放在面包篮里，黄油放在黄油碟中，全部客人的面包数量要求一致。

（7）自查：开餐前对各项准备工作进行一次全面检查。

（8）管理人员检查。

（9）将宴会厅门打开，宴会负责人带领迎宾人员站在门口迎接客人，服务人员按规定位置面向门口站好。

2．迎宾接待

（1）客人到达时要礼貌热情地表示欢迎。

（2）引领客人到休息室。

3．餐前酒会

（1）给客人送饮料前先征求客人的意见，根据客人要求送上餐前酒或饮料。

（2）送饮料给客人时，如客人坐饮，要先在客人面前的茶几上放杯垫，然后放饮料杯；如客人是立饮，要先给客人餐巾纸，然后给客人饮料。

（3）休息室服务时间一般为半个小时左右。当客人到齐，主人表示可入席时，服务员要立即打开通往宴会厅的门，引领客人入席。

4．引宾入席

（1）宴会开始前 5 分钟左右，宴会负责人应主动询问主人是否可以开餐，经主人同意后立即通知厨房准备上菜，同时请客人入席。

（2）值台服务员应精神饱满地站在餐台旁，并拉椅让座，注意遵循先宾后主、女士优先的原则。

（3）待客人落座后，为客人铺上餐巾。

5．席间服务

（1）西餐宴席上菜的顺序是：开胃菜、汤、鱼虾海鲜类菜肴、副菜、主菜、甜点和水果、咖啡或茶。

（2）当客人准备用开胃冷菜时，服务员应倒相应的酒水（冷菜开胃品一般与烈性酒相配）。当客人基本用完开胃品时就可撤盘，从主宾的位置开始，在客人的右手方向用右手连同刀叉一并撤下。

（3）上汤时汤盘下应加垫盘，然后从客人的右手方向用右手把汤上到客人面前，上汤的顺序是先女宾后男宾再主人（以下各道菜上菜的顺序都是如此，斟酒的顺序亦如此）。

（4）上鱼虾海鲜类菜肴前，先撤下汤盘和汤匙，为客人斟好白葡萄酒，然后上菜。

（5）上主菜时，一般配有几样蔬菜和沙司，此外还带有沙拉，盛主菜应用大号餐盘，盛沙拉应用生菜盘；服务员在上菜时，一定要将主要食物或菜肴最佳部分对着客人摆放，沙拉盘则放在客人的左侧；上桌前，先为客人斟倒红葡萄酒，上菜后紧跟沙司。

（6）上点心：吃点心用的餐具要根据点心的品种而定。热点心，一般用点心匙和中叉；烩水果用茶匙；冰激凌应将专用的冰激凌匙放在垫盘内同时端上去。吃点心时若有讲话，一般用香槟酒。香槟酒一定要在上点心或客人讲话之前全部斟好，以方便客人举杯祝酒。

（7）上干酪：干酪一般由服务员分派，先用一只银盘垫上餐巾，摆上几种干酪和一副刀叉，另一盘摆上烤面包片或苏打饼干，送到客人左边，供客人自己选用。吃完干酪，应撤掉餐台上的餐具、酒具，水杯和饮料杯不动。

（8）上水果：先上水果盘和洗手碗，然后将已装盘的水果端至客人面前，请客人自己选用。

（9）上香巾：客人吃完水果后，上香巾，按客人人数将香巾放在小垫碟中，每人一碟，放在客人左侧。

（10）宴会席面服务基本结束，当主人请客人到休息室休息时，服务员应立即上前为客人拉椅，另有服务人员拉开休息室的门请客人到休息室就座。

6．宴后服务

（1）用餐结束，服务员热情引导客人到休息室休息。就座后，服务员开始上咖啡，另一服务员跟送糖、奶。

（2）上咖啡后，服务员托上各种餐后酒品（如白兰地、蜜酒）以及巧克力糖和雪茄烟。

（3）宴会接近尾声时，清点所用的饮料，算出总账。宴会结束时，请主人或其助手负责结账。

（4）及时为客人续斟一次咖啡和酒品，最后撤掉咖啡具，再上一次饮料，表示宴会结束，客人可自由退席。客人离开餐厅时，服务员应站在出口的一侧，热情欢送客人，并表示欢迎客人下次光临。

7．收台整理

（1）宴会结束后，应主动征求来宾或陪同人员的意见，认真总结接待工作，不断提高服务质量和服务水平。

（2）客人离开后，服务员应及时检查台面及地毯上有无客人遗留的物品，有无燃着的烟头等。然后收拾宴会厅和休息室。

（3）收台时，一般按照先餐巾、毛巾，后玻璃器皿，最后金属餐具的顺序进行。

（4）高档餐具如金器、银器等要清点数量，注意收检保管好。

（5）打扫宴会厅卫生，并将餐台、装饰物等搬回原处，恢复宴会厅原貌。

（6）关好门、窗，关掉所有电灯。

模块七
康乐服务技能实训

“康乐”是具有现代意识的旅游新概念，从字面上讲就是健康娱乐的意思，指满足人们健康和娱乐需要的一系列活动。酒店康乐服务主要分为健身服务、娱乐服务、美容服务和医疗服务。为了使客人的住店生活更加丰富多彩、舒适愉快，现代化酒店大都设立了康乐中心，提供台球、网球、保龄球、高尔夫球、乒乓球、壁球等球类服务，舞厅、KTV 包房服务，棋牌、电玩等棋牌游艺类服务，健身房、游泳馆等健身类项目服务，理疗、足疗、按摩类等保健类服务项目。这些为客人直接服务的部门，均要求提供高标准的服务。目前，现代康乐活动越来越成为人们日常生活中不可缺少的内容。

项目一　康乐实训认识

随着居民可支配收入和空闲时间的增加，人们对休闲、健身、娱乐等更高层次的精神消费需求也相应增加，社会康乐消费意识也在不断提高。酒店康乐部已成为继客房、餐饮等部门之后的重要营业部门，其运行的好坏，将直接影响到酒店的整体服务质量、管理水平、经济效益及市场形象。现代康乐是人类物质文明和精神文明高度发展的结果，也是人们提高精神文化水平的必然要求。

一、实训目的

了解康乐服务主要项目；通过了解康乐活动的具体项目，讲解康乐活动的起源；引导学生认识康乐部的重要性；帮助学生认识康乐行业的发展现状和发展前景；要求学生能够掌握康乐部的主要作用。

二、实训场地及物品准备

实训场地：星级酒店。

物品准备：笔记本、笔。

三、实训内容

（1）参观酒店康乐部。
（2）了解康乐服务常用设备、用品。
（3）了解康乐服务人员、管理人员的构成。
（4）了解康乐服务的简单程序。

四、实训方法

（1）参观酒店康乐部的基本布局。
（2）参观酒店康乐部的设备、用品。
（3）参观酒店康乐部运作的基本流程。

五、实训步骤

（1）参观酒店康乐部。
（2）分组交流参观体会。
（3）教师总结。
（4）撰写参观实习总结或写分析文章。

六、注意事项

（1）实训要有至少一名教师带队，主要负责实训分组，维持纪律、安全等问题。联系酒店康乐部主管或经理现场讲解，学生现场提问。

（2）学生实习总结必须在实习结束后3天内交给专业教师，教师详细批改后，按优秀、良好、合格、不合格评定成绩。

项目二　球类项目服务实训

酒店康乐部的球类项目是人们借助一定的康体设备设施和场所，通过参与达到锻炼身体、增强体质的目的。它有别于专业性的体育项目，不需要较强的专业性、技巧性，趣味性较强。一般有设有台球、网球、保龄球、高尔夫球、乒乓球等球类服务。

任务一　台球服务

台球（见图7-1）也叫桌球（中国香港、澳门特别行政区的叫法）、撞球（中国台湾地区的叫法）。台球是一项在国际上广泛流行的高雅室内体育运动，是一种用球杆在台上击球、依靠计算得分确定比赛胜负的室内娱乐体育项目。

图 7-1　台球

● 知识拓展

台球的历史

台球运动的起源地目前尚无定论，有起源于西班牙、英国、法国等几种不同的说法，但起源时间则大致公认为 14、15 世纪之间。最初台球是用木料制成的，之后出现了象牙制造的。现在的台球都是用合成树脂做的，不同材料台球的价格和档次相差很远。

一、实训目的

服务员操作规范：清洁卫生；准备工作到位；精神饱满地完成迎宾服务；了解台球的历史及基本规则。

二、实训场地及物品准备

实训场地：康乐实训室。

物品准备：台球设备、巧克粉、滑石粉、酒水单、冰桶、冰夹、托盘、抹布、圆珠笔、计分表。

三、实训内容

（1）台球服务的准备工作，并完成实训室的规划布置工作，包括地面、服务台等，整理好仪容仪表。

（2）回顾台球服务的相关知识；掌握迎宾工作的要求、对客服务要点及服务程序。

四、实训方法

（1）分组进行模拟训练，教师先讲解再指导。

（2）角色扮演，将学生分为客人组、服务组进行实际操作，教师督导。

（3）综合训练后进行测试，按 A、B、C 三个等级评定。

五、实训步骤

1. 准备工作

（1）将台球案罩布折叠整齐，放在规定的位置上。

（2）检查台球及辅助用品是否齐全。

2．迎宾工作

（1）面带微笑，主动问候客人。

（2）询问客人是否有预约，并向客人介绍台球场设施、收费标准等，为客人进行登记，开记录单，并收取押金。

（3）对无预约的客人，若场地已满，应安排其按顺序等候，并告知大约等候的时间，为客人提供茶水和书报、杂志等。

3．台球服务

（1）客人办好活动手续，引领客人至指定球桌，打开照明灯，为宾客准备好球和球杆。

（2）根据客人要求，准确提供客人所需的陪打、记分等服务。

（3）客人无陪打要求时，应站在指定服务位置，随时听候客人吩咐，并主动征询客人意见，及时提供毛巾、饮料、茶水等服务。

（4）客人原定运动时间即将结束时，应及时询问是否需要续时。

（5）服务员要勤于巡视，维护好场内的秩序。

4．结账服务

（1）客人消费结束时，服务员应请客人到服务台结账。

（2）如果客人要求挂单，收银员要请客人出示房卡并与前台收银处联系，待确认后请客人签字并认真核对客人的笔迹，如果未获前台收银处同意或者认定笔迹不一致，则请客人以现金结账。

（3）客人离开时，服务员要主动提醒客人不要忘记带好随身物品，并帮助客人穿戴好衣帽。

5．送别客人

（1）清点、检查客人所用台球设备是否有损坏，有无客人遗留物品。

（2）送客人至门口并礼貌地向客人道别。

（3）将球杆摆在杆架上，将球码放整齐，用专用刷将球桌上的粉迹轻轻刷净，再用专用抹布将台边擦拭干净，并收拾整理水杯、烟灰缸和茶几，准备迎接下一批客人的到来。

六、注意事项

台球服务人员应在服务过程中注意引导客人到指定球台，挑选球杆，并为客人码好球。随时注意客人的其他要求。客人打完球后，服务员及时检查客人所用台球设备是否完好，如有问题，及时通知服务台。

任务二　网球服务

网球（见图 7-2）是一项优美而激烈的体育运动。现代网球运动诞生于 19 世纪的英国伯明翰，在 20 世纪得到全球性的广泛发展，并成为一项世界性的体育运动，被称为世界第二大球类运动。现代网球运动一般包括室内网球和室外网球两种形式。

图 7-2 网球

一、实训目的

熟悉网球运动规则、记分方法；具有较高的网球运动水平，出球动作标准、规范，能够清楚、明确地向客人讲解网球运动基本知识和技法；服务仪态端庄大方；能够准确把握客人的消费心理；掌握网球场服务的基本技巧。

二、实训场地及物品准备

（1）实训场地：室外或室内网球场。

（2）物品准备：饮料单、标牌、椅子、圆珠笔、登记表、毛巾和相关服务用具。

三、实训内容

（1）准备工作。做好接待前的物品准备，并提前到达岗位。

（2）服务人员着装、仪表规范。礼貌语言运用准确，熟悉网球场服务工作内容和程序。

（3）迎宾服务规范。有客人到来，主动问候、热情迎接，凭客人的会员证或相关证件办理登记、押金等手续，手续办理快速、准确、及时，服务周到。

（4）服务语言规范。根据不同的客人，提供针对性的优质服务。现场服务周到细致，针对性强。

四、实训方法

（1）分组进行模拟训练，教师边讲解边指导。

（2）再按两人一组进行实际操作，教师进行督导。

（3）综合训练后进行测试，按 A、B、C 三个等级评定。

五、实训步骤

1. 准备工作

（1）做好网球场的准备工作，包括场地、休息区和球网架等。

（2）检查球场设施是否完好，如果发现问题设法修理或者报告工程部门。

（3）将供客人租用的球具、球鞋准备好。

（4）将气温、湿度及日照情况填写在公告栏内。

2．迎宾工作

（1）面带微笑，主动问候客人。

（2）询问客人是否有预约，并向客人介绍网球场设施、收费标准等，为客人进行登记，开记录单，并收取押金，发放更衣柜钥匙等。

（3）对无预约的客人，若场地已满，应安排其按顺序等候，并告知大约等候时间，为客人提供茶水和书报杂志等。

3．网球服务

（1）客人挥拍打网球时，应端正地站立于一旁，并提供捡球服务。

（2）客人要求陪打时，要认真发挥自己的球艺，视客人的球技控制输赢，以提高客人的兴趣。

（3）客人休息时，应及时递上毛巾，随时听候客人吩咐，做好针对性服务。

（4）客人打球结束，应主动征求客人意见，如需淋浴应引领至淋浴室，并备好浴巾和拖鞋。

（5）客人更衣完毕，准确为客人结账，并收回更衣箱钥匙和租借物品。

4．结账服务

（1）客人消费结束时，服务员应当检查客用设备是否完好，提醒客人带好随身物品，并帮助客人戴上首饰和提拿球具、球鞋，请客人到收银台结账。

（2）如果客人要求挂单，收银员要请客人出示房卡并与前台收银处联系，待确认后请客人签字并认真核对客人的笔迹，如果未获前台收银处同意或者认定笔迹不一致，则请客人以现金结账。

5．送别客人

（1）礼貌地向客人道别，并欢迎客人下次光临。

（2）对场地进行彻底清理，将卫生状况恢复到营业标准，准备迎接下一批客人的到来。

（3）按规定清洁、修理客人租用的球拍、球鞋等。

六、注意事项

经常巡查场地和设备，发现问题及时处理。适时为客人提供面巾、酒水和其他物品；陪练和示范服务恰到好处，及时提供饮料服务。收款或挂账应及时、准确，无差错发生，主动告别客人。

任务三　保龄球服务

保龄球（见图 7-3），又称地滚球，是在木板道上滚球击柱的一种室内运动。保龄球具有娱乐性、趣味性、竞技性和技巧性，给人以身体和意志的锻炼。由于是室内活动，不受时间、气候等外界条件的影响，也不受年龄的限制，易学易打，所以成为男女老少人人皆宜的体育运动。已经成为现代社会中的一项时尚运动，流行于欧洲、美洲、大洋洲和亚洲一些国家。

图 7-3　保龄球

- **知识拓展**

保龄球的起源

保龄球最早开始于公元 3 至 4 世纪的德国。最初，天主教徒在教堂走廊里安放木柱，用石头滚地击之。他们认为击倒木柱可以为自己赎罪、消灾；击不中就应该更加虔诚地信仰“天主”。直到 14 世纪初，保龄球才逐渐演变成为德国民间普遍爱好的体育运动项目。后来，荷兰人和德国人的后裔移居美国，便把保龄球传到了美国。

在 16 世纪时，保龄球还是 9 个木瓶的游戏，数年后，演变成 10 个木瓶，瓶的摆设形状也从钻石形变成三角形。1895 年，美国保龄球总会正式成立。

一、实训目的

熟悉保龄球运动规则、记分方法；具有较高的保龄球运动水平，出球动作标准、规范，能够清楚、明确地向客人讲解保龄球运动的基本知识和技法；服务仪态端庄大方，精神饱满；能够准确把握客人的消费心理，及时提供各种服务。

二、实训场地及物品准备

（1）实训场地：保龄球馆或酒店保龄球场馆。

（2）物品准备：工作表单、卫生专用品、客用品、饮料小吃、球、球鞋、急救药品。

三、实训内容

（1）整理好仪容仪表。回顾保龄球服务的相关知识。

（2）有客人到服务台，服务员礼貌招呼客人，为其办理领鞋、开道和打球手续。

（3）如果满道，礼貌地请客人排队等候。

（4）客人所购球局已满，服务台应立即关闭机器，并及时通知客人。

（5）打球时，遇到机械故障要礼貌地请客人等候，并尽快通知维修人员。

四、实训方法

（1）根据班级情况分组进行模拟训练，教师边讲解边指导。

（2）将学生分为客人组、服务组进行实际操作，教师进行督导。

（3）综合训练后进行测试，按 A、B、C 三个等级评定。

五、实训步骤

1．预订服务

（1）要用规范语言主动、热情地接待客人预订。

（2）客人电话预订，铃响 3 声内接听，如因工作繁忙，则应向客人道歉并请其稍候。

（3）准确记录客人姓名、房号（酒店宾客应登记房号）、使用时间，并复述清楚，取得客人确认。

（4）对已确认的客人预订，要通知有关服务人员提前做好安排。

2．接待服务准备

（1）每日营业前整理好保龄球场、休息区、更衣室、沐浴室与卫生间的卫生。

（2）将设备设施摆放整齐。

（3）正式营业前准备好为客人服务的各种用品，整理好个人卫生，准备迎接客人。

3．迎宾服务

（1）服务台服务员要面带微笑，主动问候客人。

（2）问清是否有预订，向有预订的客人介绍保龄球场设施、租金、收费标准以及为客人提供的服务。

（3）对无预订的客人，如果场地已满，应礼貌地告知客人打保龄球需要提前预约，以免与其他客人在时间上发生冲突。

（4）场内服务员看到自己负责的球道上方的屏幕上出现空白计分表格时，说明有客人已经在收银台买局。这时，应当到专用鞋发放柜台迎接客人，面带微笑，主动问候客人。

（5）服务员将客人带领到球道边座椅后，提醒客人换上专用鞋，然后帮助客人把换下的鞋子及时摆放在鞋架上或是座椅下面。在冬天还要帮客人挂好大衣或者外套。

4．保龄球服务

（1）客人前来打保龄球时，将客人的姓名输入计分器，若客人不愿意告知其姓名，可按 A、B、C 代替。

（2）询问客人喜欢用几磅重的保龄球，然后按客人的要求将球选取到回球机的架上，并告诉客人哪一种颜色是几磅球，如果客人要求的保龄球暂时没有找到，要告知客人，并迅速为其调送过来。

（3）提醒客人打球中避免击中扫瓶板。

（4）每局从第十轮开始，服务员应关注对该球道客人的服务，准备统计分数以及下一局的开局。

（5）客人打球期间，提供巡视服务，检查操作设备是否准确、规范地运行，保证自动回球、记分显示、球路显示等正常运作。

（6）巡视员精神状态良好，及时、准确、礼貌地提醒客人注意球场秩序，向客人讲解保龄球运动知识要清楚、明确。

（7）及时纠正违反球场规则和妨碍他人的行为，迅速排解纠纷，始终保持球场秩序井然，在整个服务过程中要做到耐心周到。

（8）弄清结算方式，并在保龄球记录本上记清开始和结束时间，然后由服务员带领客人去保龄球场。

（9）到结束时服务员应礼貌地征求客人意见，是否需延长使用场地时间，如客人结束租用，最后检查有无遗失物品，客人是否归还租用的球鞋和球等。

（10）客人休息时，应主动及时询问是否需要饮料、小吃，做好记录，并迅速提供服务。

（11）客人离开时，应主动告别，并欢迎其再次光临。

5．陪练服务

（1）根据客人需要随时提供陪练服务。

（2）陪练期间，要能对运动知识、规则、记分方法等讲解清楚，示范动作要做到标准、规范。掌握客人心理和陪练分寸，能够激发客人兴趣。

（3）能组织比赛，服务周到。

6．配套酒吧服务

（1）客人休息期间，配套酒吧提供饮料、快餐服务。

（2）客人来到酒吧，按照酒吧服务标准迎接、问候、引座、开单，并提供酒水饮料和快餐服务。

六、注意事项

保龄球场的服务员在服务过程中应注意以下事项。

（1）指引客人前往安排好的球道，帮助客人挑选公用保龄球。如客人需要，可做适当的记分讲解。对于初学者，服务员应主动教授保龄球的知识和打法。

（2）陪练和示范服务恰到好处，及时提供饮料服务，适时为客人提供面巾、酒水和其他物品。

（3）经常巡查场地和设备，发现问题及时处理。收款或挂账应及时、准确，无差错发生，主动告别客人。

任务四　高尔夫球

“高尔夫”（见图 7-4）是荷兰文 kolven 的音译，意思是“在绿地和新鲜氧气中的美好生活”。高尔夫球是一种在优美环境中进行的高雅娱乐活动。这种游戏设备昂贵，所以在一些国家又叫它“贵族球”。高尔夫球是一种以棒击球入穴的球类运动，能够集享受大自然乐趣、体育锻炼和游戏于一身。

图 7-4　高尔夫球

一、实训目的

掌握高尔夫球场的服务技能，能够准确地把握客人的消费心理，并适时提供饮料服务。操作熟练、清洁、卫生。熟练掌握高尔夫球的基本规则。了解高尔夫的起源和历史。

二、实训场地及物品准备

（1）实训场地：高尔夫训练场。

（2）物品准备：饮料单、冰桶、冰夹、托盘、抹布、圆珠笔、计分表、登记表、毛巾、急救箱。

三、实训内容

（1）认识实训相关物品，了解场地的规划布置，完成区域内的清洁卫生。

（2）整理好仪容仪表。

（3）回顾高尔夫服务的相关知识。

（4）高尔夫迎宾服务、球场服务、结账服务等。

四、实训方法

（1）先分组进行模拟练习，教师边讲解边指导。

（2）然后分为服务组、客人组进行实际操作，教师进行督导。

（3）综合训练后进行测试，按 A、B、C 三个等级评定。

五、实训步骤

1. 准备工作

（1）按规定的时间做好营业前的准备工作，清洁人造草皮、座椅、茶几、烟灰缸、地毯和太阳伞等。

（2）检查各项设施是否完好，如果发现问题应设法修理或报工程部门。

（3）准备好供客人租用的球具等。

2．迎宾工作

（1）服务台服务员应面带微笑，主动问候客人。

（2）询问客人是否有预约，并向客人介绍收费标准等，与客人确认开始计时的时间。

（3）为客人进行登记，开记录单，并收取押金。

（4）对无预约的客人，若场地已满，应安排其按顺序等候，并告知大约等候的时间，为客人提供茶水和书报、杂志等。

3．高尔夫球服务

（1）球场服务员应主动问候客人，并接过客人手中的球具袋，引领客人到座位旁。

（2）主动帮助客人将其球具袋内的球、球杆、手套和球鞋等取出，为客人摆放好。

（3）客人换下的鞋子应收拾到鞋柜里，并提醒客人如果需要擦鞋服务，可以通知服务人员。

（4）对于没有携带球具的客人，应主动询问他们喜欢什么样的球具和所需运动鞋的尺码，并迅速到服务台为其领取。

（5）在客人刚开始打球的一段时间，服务员要及时关注客人有什么需求，并及时给予解决，比如球鞋不合适、需要技术指导、需要陪打、场地和设备出现问题、需要调整座位区等。

（6）及时提供捡球、送球服务。

（7）如果客人是初学者，要认真、耐心、细致地向客人讲解高尔夫球运动的规则及技巧并做示范。

（8）如果客人需要陪打服务，陪打员应认真服务，并揣摩客人的心理掌握输赢尺度。

（9）服务员要适时询问客人需要何种饮料，并做好酒水服务工作。

（10）保持茶几、座椅和地面的整洁，客人的饮料剩余 1/3 时应及时添加，烟灰缸内烟蒂数不能超过 3 个。

（11）保持发球区地毯和草皮等的清洁。

（12）保持更衣室、淋浴间和洗手间的整洁。

（13）客人原定运动时间将结束时，在场地空闲的情况下应及时询问客人是否需要续时。

4．结账服务

（1）客人消费结束时，服务员应帮助客人收拾球具或帮助客人归还租用的器材，提醒客人带好随身物品，请客人到收银台结账。

（2）如果客人要求挂单，收银员要请客人出事房卡并与前台收银处联系，待确认后请客人签字并认真核对客人的笔迹，如果未获前台收银处同意或认定笔迹不一致，则请客人以现金结付。

5．送别客人

（1）礼貌地向客人道别，并欢迎客人下次光临。

（2）对场地进行彻底清理，将卫生状况恢复至营业标准，准备迎接下一批客人的到来。

（3）按规定对客人租用的球鞋、球具等进行清洁，修理损坏的发球架和球具等。

六、注意事项

（1）注意观察客人的运动姿势，主动提供技术指导。根据客人需要提供记分服务并做好记录。经常巡查场地和设备，发现问题及时处理。

（2）陪练和示范服务恰到好处，及时提供饮料服务，适时为客人提供面巾、酒水和其他物品。

（3）收款或挂账应及时、准确，无差错，主动告别客人并欢迎客人再次光临。

任务五　壁球服务

壁球（见图 7-5）是一种对墙击球的室内运动，因球在猛烈触及墙壁时发出类似英文“squash”的声音而得名。由于壁球是一项室内项目，所以它可以不受季节、天气的限制，是一项全天候的运动。壁球可以满足参与者用时少、锻炼效果佳的高效率要求。壁球娱乐性、趣味性、消遣性强，可以单打，也可以双打。壁球的参与年龄非常广泛，可以是几岁的儿童，也可以是花甲老人，老少皆宜。

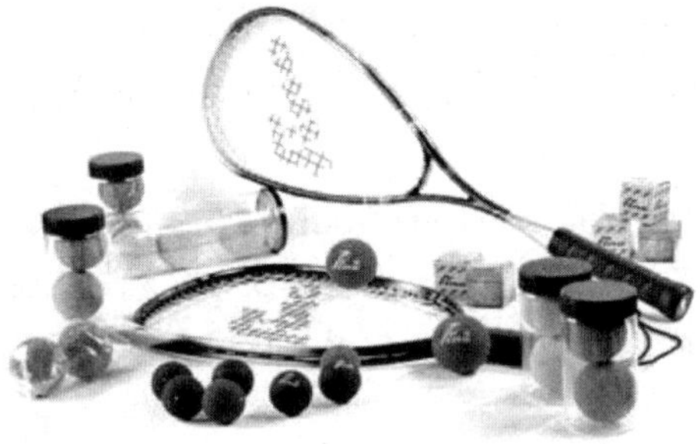

图 7-5　壁球

- **知识拓展**

壁球是一项室内球拍型运动，起源于 19 世纪初期英国伦敦的“舰队监狱”。壁球运动由两到四个人在一个封闭式的场地进行（宽 20 英尺，长 40 英尺，高 20 英尺）。这个游戏的目标是，一方必须运用场中除了天花板以外的墙壁，以球拍把弹跳的球打到墙上，使得对方无法在球弹跳 1 次之前击打回来，如果球在地板上弹跳超过 1 次而没有用球拍击打回去，就是输了这球。国际壁球联盟（IRF）于 1979 年由 13 个国家共同成立，在其努力推广发展下，20 世纪 80 年代早期在五大洲就有超过 80 个国家开展了壁球运动。国际壁球联盟于 1980 年举办了第一次壁球大赛，且于 1985 年 12 月得到国际奥林匹克委员会（IOC）的认可，成为获得该组织认可的“年纪”最小的运动。

一、实训目的

掌握壁球的服务技能，操作清洁卫生、准确、熟练；能够准确把握客人的消费心理；了解壁球的基本规则，提高壁球服务的技巧。

二、实训场地及物品准备

（1）实训场地：壁球实训室。

（2）物品准备：饮料单、冰桶、冰夹、托盘、抹布、圆珠笔、计分表、登记表、毛巾、急救箱。

三、实训内容

壁球实训的准备工作，包括清洁卫生，设施检查，球具准备，迎宾服务及壁球服务的标准程序，结账服务的要求和礼貌送别客人。

四、实训方法

（1）先按 8 人一组，进行模拟练习，教师边讲解边指导。

（2）然后分为服务组、客人组进行实际操作，教师进行督导。

（3）综合训练后进行测试，按 A、B、C 三个等级评定。

五、实训步骤

1．准备工作

（1）完成责任区域内的清洁卫生工作，包括地面、服务台等。

（2）检查运动设施是否完好，如果发现问题设法修理或报工程部门。

（3）将供客人租用的球具、球鞋等准备好。

2．迎宾工作

（1）面带微笑，主动问候客人。

（2）询问客人是否预约，并向客人介绍壁球室设施、收费标准等，询问客人选择哪个场地，并与客人确定开始计时的时刻。

（3）为客人进行登记，开记录单，并收取押金，发放更衣柜钥匙等。

（4）对无预约的客人，若场地已满，应安排其按顺序等候，并告知大约等候的时间，为客人提供茶水和书报、杂志等。

3．壁球服务

（1）打开壁球室照明灯，协助客人挑选球拍。

（2）在客人打球过程中，应注意观察，随时准备为客人提供服务。

（3）如果客人是初学者，要认真、耐心和细致地向客人讲解壁球运动的规则，并做示范。

（4）如果客人需要陪打服务，陪打员应认真服务，并根据客人的心理掌握输赢尺度。

（5）在运动间隙，服务员要适时询问客人需要何种饮料，并做好饮料服务工作。

（6）保持茶几、座椅和地面的整洁，客人的饮料剩余 1/3 时应及时添加，烟灰缸内烟蒂数不超过 3 个。

（7）保持洗手间、淋浴间的整洁。

（8）客人原定运动时间即将结束时，在场地空闲的情况下应及时询问客人是否需要续时。

4．结账服务

（1）客人消费结束时，服务员应检查客用设备是否完好，提醒客人带好随身物品，并帮助客人收拾和提拿球具、球鞋，请客人到收银台结账。

（2）如果客人要求挂单，收银员要请客人出示房卡并与前台收银处联系，待确认后请客人签字并认真核对客人的笔迹，如果未获前台收银处同意或认定笔迹不一致，则请客人以现金结付。

5．送别客人

（1）礼貌地向客人道别，并欢迎客人下次光临。

（2）对场地进行彻底清理，将卫生状况恢复至营业标准，准备迎接下一批客人的到来。

（3）按规定清洁、修理客人租用的球拍、球鞋等。

六、注意事项

（1）经常巡查场地和设备，发现问题及时处理；陪练和示范服务恰到好处，及时提供饮料服务。

（2）若客人在运动中受伤，服务人员要及时提供简单的医疗救助，伤情严重的要及时与较近的医院联系。

（3）收款或挂账应及时、准确，无差错发生，主动告别客人。

项目三　歌舞类项目服务实训

酒店康乐部 KTV 包房、歌舞厅的服务员代表着酒店娱乐部门的服务质量和形象。KTV 是一个与客人面对面为其提供服务的场所，最能够体现服务员的服务水平，如微笑意识、服务意识、推销意识等，可以说 KTV 服务员的专业素质直接影响着 KTV 的业绩，所以康乐部管理者大多注重歌舞类服务员的培训和管理。

任务一　KTV 包房服务

KTV 起源于日本，从早期在酒馆里的 3 人走唱乐队发展到卡拉 OK，卡拉在日语中是“空”的意思，而 OK 是英语“orchestra”（交响乐队）前两个音节的发音，日本人造字时把这两个字结合起来成为“卡拉 OK”，就是无人乐队的意思，后来传到我国台湾，把卡拉 OK 装在房间里，取名为 KTV，“K”为卡拉 OK 的第一字，“TV”为 MTV（音乐电视）的后两个字，组合即为 KTV。KTV 包房如图 7-6 所示。

图 7-6　KTV 包房

一、实训目的

通过实训，接待服务工作能够主动热情、周到细致；能正确使用礼貌服务用语；动作熟练、规范，程序正确；能满足客人点歌和音响控制的需要。

二、实训场地及物品准备

（1）实训场地：KTV 实训室。

（2）物品准备：托盘、服务巾、预订登记簿、点歌簿、打火机、点歌卡、酒水牌、酒水单、服务夹、冰桶、圆珠笔。

三、实训内容

（1）熟悉 KTV 包房的工作内容、工作秩序。

（2）运用准确规范的语言迎接、问候、操作。

（3）音响控制师善于调动和掌握客人情绪，具有丰富的实践经验和设备操作技巧。

四、实训方法

（1）先按 10 人一组由教师进行示范。

（2）然后分为服务组、客人组进行实际操作，教师进行督导。

（3）设计工作场景，由组员扮演不同的角色，进行工作流程的综合训练，然后再互换角色进行练习。

（4）综合训练后进行测试，按 A、B、C 三个等级评定。

五、实训步骤

1．准备工作

（1）检查仪容仪表，要求着装整齐、干净，精神饱满。

（2）完成区域内的清洁卫生工作，在台面按规定标准依次摆放台卡、花瓶和烟灰缸等物品。

（3）到达指定位置，坚持站立服务和微笑服务。

2．KTV 包房预约电话服务工作

（1）客人预订 KTV 包房服务，接待时应主动热情。

（2）若为电话预约，应在电话铃响 3 次内接听。

（3）准确记录客人姓名、房号（酒店客人应登记房号）、电话、使用时间，复述清楚，取得确认。

（4）及时通知有关人员做好准备。

3．接待服务工作

（1）提前换好工作服，整理好服务台卫生专用品。

（2）每日营业前整理好 KTV 包房、休息区和卫生间的卫生。

（3）认真细致地检查包房设施和设备，并保证各种设备完好。

（4）正式营业前准备好为客人服务的各种用品，整理好个人卫生，精神饱满地准备迎接客人。

4．KTV 包房服务

（1）客人来 KTV 唱歌时，应主动迎接问候客人。

（2）客人入座后 1 分钟内开始服务，递送歌单、酒单、点歌卡，介绍歌单内容应主动及时，服务应周到、细致。

（3）快速递送酒水饮料，操作规范。

（4）大中型 KTV 包房，客人点歌后，点歌卡应在 1 分钟内送到音响控制室。

（5）告知客人大致等候时间。

（6）客人演唱歌曲，音量调整适当，保证音质优美、图像清晰。

（7）单间歌厅客人点歌，计算机检索控制与传送设备完好，音像传送快速。

（8）歌厅服务过程中，根据客人需要及时补充酒水小吃。

（9）服务员要加强歌厅巡视，维持歌厅秩序。

（10）客人离座，服务员应主动告别，并欢迎其再次光临。

（11）客人离座后，桌椅应在两分钟内清扫完毕，准备迎接下一批客人。

六、注意事项

（1）走动巡视包房的客人情况和动态，巡视姿态礼貌、文雅，不可探头探脑，应以为客人关闭房门为由观察房内动态，发现问题及时通知管理人员，迅速处理。

（2）在不违反酒店规定和力所能及的前提下，问明客人需要后，迅速、优质地满足客人的需要。

（3）收款或挂账应及时、准确，无差错发生，主动告别客人。

任务二　舞厅服务

舞厅是跳舞设施的公共大厅或舞场，也是集个性化、灵活性和娱乐性为一体的场所。大家可以聚在一起狂欢，借喝酒、唱歌、跳舞来助兴。

一、实训目的

（1）熟悉舞厅服务工作内容、工作秩序。

（2）有良好的外事纪律和精神文明修养。

（3）服务语言运用准确、规范。

（4）服务主动、热情、礼貌、大方，能够掌握分寸，讲求精神文明，使客人有亲切感。

二、实训场地及物品准备

（1）实训场地：歌舞厅实训室。

（2）物品准备：音响设备、唱片、工作表单。

三、实训内容

（1）做好接待服务工作。

（2）熟悉客人预订服务、迎宾服务、引领服务等。

（3）熟练掌握音响设备操作技巧，熟悉客人要求和各种唱片。

四、实训方法

（1）教师讲解、示范。

（2）分组、分角色进行舞厅服务过程综合实训。

（3）综合训练后进行测试，按 A、B、C 三个等级评定。

五、实训步骤

1．接待服务准备工作

（1）提前换好工作服，整理好服务台卫生专用品。

（2）整理好舞厅、休息区与卫生间的卫生。

（3）认真细致地检查舞厅音响设施、设备。

（4）正式营业前准备好为客人服务的各种用品，整理好个人卫生，精神饱满地准备迎接客人。

（5）保持各种设备完好待用。

2．预订服务

（1）客人预订舞厅服务时，接待应主动热情。

（2）若为电话预约，应在电话铃响 3 次内接听。

（3）准确记录客人姓名、房号（酒店宾客应登记房号）、电话、使用时间。

（4）及时通知有关人员做好准备。

3．迎宾服务

（1）面带微笑，主动问候。要求按标准服务站姿，站立于大厅门口，热情、大方地问候客人。

（2）如果要凭门票入场，由专门的服务员负责检票，要求认真、礼貌、热情和大方。

4．引领服务工作

（1）礼貌询问客人是否有预订，对已有预订的客人，按其预订的台号，引领客人入座；对没有预订的客人应为客人选择合适的位置，引领入座。

（2）在引领过程中，应注意照顾好客人，提醒客人注意台阶。

（3）引领客人到位时，应伸手示意客人入座，如需拉椅应及时主动。

（4）引领服务生告退，祝客人在此玩得愉快。

5．DJ 音乐师的服务

（1）DJ 要有较高的音乐素养和丰富的实践经验。

（2）熟练掌握音响设备操作技巧，熟悉客人要求和各种唱片。

（3）善于根据不同情况选择音乐唱片，调动和控制舞厅客人情绪，适时形成高潮。

6．客人结账并送别客人

（1）客人示意结账时，服务员应认真核对客人的消费账单是否准确。仔细核对客人结账的现金，当面清点，及时找零。

（2）客人结完账起身离座时，服务员主动上前拉椅，提醒客人带好随身物品，并欢迎客人下次光临。

六、注意事项

（1）服务员提前 10 分钟到岗，检查岗位情况有无异常。

（2）在不违反酒店规定和力所能及的前提下，客人有合理请求并能满足时，能迅速、优质地予以满足。

（3）收款或挂账应及时、准确，无差错发生，主动告别客人。

（4）活动结束后，服务员要及时清理场地，搞好卫生。

项目四　棋牌游艺类项目服务实训

棋盘游戏和牌类统称棋牌游戏。棋牌类活动从明清开始兴盛，主要有牛牛、扑克、斗地主、中国象棋、国际象棋、围棋、跳棋、军棋、黑白棋、五子棋、麻将等。电玩是电视游戏机的简称，一般是指需要和电视连接起来玩的游戏机。

任务一　棋牌类服务

棋牌是棋类和牌类娱乐项目的总称，包括中国象棋、围棋、国际象棋（见图 7-7）、蒙古象棋、五子棋、跳棋、国际跳棋（已列入首届世界智力运动会项目）、军棋、桥牌、扑克、麻将等诸多传统或新兴娱乐项目。棋牌是十分有趣味的娱乐活动，既可益智，又可养生，所以广泛流行至今。

图 7-7　国际象棋

一、实训目的

能及时给客人提供棋牌服务，专业到位，服务时做到耐心、细致、周到、热情。

二、实训场地及物品准备

（1）实训场地：棋牌实训室。
（2）物品准备：棋牌、工作表单、饮料单、抹布、卫生专用品。

三、实训内容

（1）熟练掌握棋牌类活动的工作内容、工作程序。
（2）运用准确规范的语言迎宾、问候、操作和告别。
（3）坚持站立服务、微笑服务。

四、实训方法

（1）教师讲解、示范。
（2）分组、分角色进行实际操作，教师督导。
（3）综合训练后进行测试，按 A、B、C 三个等级评定。

五、实训步骤

1．接待服务准备工作

（1）提前换好工作服，整理好服务台卫生专用品。
（2）每日营业前整理好棋牌室、休息区与卫生间的卫生。
（3）认真细致地检查棋牌室设施设备。
（4）正式营业前准备好为客人服务的各种用品，整理好个人卫生，精神饱满地迎接客人。

2．预订服务

（1）棋牌室设服务台，配预约电话。

（2）客人预订棋牌游艺服务时，接待应主动热情。

（3）若为电话预约，应在电话铃响 3 次内接听。

（4）预约准确。

（5）准确记录客人姓名、房号（酒店宾客应登记房号）、电话、使用时间，复述清楚，取得确认。

3．迎宾服务

（1）面带微笑，主动问候。要求按标准服务站姿站立于大厅门口，并热情大方地问候客人。

（2）礼貌询问客人是否有预订，对已有预订的客人，按其预订的台号，引领客人入座；对没有预订的客人应为客人选择合适的位置，引领入座。

（3）在引领过程中，应注意照顾好客人，提醒客人注意台阶。引领客人到位时，应伸手示意客人入座，如需拉椅子应及时主动。

4．棋牌室服务

（1）热情、主动地迎接客人，介绍棋牌室的服务项目及收费标准。

（2）根据客人需求引领客人到包厢，并准备好客人要玩的棋牌。

（3）根据客人要求讲解各种棋牌的活动规则及使用方法，必要时为客人提供示范。

（4）按客人的要求洗牌、砌牌、发牌及记分等。

（5）及时清理客人的台面，适时推销，按客人的要求提供烟酒、饮料、食品等。

（6）在客人玩牌时，应随时巡视包厢内的情况，注意客人的活动，如发生纠纷或异常情况须及时报告领班。

（7）对客人的消费进行登记，并及时向收银员递交客人的消费记录。客人示意结账后，带领客人到收银处结账。

（8）客人娱乐结束后，应礼貌地送别客人。

（9）客人离开包厢后，须立即清点棋牌，并将棋牌整理好放入盒内。

5．客人结账并送别客人

（1）客人示意结账时，服务员应认真核对客人的消费账单是否准确。仔细核对客人结账的现金，当面清点，及时找零。

（2）客人结完账，起身离座时服务员应主动上前拉椅，提醒客人带好随身物品，并欢迎客人下次光临。

六、注意事项

（1）服务员提前到岗，做好所有的接待准备工作，如打开房间空调、检查设施设备、准备好开水等。

（2）适时为客人续水和更换烟灰缸，同时注意呼叫器。在呼叫器响后尽快到达房间，礼貌询问客人需要。

（3）收款或挂账应及时、准确，无差错发生，主动告别客人。

任务二 电玩类服务

大型电玩（在中国台湾地区又俗称为“大台”）是一种放在公共娱乐场所的营利性的专用游戏机，起源于美国的酒吧。1971 年，世界第一台街机在美国的计算机实验室中诞生，其优点是能和朋友面对面一起在游戏厅分享快乐。游戏主题主要有赛车（见图 7-8）、拳皇、合金弹头、雪人兄弟、超级魂斗罗、恶魔战士、街头霸王、三国志、怒之铁拳、双截龙、雷电、侠魂、死亡之屋、化解危机、VR特警、鬼屋4等。如今随着人们爱好的变化，电玩也出现很多诸如跳舞机、音乐演奏、投篮比赛等新兴项目，吸引了不少新的玩家。

图 7-8 赛车类电子游戏机

一、实训目的

能及时给客人提供电玩类服务，操作熟练、专业到位，服务时做到耐心、细致、周到、热情。仪态端庄大方，精神饱满。

二、实训场地及物品准备

（1）实训场地：电玩模拟实训室。

（2）物品准备：游戏设备、工作表单、卫生专用品、客用品、酒水小吃、抹布、登记表、毛巾。

三、实训内容

（1）熟练掌握游戏厅工作内容、工作程序。

（2）运用准确规范的语言迎宾、问候、操作和告别。

四、实训方法

（1）分组进行模拟训练，教师先讲解示范，再具体指导。

（2）设计工作场景，由组员扮演不同的角色，进行工作流程的综合训练，然后再互换角色进行实训。

（3）综合训练后进行测试，按 A、B、C 三个等级评定。

五、实训步骤

1．接待服务

（1）提前换好工作服，整理好服务台卫生专用品。

（2）每日营业前整理好游戏厅、休息区与卫生间的卫生。

（3）认真细致地检查游戏厅设施设备，保持设备完好。

（4）准备好为客人服务的各种用品，整理好个人卫生，准备迎接客人。

2．预订服务

（1）客人预订游戏厅服务时，接待应主动热情。

（2）若为电话预约，应在电话铃响 3 次内接听。

（3）预约准确。

（4）准确记录客人姓名、房号（酒店宾客应登记房号）、电话、使用时间，复述清楚，取得确认。

3．迎宾服务

（1）面带微笑，主动问候。要求按标准服务站姿，站立于大厅门口，并热情大方地问候客人。

（2）在引领过程中，应注意照顾好客人，提醒客人注意台阶。

4．游戏厅服务

（1）热情、主动、礼貌待客，并向客人介绍游戏厅的基本情况。

（2）耐心解答客人提出的问题，并向客人说明游戏机操作规范；根据客人需要引导、安排客人入座。

（3）在客人玩游戏的过程中，巡视游戏厅，并随时帮助客人解决问题。

（4）维护娱乐场所秩序，协助主管排解客人之间发生的纠纷，保证娱乐活动的正常开展。

（5）根据客人需要，适当推销其他游戏项目以及酒水、饮料、食品等。

（6）对客人的消费进行登记，并及时将记录交给换币员。客人结束游戏时，协助客人办理结账事宜，并礼貌地向客人告别。

（7）客人离开后，根据规范及时关闭、整理、清洁客人使用过的游戏机。

5．客人结账并送别客人

（1）客人示意结账时，服务员应认真核对客人的消费账单是否准确。仔细核对客人结账的现金，当面清点，及时找零。

（2）客人结完账，起身离座时服务员应主动上前拉椅，提醒客人带好随身物品，并欢迎客人下次光临。

六、注意事项

（1）服务员提前到岗，检查设施设备有无异常情况。

（2）在不违反酒店规定和力所能及的前提下，尽量满足客人的合理需求。

（3）耐心解说游戏机操作规范，必要的时候给客人示范。

（4）收款或挂账应及时、准确。

项目五　健身类项目服务实训

酒店康乐部健身运动的方式是多种多样的，既有成套的各种徒手健美体操，也有球、棒等轻器械体操。这些主要用于健美训练，提高灵活性，增强韵律感，更有许多能锻炼身体各部位肌肉的练习动作。体操可以增强力量、柔韧性，增加耐力，提高协调和控制身体各部分的能力，从而达到强健身体、缓解压力的目的。

任务一　健身房服务

健身房（见图 7-9）是用来健身的场所。一般而言，健身房都有齐全的器械设备，有较全的健身及娱乐项目，有专业的教练进行指导，有良好的健身氛围。

健身房的健身器多达近百种，但归纳起来，大致可分为三种类型：一是全身性健身器械，如 10 项综合训练器、家用 16 功能健身器等；二是局部性健身器械，如健身自行车、划船器、楼梯机、跑步机以及小腿弯举器、重锤拉力器、提踵练习器等；三是小型健身器械，如人们所熟知的哑铃、壶铃、曲柄杠铃、弹簧拉力器、健身盘、弹力棒、握力器等。

图 7-9　健身房

一、实训目的

服务仪态端庄大方；精神饱满；能够准确把握客人的消费心理；操作熟练并能及时提供适时服务。

二、实训场地及物品准备

（1）实训场地：健身器械实训室。

（2）物品准备：托盘、饮料单、冰桶、冰夹、圆珠笔、计分表、登记表、毛巾、氧气袋、急救箱、抹布。

三、实训内容

（1）准备工作。做好区域卫生，准备迎接客人。

（2）迎宾工作。微笑服务，真挚、诚恳。

（3）健身服务。熟悉各项器械的使用和操作，并提示客人注意事项。

（4）结账服务。熟悉结账程序，送别客人、提醒服务。

四、实训方法

（1）教师讲解，包括接待准备、服务礼仪、设备介绍。

（2）学生实训。

1）按教师的要求和示范，模拟服务实训。

2）分组分角色进行实际操作，教师督导。

3）学生提问，教师答疑，并进行小组讨论。

（3）综合训练后进行测试，按 A、B、C 三个等级评定，对出现的问题给予纠正并进行正确示范。要求被评定为 C 等的组重新演练。

五、实训步骤

1．准备工作

（1）完成责任区域内的清洁卫生工作，包括健身器械区、休息区、更衣室、洗浴间和服务台等。

（2）将设备设施摆放整齐。

（3）准备好为客人提供的各种物品。

（4）准备好相关服务用具。

2．迎宾工作

（1）客人到来时，服务员应面带微笑，主动、热情地问候客人。

（2）询问客人要求，向客人介绍收费标准等，为客人办理消费手续。

3．健身服务

（1）协助健身教练为客人进行体能、体质测试及体形测量，根据客人健身目标和要求提出建议方案和锻炼计划。

（2）对初次来健身房的客人或新型的健身器械，服务员应提供示范，同时向客人讲明注意事项。

（3）客人选择好健身器械后，服务员应主动为客人调试健身器械，检查计量单位是否准确。

（4）在客人进行健身活动的过程中，服务员应设法采取一些安全保护措施，以防意外事故的发生。

（5）根据客人要求，适当播放背景音乐。

（6）服务员要适时询问客人需要何种饮料，并做好饮料服务工作。

（7）保持洗浴间的整洁，及时收拾香皂头、杂物，清洁摆放洗浴用品的台面、皂碟。

（8）保持卫生间的清洁，及时更换纸篓中的垃圾袋，清洁坐便器，补充厕纸，喷洒除味剂。

（9）保持更衣室的清洁，及时收拾香皂头、杂物和拖鞋，发现更衣柜上有遗留的钥匙应立即交服务台并做好登记，以便客人遗失物品时查询。

（10）保持休息区的整洁，及时为客人更换烟灰缸、添加饮料等。

（11）服务员应随时注意客人的举动，以便及时提供服务。

4．送别客人

（1）检查有无客人遗留物品，提醒客人将更衣柜钥匙等交回服务台。

（2）送客人至门口并礼貌地向客人道别。

（3）检查健身器械有无损坏，清洁整理烟灰缸、台面和更衣室等。

（4）对场地进行彻底清理，将卫生状况恢复到营业标准，准备迎接下一批客人的到来。

5．结账服务

（1）客人消费结束时，服务员应当检查客用设备是否完好，提醒客人带好随身物品，并帮助客人戴上首饰，请客人到收银台结账。

（2）如果客人要求挂账，收银员要请客人出示房卡并与前台收银处联系，待确认后请客人签字并认真核对客人的笔迹；如果未获前台收银处同意或者认定笔迹不一致，则请客人以现金结账。

（3）礼貌地向客人道别，并欢迎客人下次光临。

六、注意事项

（1）服务员提前到岗，检查设施设备有无异常情况，如有问题，及时上报。

（2）当客人要健身并要求辅导时，服务员应主动示范。

（3）服务过程中，注意客人健身动态，提醒客人安全运动。

（4）收款或挂账应及时、准确。

任务二　体操房服务

体操（见图 7-10）源于古希腊语，其意大利语为“裸体技艺”，因为他们当时都是赤身裸体进行操练的，后被欧美国家采用。它是一项深受广大群众喜爱的，普及性极强的，集舞蹈、音乐、健身、娱乐于一体的体育项目。

图 7-10　体操

一、实训目的

服务仪态端庄大方；精神饱满；能够准确把握客人的消费心理，适时提供服务。

二、实训场地及物品准备

（1）实训场地：体操房实训室。

（2）物品准备：饮料单、冰桶、冰夹、托盘、抹布、圆珠笔、计分表、登记表、毛巾、急救箱、氧气袋、哑铃、踏板、软垫。

三、实训内容

（1）准备工作。做好区域卫生，准备迎接客人。

（2）迎宾工作。微笑服务，真挚、诚恳。

（3）体操服务。熟悉各项体操运动，并掌握部分急救知识。

（4）结账服务。熟悉结账程序，送别客人、提醒服务。

四、实训方法

（1）教师讲解，包括接待准备、服务礼仪、设备介绍。

（2）学生实训。

1）按教师的要求和示范，模拟服务实训。

2）分组分角色进行实际操作，教师督导。

3）学生提问，教师答疑，并进行小组讨论。

（3）综合训练后进行测试，按 A、B、C 三个等级评定，对出现的问题给予纠正并进行正确示范。要求被评定为 C 等的组重新演练。

五、实训步骤

1．准备工作

（1）完成责任区域内的清洁卫生工作，包括体操房、休息区、更衣室和洗浴间等。

（2）检查哑铃、踏板和软垫等有无损坏并摆放整齐。

（3）准备好为客人提供的各种用品和相关服务用具。

2．迎宾工作

（1）客人到来时，服务员应面带微笑，主动、热情地问候客人。

（2）询问客人要求，向客人介绍不同的健身项目及收费标准等，为客人办理消费手续。

（3）为客人发放更衣柜钥匙，并指示更衣室方位。

3．体操房服务

（1）协助健身教练为客人进行体能、体质测试及体形测量，根据客人健身目标和要求提出建议方案和锻炼计划。

（2）保持洗浴间的整洁，及时收拾香皂头、杂物，清洁摆放洗浴用品的台面、皂碟。

（3）保持卫生间的清洁，及时更换纸篓中的垃圾袋，清洁坐便器，补充厕纸，喷洒除味剂。

（4）保持更衣室的清洁，及时收拾香皂头、杂物和拖鞋，发现更衣柜上有遗留的钥匙时，应及时交服务台并做好登记，以便客人遗失物品时查询。

（5）保持休息区的整洁，及时为客人更换烟灰缸、添加饮料等。

（6）每场休息时，服务员要立即将客人用过的软垫等清洁干净并归放原位。

（7）客人在健身过程中若出现扭伤等情况，服务员要及时给予简单救治。

4．送别客人

（1）客人离开时，检查有无客人遗留物品，提醒客人将更衣柜钥匙等交回服务台。

（2）送客人至门口并礼貌地向客人道别。

（3）检查健身器材有无损坏，清洁干净并归放原位，清洁整理休息区、更衣室等。

（4）对场地进行彻底清理，将卫生状况恢复到营业标准，准备迎接下一批客人的到来。

5．结账服务

（1）客人消费结束时，服务员应当检查客用设备是否完好，提醒客人带好随身物品，并帮助客人戴上首饰，请客人到收银台结账。

（2）如果客人要求挂账，收银员要请客人出示房卡并与前台收银处联系，待确认后请客人签字并认真核对客人的笔迹；如果未获前台收银处同意或者认定笔迹不一致，则请客人以现金结账。

（3）礼貌地向客人道别，并欢迎客人下次光临。

六、注意事项

（1）服务员提前到岗，检查场地清洁卫生，如有不洁，立即打扫。

（2）当客人要体操健身并要求辅导时，服务员应主动示范。
（3）收款或挂账应及时、准确。

项目六　保健养生类项目服务实训

保健即保护健康，亦指为保护和增进人体健康、防治疾病，医疗机构所采取的综合性措施。养生指合理选用养精神、调饮食、练形体、慎房事、适寒温等保健方法，通过长期的锻炼和修习，达到保养身体、减少疾病、增进健康、延年益寿之目的的技术和方法。简而言之，所有促进健康、延长寿命的活动都是养生活动。

任务一　理疗服务

理疗学是一门既古老又年轻的学科，公元前7000年的石器时代，当时原始人利用阳光、砭石、石针、水和按摩等治疗疾病，维护健康。我国以及古希腊、古埃及、古罗马的早期文献就已记载了阳光、热水浴、冷水浴、体操、按摩、拔火罐（见图 7-11）等有防治疾病的作用。理疗是利用人工或自然界物理因素作用于人体，使之产生有利的反应，达到预防和治疗疾病之目的的方法，是康复治疗的重要内容。理疗服务在酒店康乐部里占有重要的位置，能帮助客人消除疲劳、舒缓心情。

图 7-11　拔火罐

一、实训目的

服务仪态端庄大方；接待服务主动、热情；动作规范、标准，能适时配合理疗师的工作。

二、实训场地及物品准备

（1）实训场地：理疗实训室。
（2）物品准备：饮料单、托盘、水杯、圆珠笔、计分表、登记表、毛巾。

三、实训内容

（1）准备工作。做好区域卫生和物品准备，准备迎接客人。

（2）迎宾工作。微笑服务，真挚、诚恳。

（3）理疗时的服务。熟悉各项理疗程序，协助理疗师工作。

（4）结账服务。熟悉结账程序，送别客人、提醒服务。

四、实训方法

（1）教师示范讲解。

（2）分组进行模拟演练，教师指导。

（3）分为客人组和服务组进行实际操作，教师督导。

（4）综合训练后进行测试，按 A、B、C 三个等级评定。对出现的问题给予纠正并进行正确示范。

五、实训步骤

1．准备工作

（1）检查个人卫生及仪容仪表。

（2）教师示范讲解，并带领复习理疗的基本知识。

（3）根据客人预订的理疗项目，检查理疗室的设施设备，保持各种设施设备完好。

（4）准备好为客人提供的各种物品，备好卫生专用品。

2．迎宾工作

（1）客人到来时，服务员应面带微笑，主动、热情地问候客人。

（2）询问客人要求，向客人介绍收费标准等，为客人办理消费手续。

（3）分发更衣柜钥匙或理疗专用衣，并提醒客人保管好更衣柜钥匙，重要物品到服务台免费寄存。

3．理疗时的服务工作

（1）待客人更衣后，将客人引领至理疗室，为客人取毛巾，并帮其盖好。

（2）询问客人需要，为其准备小水果或告之自取的地点，帮客人打开电视机，调好声音，把电视遥控器放在客人右手边。

（3）将客人基本情况向理疗师做简单介绍。

（4）在客人理疗过程中主动征求客人意见，了解客人感受。

（5）与理疗师保持联系，有情况及时沟通。

（6）理疗结束后，帮助客人穿好衣服及整理发饰，并征询客人意见。

4．送别客人

（1）客人离开时，提醒客人带好随身物品，检查有无客人遗留物品。

（2）送客人至门口并礼貌地向客人道别。

（3）检查理疗设备有无损坏，清洁干净并归放原位，准备迎接下一位客人的到来。

5．结账服务

（1）客人消费结束时，服务员应当检查客用设备是否完好，提醒客人带好随身物品，请客人到收银台结账。

（2）如果客人要求挂账，收银员要请客人出示房卡并与前台收银处联系，待确认后请客人签字并认真核对客人的笔迹；如果未获前台收银处同意或者认定笔迹不一致，则请客人以现金结账。

（3）礼貌地向客人道别，并欢迎客人下次光临。

六、注意事项

（1）服务员提前到岗，检查场地清洁卫生，如有不洁，立即打扫。

（2）与理疗师保持联系，及时沟通，如有个人解决不了的情况，及时报告管理人员。

（3）检查理疗设备有无损坏，清洁干净并归放原位。

（4）收款或挂账应及时、准确。

任务二　足疗服务

足疗（见图 7-12）历史悠久，在中医文化中散发着独有的光彩。它源于我国远古时代，是人们在长期社会实践中的知识积累和经验总结，至今已有 3 000 多年的历史。

足疗能使局部血管扩张，末梢神经兴奋，血液循环加快，新陈代谢增强。如能长期坚持，不仅有保健作用，还对神经衰弱引起的头晕、失眠、多梦等症状有较好的疗效。而在泡脚的同时持续刺激穴位按摩，加中药泡脚粉又可达到养生保健及治病的目的。

因此现代酒店康乐部中多设有足疗服务，满足客人劳顿之后休息、养生的需要。

图 7-12　足疗

一、实训目的

仪容仪表整洁，接待服务主动热情；动作规范；能及时配合足疗师的工作。

二、实训场地及物品准备

（1）实训场地：足疗服务实训室。

（2）物品准备：毛巾、水杯、托盘、笔、预约登记表。

三、实训内容

（1）准备工作。做好区域卫生和物品准备，准备迎接客人。
（2）迎宾工作。微笑服务，真挚、诚恳。
（3）足疗时的服务。熟悉足疗程序，并能协助足疗师的工作。
（4）结账服务。熟悉结账程序，送别客人、提醒服务。

四、实训方法

（1）教师先示范讲解。
（2）分组进行模拟演练，教师指导。
（3）学生分析实训中出现的问题，教师督导。
（4）分客人组和服务组进行实际操作，教师综合评价，按 A、B、C 三个等级评定。对出现的问题给予纠正并进行正确示范。要求被评定为 C 等的组重新演练。

五、实训步骤

1．准备工作

（1）检查个人卫生及仪容仪表。
（2）教师示范讲解，并带领复习足疗的基本知识。
（3）根据客人预订的足疗项目，检查足疗室的设施设备，保持各种设施设备完好。
（4）准备好足疗按摩盆及客人选用的药液、足部按摩膏和服务用的毛巾。
（5）调节好足疗室的灯光、空调。

2．迎宾工作

（1）客人到来时，服务员应面带微笑，主动、热情地问候客人。
（2）将客人引领至足疗按摩室，为客人奉上茶水和小食品。
（3）为客人登记，并请客人换穿拖鞋，提醒客人保存好号码牌。
（4）询问客人要求，向客人介绍收费标准等，为客人办理消费手续。
（5）根据客人需要安排其他服务员给客人提供擦鞋服务。

3．足疗时的服务工作

（1）事先准备好客人所需的药液，足疗师按摩前先请客人进行足浴，注意水温控制在40～50℃之间，水深以大致能把脚踝全部淹没为佳，浸泡 8 分钟左右。
（2）足疗按摩前，主动询问客人的需求及用何种手法。
（3）将客人基本情况向足疗师做简单介绍。
（4）在客人足疗过程中勤于征求客人意见，了解客人感受。
（5）与足疗师保持联系，有情况及时沟通。
（6）足疗结束后，送上赠送的袜子，征询客人意见，为客人的茶水续杯，请客人稍事休息。

4. 结账服务

（1）客人消费结束时，服务员应当检查客用设备是否完好，提醒客人带好随身物品，请客人到收银台结账。

（2）如果客人要求挂账，收银员要请客人出示房卡并与前台收银处联系，待确认后请客人签字并认真核对客人的笔迹；如果未获前台收银处同意或者认定笔迹不一致，则请客人以现金结账。

（3）礼貌地向客人道谢。

5. 送别客人

（1）客人离开时，提醒客人带好随身物品，检查有无客人遗留物品。

（2）送客人至门口并礼貌地向客人道别。

（3）检查足疗设备有无损坏，清洁干净并归放原位，准备迎接下一位客人的到来。

六、注意事项

（1）服务员提前到岗，检查场地清洁卫生，如有不洁，立即打扫。

（2）根据客人需要适当调整服务重点，如足浴的时间可适当延长，足疗师按摩手法的轻重等。

（3）收款或挂账应及时、准确。

任务三　保健按摩服务

从性质上来说，按摩是一种物理的治疗方法；从治疗上来说，按摩可分为保健按摩、运动按摩和医疗按摩。保健按摩（见图 7-13）是以中医的脏腑、经络学说为理论基础，并结合西医的解剖和病理诊断，用手法作用于人体体表的特定部位以调节机体生理、病理状况，达到理疗目的的方法。

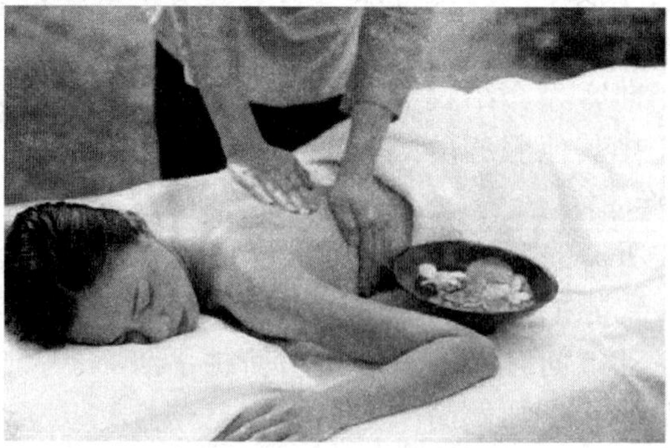

图 7-13　保健按摩

在酒店康乐服务中，按摩服务多以保健按摩为主，以帮助客人达到舒活筋骨、减轻压力、消除疲劳、调节体内激素、健美防衰、延年益寿等目的。

一、实训目的

仪容仪表整洁大方，接待服务主动热情，服务过程中能准确把握客人的消费心理；操作熟练规范，能适时配合按摩师的工作。

二、实训场地及物品准备

（1）实训场地：按摩服务实训室。
（2）物品准备：毛巾、水杯、托盘、账单、笔、预约登记表。

三、实训内容

（1）准备工作。做好区域卫生和物品准备，准备迎接客人。
（2）迎宾工作。微笑服务，真挚、诚恳。
（3）按摩时的服务。熟悉按摩服务程序，并能协助按摩师的工作。
（4）结账服务。熟悉结账程序，送别客人。

四、实训方法

（1）按 8 人一组进行模拟训练，教师先讲解再示范。
（2）角色扮演，将学生分为客人组、服务组进行实际操作，教师督导。
（3）综合训练后进行测试，按 A、B、C 三个等级评定。对出现的问题给予纠正并进行正确示范。

五、实训步骤

1．准备工作

（1）检查个人卫生及仪容仪表，精神饱满地迎接服务工作。
（2）教师示范讲解，并带领复习按摩的基本知识。
（3）根据客人预订的按摩项目，检查按摩室的设施设备，保持各种设施设备完好。
（4）准备好按摩卫生专用品、按摩用品，做好按摩室及按摩设施的清洁卫生工作。
（5）调节好按摩室的灯光、空调。

2．迎宾工作

（1）面带微笑，主动、热情地问候客人，对常客、回头客至少能够称呼其姓氏或头衔。

（2）观察客人，如果是酒后神志不清、精神不正常、年老体弱及孕妇，原则上说服客人不宜按摩。

（3）如果客人有预订，应迅速查找预约登记表中预订客人的姓名，为客人登记，并安排按摩师到岗。

（4）对于初次到达的客人，主动介绍服务项目，耐心询问客人要求，向客人推荐其合适的服务项目。

（5）向客人说明收费标准，为客人办理消费手续。

（6）分发更衣柜钥匙，并引导客人更衣，提醒客人保存好更衣柜钥匙，提醒客人贵重物品到服务台免费寄存。

（7）根据客人需要安排其他服务员给客人提供擦鞋服务。

（8）将客人引领至按摩室，为客人奉上茶水和小食品，播放舒缓的背景音乐。

3．按摩时的服务工作

（1）将客人引领至准备好的按摩床，并协助客人躺下，为其盖好毛巾。

（2）按摩前，主动询问客人的意见及需用何种手法。

（3）将客人基本情况向按摩师做简单介绍。

（4）在客人按摩过程中勤于征求客人意见，了解客人感受。

（5）与按摩师保持联系，有情况及时沟通。

（6）按摩结束后，帮助客人穿好衣服及整理发饰，并征询客人意见，为客人的茶水续杯，请客人稍事休息。

4．结账服务

（1）客人消费结束时，事先准备好账单，服务员应检查客用设备是否完好，提醒客人带好随身物品，请客人到收银台结账。

（2）如果客人要求挂账，收银员要请客人出示房卡并与前台收银处联系，待确认后请客人签字并认真核对客人的笔迹；如果未获前台收银处同意或者认定笔迹不一致，则请客人以现金结账。

（3）双手接过客人交回的更衣柜钥匙。

（4）礼貌地向客人道谢。

5．送别客人

（1）客人离开时，提醒客人带好随身物品，检查有无客人遗留物品。

（2）送客人至门口并礼貌地向客人道别。

（3）检查按摩设备有无损坏，清洁干净并归放原位，准备迎接下一位客人。

六、注意事项

（1）服务员提前到岗，检查场地清洁卫生，如有不洁，立即再次打扫。

（2）熟悉按摩室内各项设施的功能，并能向客人介绍服务设施的使用方法及注意事项。

（3）收款或挂账应及时、准确。

模块八
常见酒水服务技能实训

酒吧服务是指酒吧服务人员以酒吧产品为媒介，通过酒吧服务员的标准服务技能或职业语言带给宾客视觉享受和心理体验的服务过程。酒吧服务是酒吧营销额的一个有力保证，酒吧服务质量高、服务标准，消费者才能感到物有所值，乐于光顾。优质的服务可以让消费者感到快乐、充实，产生“宾至如归”的感觉，从而成为酒吧“永远的客人”，通过其“口碑效应”还能够给酒吧带来源源不断的新客源，使酒吧在竞争激烈的市场环境下，保持永久的竞争力，立于不败之地。

项目一　酒吧服务实训

一、实训目的

了解酒吧不同岗位的岗位要求，掌握各岗位的服务程序和服务标准。

二、实训方法

教师示范，分组练习。

三、实训步骤

1. 酒吧迎宾服务

（1）迎宾服务。客人到达酒吧时，服务员应主动热情地问候“您好”“晚上好”。

（2）领位服务。引领客人到其喜爱的座位入座。单个客人喜欢到吧台前的吧椅就座，对两位以上的客人，服务员可领其到小圆桌就座并协助拉椅，遵照女士优先的原则。

2. 为客人点酒服务

（1）客人入座后服务员应马上递上酒水单，稍等片刻后，服务员或调酒师再询问客人喜欢喝什么酒水。

（2）服务员应向客人介绍酒水和鸡尾酒的品种，并耐心回答客人的有关提问。

（3）开单后，服务员要向客人重复一遍所点酒水的名称、数目，以免出错。

（4）服务员要记住每位客人所点的酒水，以免送酒时送错。

（5）酒水单一式三联，填写时要写清日期、台号、酒水品种、数量、经手人及客人的特殊要求等。第一联交收银台记账，第二联由收银员盖章后交吧台取酒水，第三联由调酒师保存。

（6）坐在吧台前吧椅上的客人由调酒师负责点酒（同样也应填写点酒单）。

3．为客人调酒服务

（1）调酒师接到点酒单后要及时调酒。

（2）调酒时要注意姿势正确，动作潇洒，自然大方。

（3）调酒师调酒时，应始终面对客人，去陈列柜取酒时应侧身而不要转身，否则被视为不礼貌。

（4）严格按配方要求调制，若客人所点的是酒水单上没有的，应征询客人的意见而决定是否更换。

（5）调酒师调酒时要按规范操作。

（6）调制好的酒应尽快倒入杯中，对吧台前的客人应倒满一杯，其他客人斟倒八成满即可。若要斟一杯以上的酒，应将酒杯整齐排列在吧台上，然后由左至右斟倒，使各杯的酒水浓度均匀。

（7）随时保持吧台及操作台的卫生，用过的酒瓶应及时放回原处，调酒工具应及时清洗。

（8）当吧台前的客人杯中的酒水不足 1/3 时，调酒师可建议客人再来一杯，起到推销的作用。

（9）掌握好调制各类饮品的时间，不要让客人久等。

4．为客人送酒服务

（1）应将调制好的饮品用托盘从客人的右侧送上。

（2）送酒时应先放好杯垫和免费提供的佐酒小吃，递上餐巾后再上酒，同时报出饮品的名称并说“这是您的××，请慢用”。

（3）要巡视自己负责的服务区域，及时撤走桌上的空杯、空瓶（听），并按规定要求撤换烟灰缸。

（4）适时向客人推销酒水，以提高酒吧的营业收入。

（5）在送酒服务过程中，应注意轻拿轻放，手指不要触及杯口，处处显示礼貌卫生习惯。

（6）如果客人点了整瓶酒，要按示酒、开酒、试酒、斟酒的服务程序为客人服务。

5．给客人验酒服务标准

（1）取酒。酒从酒库取出，在拿给客人验酒之前，均需将每只酒瓶擦拭干净，仔细检查缺点并进行弥补后，再拿到餐桌上给客人验酒。

给客人验酒是酒吧服务中的重要内容。假如拿错了酒，验酒时经客人发现，可立即更换，否则未经同意而擅自开酒，也许会遭到退回的损失。不管客人对酒是否熟悉，均应切实做到验酒不可疏漏，这种做法也体现了对客人的尊敬。

（2）白葡萄酒验酒。供应白葡萄酒应置于小冰桶中，上面用干净叠好的餐巾盖着，放置在点酒客人右侧的小圆几上面，把酒瓶取出，用双手托着白葡萄酒瓶，标签要面向客人，使其过目验酒，左手以餐巾托酒瓶以防水滴，右手用拇指与食指捏牢瓶颈，经客人认可后，再度放入冰桶，供其饮用。

（3）红葡萄酒验酒。供应红葡萄酒的温度与室温相同，淡红酒可稍加冷却，可利用美观别致的酒篮盛放。红酒因陈年常会有沉淀，要小心端上餐桌，不要上下摇动。先行给客人验酒认可，然后将酒篮平放在客人的右侧，供其饮用。

6．斟酒服务

（1）一倒法。正确的做法是，开启酒瓶后，可先闻一下瓶塞（因有时瓶塞会腐烂），使客人产生“是好酒”的印象。斟酒前将酒瓶口擦拭干净，手持酒瓶时要小心，勿振荡起瓶中的沉淀。以标签对着客人，先斟少许在主人或点酒的客人杯中请其尝试，经同意后再进行斟酒。酒杯放在桌上，不要举起，且不斟过 3/4，最好半杯多一点。倒红酒时，瓶口尽量靠近杯沿慢慢地倒。收瓶的要领是：当酒瓶将离开酒杯昂起时，慢慢将瓶口向右上转动，如此才不会使留在瓶口边缘的酒液滴下弄污桌布。

陈年的红葡萄酒需装在特别的酒篮里，避免搅乱沉淀，要保持平稳。为了尽量少晃动酒瓶，可把杯子从桌上拿起，瓶口靠紧杯沿慢慢地斟倒。

倒白酒时，酒瓶从冰桶取出时须先擦净瓶上的水分，直接倒进餐桌上的酒杯中，勿用手去拿酒杯，以免手温加热酒杯，影响冷却的效果。斟酒时从杯沿开始倒，再逐渐抬高酒瓶到离杯 10 厘米处结束。

（2）两倒法。对于起泡的葡萄酒或香槟酒以及啤酒类，斟酒时采用两倒法。两倒法包含有两次动作。初倒时，酒液冲到杯底会激起很多的泡沫，等泡沫约达酒杯边缘时停止倾倒，稍待片刻，至泡沫下降后再倒第二次，继续斟至 2/3 或 3/4 杯。斟酒不能太快，切忌把酒中的二氧化碳冲起来以致泡沫溢出杯外。每次斟满所有的酒杯后，将酒仍置回冷处或冰桶中，以保持发泡性酒的冷度，并可防止发泡。

斟香槟酒所用的酒杯事先必须干燥，换言之，酒要冷，酒杯不冷，而且盛香槟酒的酒杯中不能加冰块。

倒啤酒的最佳方法是斜倾酒杯，顺着杯壁慢慢地斟，这是缩短瓶口“冲着点”的距离，冲力减弱，就没有气泡发生。到了半杯程度，渐执正酒杯，第二次注入酒水的正中，在表面冲起一层泡沫，但勿使其溢出酒杯，这一层泡沫有保持酒液中二氧化碳的作用。要领是：起初慢慢地斟，中途略猛地斟，最后是轻轻地斟。另外，补斟的酒不好喝，必须喝光再重新斟满。

（3）斟酒的礼节。依惯例先倒入约 1/4 的酒在主人杯中，以表明此酒正常，等主人品尝嘉许后，再开始给全桌斟酒。斟酒时由右方开始（按逆时针方向），先斟满女客酒杯，后斟满男客酒杯。如是宴会团体，则先给坐在主人右边的客人斟酒，最后给主人斟满再退回（这也是再斟酒时的顺序），或将酒瓶传递请其自斟。无论如何，当客人酒杯全部斟满后，才能斟满主人酒杯。只有在斟啤酒及起泡葡萄酒或陈年红葡萄酒时，才可以把酒杯拿到手上而不失礼。

如客人同时饮用两种酒时，不能在同一酒杯中斟入两种不同种类的酒；不能向邻桌斟酒；已开的酒瓶，应置于主人右侧。空瓶不必尽快移去，酒瓶也是一种装饰品，能增加餐桌气氛。

7．为客人结账服务

（1）客人示意结账时，应立即到收银台处取账单。

（2）取回账单后，要认真核对台号，酒水的品种、数量，金额，查看是否准确。

（3）确认无误后，要将账单放在账单夹中用托盘送至客人面前，并有礼貌地说："这是您的账单。"将找回的零钱给客人的同时，要向客人道谢，并欢迎客人下次光临。

项目二　茶水服务实训

任务一　茶艺基本知识认知实训

● **任务描述**

了解茶艺的分类方法、饮用方式、泡茶茶具、饮茶茶具及冲泡基本程序等。

● **相关知识**

一、茶叶的分类

1．按茶的颜色分

分为绿茶、红茶、青茶、白茶、黄茶、黑茶。

2．按茶的加工方法分

（1）基本茶类。

茶叶鲜叶采摘后经过不同的加工方法，制成品质不同的茶类，称为基本茶类。包括绿茶、红茶、白茶、黄茶、青茶和黑茶。基本茶类分为毛茶和精茶。

各种茶叶经初制后的成品，统称为毛茶，其外形比较粗放。

毛茶再经精制的程序，成为形状整齐与品质划一的成品，称为精茶。

（2）再加工茶。

以基本茶类为原料，经过再加工制造，使茶叶的基本质量、性状发生变化而形成的茶，称为再加工茶，常见的有花茶、紧压茶、萃取茶、茶饮料和药用保健茶等。

3．按采摘时间分

按采摘时间，茶可分为春茶、夏茶、秋茶、冬茶等。

4．按发酵程度分

按发酵程度，茶可分为不发酵茶（绿茶）、半发酵茶、全发酵茶（红茶）。

二、几种主要茶的种类及特征

1．绿茶

绿茶是历史最悠久的茶类，也是我国产量最大的茶类，又称不发酵茶。绿茶是以茶树新梢为原料，经杀青、揉捻、干燥等典型工艺过程制成的茶叶。其干茶色泽和冲泡后的茶汤、叶底以绿色为主调，故而得名。

绿茶较多地保留了鲜叶内的天然物质。其中茶多酚、咖啡因保留鲜叶的85%以上，叶绿素保留50%左右，维生素损失也较少，从而形成了绿茶“清汤绿叶，滋味收敛性强”的特点。科学研究结果表明，绿茶中保留的天然物质成分，对防衰老、防癌、抗癌、杀菌、消炎等均有特殊效果，为其他茶类所不及。中国绿茶中，名品最多，不但香高味长，品质优异，且造型独特，具有较高的艺术欣赏价值。绿茶按其干燥和杀青方法的不同，一般分为炒青绿茶、烘青绿茶、晒青绿茶和蒸青绿茶。

2．红茶

红茶是一种经过萎凋、揉捻、发酵、干燥等工艺处理的茶叶，特别是经过发酵工艺，使茶叶的内含成分发生了一系列的生物化学变化，构成了红茶、红汤、红叶的品质特色。由于发酵后绿叶变红叶，故称红茶，又称发酵茶。红茶的品质风格与绿茶迥然不同，绿茶以保持天然绿色为贵，而红茶则以红艳为上。红茶是当前世界上产量最多、销路最广、销量最大的一种茶类。我国红茶按制法和产品品质不同，分为小种红茶、功夫红茶和红碎茶三类。

3．乌龙茶

乌龙茶也称青茶、半发酵茶，是我国几大茶类中独具鲜明特色的茶叶品类。乌龙茶综合了绿茶和红茶的制法，品质介于二者之间，既有红茶的浓鲜味，又有绿茶的清香，饮后齿颊留香，回味甘鲜，素有“绿叶红镶边”的美誉。乌龙茶的药用作用主要突出在分解脂肪、减肥健美等方面。在日本，乌龙茶被称为“美容茶”“健美茶”。

乌龙茶的主要品种有：福建乌龙，如武夷岩茶、安溪铁观音、闽北水仙、安溪黄金桂、大红袍等；广东乌龙，如凤凰单丛茶、岭头单丛茶等；台湾乌龙，如冻顶茶、文山包种茶、台湾乌龙茶等。

4．黄茶

在炒青绿茶的过程中，人们发现，由于杀青、揉捻后干燥不足或不及时，叶色即变黄，于是产生了新的品类——黄茶。黄茶的品质特点是“黄汤黄叶”，这是制茶过程中进行闷黄的结果。黄茶的制作与绿茶有相似之处，不同点是多一道闷堆工序。这个闷堆过程是黄茶制法的主要特点，也是它同绿茶的基本区别。绿茶是不发酵的，而黄茶属于发酵茶类。黄茶依原料芽叶的嫩度和大小可分为黄芽茶、黄小茶和黄大茶三类。

黄芽茶主要有君山银针、蒙顶黄芽和霍山黄芽；黄小茶主要有北港毛尖、沩山毛尖、远安鹿苑茶、皖西黄小茶、浙江平阳黄汤等；黄大茶有安徽霍山、金寨、六安、岳西和湖北英山所产的黄茶和广东大叶青等。

5．白茶

白茶属轻微发酵茶，是我国茶类中的特殊珍品。因其成品茶多为芽头，满披白毫，如银似雪而得名。白茶的历史悠久，其清雅芳名的出现迄今已有880余年了。它的主要品种有白牡丹、白毫银针。

白茶的制作工艺一般分为萎凋、干燥两道工序，而其关键是在于萎凋。萎凋分为室内萎凋和室外萎凋两种，要根据气候灵活掌握，春秋晴天或夏季不闷热的晴朗天气，采取室内萎凋或复式萎凋为佳。其精制工艺是在剔除梗、片、蜡叶、红张、暗张之后，以文火进行烘焙至足干，只宜以火香衬托茶香，待水分含量为4%～5%时，趁热装箱。白茶制法的特点是既不破坏酶的活性，又不促进氧化作用，且保持毫香显现，汤味鲜爽。

6．黑茶

黑茶在鲜叶选料、工艺流程和色泽、品质的要求上，都具有其独特的标准与风味，形成了同其他茶类不同，独占一个“黑”字的茶类。在加工成团块的工程中，要经过 20 多天的湿性堆积，所以毛茶的色泽由绿逐渐变黑。成品团块茶叶的色泽为黑褐色，并形成了茶品的独特风味，这就是黑茶的由来。

黑茶的采摘标准多为一芽五至六叶，叶粗梗长。其制作基本工艺流程是高温杀青—揉捻—堆积做色—干燥。由于黑茶一般原料较粗老，加之制造过程中往往堆积发酵时间较长，因而茶色黝黑或黑褐，故称黑茶。黑茶因产区和工艺上的差别，有湖南黑茶、湖北老青茶、四川边茶和滇桂黑茶之分。而其中云南黑茶是用滇青毛茶经潮水沤堆发酵后干燥而成的，统称为普洱茶，普洱散茶是黑茶类中独具浓醇陈香的品种。

三、泡茶用水、投茶量及泡水温度

1．水的选择

一般认为泡茶以泉水为上，江水次之，井水为下。

2．茶叶用量

如果冲泡绿茶、红茶，茶与水的比例大致为 1:50～60，也就是每杯放 3 克左右的茶叶，加入 150～180 毫升水。饮用普洱茶，每杯放 5～10 克。用茶最多的是乌龙茶，几乎为容积的一半。

3．泡水温度

（1）冲泡高级绿茶，一般以 80℃左右为宜。茶叶越嫩、越绿，水温越低，这样泡出的茶嫩绿明亮，滋味鲜爽，维生素也较少破坏。

（2）泡饮各种花茶、红茶和低档绿茶，要用 100℃的沸水泡。因为水温低，渗透性差，茶中有效成分浸出较少，味道淡薄。

（3）泡饮乌龙茶、普洱茶，每次用茶量多，茶叶粗老，须用 100℃的沸水冲泡。

任务二　不同茶叶种类的识别

一、实训目的

使学生能成功地辨识出不同茶类，以达到实操知识和理论知识的融会贯通。

二、实训要求

（1）尽量统一着装，如果不能统一着装，应着装整洁，注重仪容仪表，穿戴合乎标准。
（2）应注意茶艺操作规范。
（3）应注意各种礼仪规范，要使用礼貌用语。
（4）应注意认真领会实操目的和实操内容。
（5）遵守纪律，爱护公物。

三、实训内容

1．选择绿茶一款

例如选择西湖龙井，通过外形特征、香气特征、滋味特征、汤色特征和叶底特征进行辨别。

2．选择红茶一款

例如选择祁门红茶，通过外观形状、外观色泽、香气、汤色、滋味、冲次、叶底等特征进行辨别。

3．选择乌龙茶一款

例如选择武夷岩茶，通过外观形状、外观色泽、香气、汤色、滋味、冲次、叶底等特征进行辨别。

4．选择黄茶一款

例如选择君山银针，通过外观形状、外观色泽、香气、汤色、滋味、冲次、叶底等特征进行辨别。

5．选择白茶一款

例如选择白牡丹，通过外观形状、外观色泽、香气、汤色、滋味、冲次、叶底等特征进行辨别。

6．选择黑茶一款

例如选择普洱茶，通过外观形状、外观色泽、香气、汤色、滋味、冲次、叶底等特征进行辨别。

四、实训考核内容及方法

1．考核内容

（1）撰写实训报告，写出通过本次实操掌握了哪些知识，收获了什么等，要求内容合理、全面、真实。

（2）实操记录的完整性，完成实操的量及熟练程度、实操态度等。

2．考核方法

（1）达到实验管理规定基本要求者，成绩可记合格。

（2）较好完成实验任务，成绩可记良好。

（3）圆满完成实验任务，有突出成绩，成绩记为优秀。

（4）实验不合格认定：未完成实验 90%的，未提交实训报告者。

任务三　茶艺服务基本礼仪实训

一、实训目的

了解茶艺人员仪容仪态及常见服务用语，并能正确应用。

二、实训准备

茶艺实训室、椅子、笔记。

三、实训要求

作为茶艺人员，应该具有较高的文化修养、得体的行为举止，熟悉和掌握茶文化知识以及泡茶技能，做到以神、情、技动人。也就是说，无论在外形、举止乃至气质上，都有较高的要求。

1．仪容要求

（1）得体的着装。茶的本性是恬淡平和的，因此，茶艺人员着装以整洁大方为好，不宜太鲜艳。女性切忌浓妆艳抹，大胆暴露；男性也应避免乖张怪诞，如留长发、穿乞丐装等。总之，无论是男性还是女性，都应仪表整洁，举止端庄，要与环境、茶具相匹配，言谈得体，彬彬有礼，体现出内在文化素养。

（2）整洁的发型。要求发型原则上要适合自己的脸型和气质，给人一种舒适、整洁、大方的感觉，不论长短，都要按泡茶时的要求进行梳理。

（3）优美的手型。作为茶艺人员，首先要有一双纤细、柔嫩的手，平时注意适时地保养，随时保持清洁、干净。

（4）姣好的面容。茶艺表演是淡雅之事，脸部的化妆不要太浓，也不要喷味道强烈的香水，否则茶香易被破坏，从而破坏了品茶时的感觉。

（5）优雅的举止。一个人的个性很容易从泡茶的过程中表露出来。可以借着姿态动作的修正，潜移默化地感染一个人的心情。做茶艺时要注意两件事：一是将各项动作组合的韵律感表现出来；二是将泡茶的动作融进与客人的交流中。

2．服务姿态

在茶艺活动中，要走有走相，站有站相，坐有坐相。

（1）茶艺人员的走姿。如是女性，行走时脚步须成一直线，上身不可摇摆扭动，以保持平衡。同时，双肩放松，下颌微收，两眼平视，并将双手虎口交叉，右手搭在左手上，提放于身前，以免行走时摆幅过大。若是男士，双臂可随两腿的移动，做小幅自由摆动。当来到客人面前时应稍倾身，面对客人，然后上前完成各种冲泡动作。结束后，面对客人，后退两步倾身转弯离去，以表示对客人的恭敬。

（2）茶艺人员的站姿。在泡茶过程中，有时因茶桌较高坐着冲泡不甚方便，也可以站着泡茶。即使是坐着冲泡，从行走到下座之间，也需要有一个站立的过程。这个过程，也许是茶艺人员给客人的“第一印象”，显得格外重要。站立时需做到双腿并拢，身体挺直，双肩放松，两眼平视。女性应将双手虎口交叉，右手贴在左手上，并置于身前；男士同样应将双手虎口交叉，但要将左手贴在右手上，置于身前，而双脚可呈外八字稍作分开。上述动作应随和自然，避免生硬呆滞。

（3）茶艺人员的坐姿。茶艺人员坐在椅子上，要全身放松，端坐中央，使身体重心居中，保持平稳。同时，双腿并拢，上身挺直，切忌两腿分开，或一腿搁在另一腿上，不断抖动。另外，应头部上顶，下颌微作收敛。如果是女性，可将双手手掌上下相搭，平放于两腿之间；而男士则可将双手手心平放于左右两边大腿的前方。

3．言谈得体

进行茶艺活动时，通常主客一见面，茶艺人员就应落落大方又不失礼貌地自报家门，最常用的语言有“大家好！我叫××，很高兴能为大家泡茶！有什么需要我服务的，请大家尽管吩咐”。冲泡开始前，应简要地介绍一下所冲泡的茶叶名称，以及这种茶的文化背景、产地、品质特征、冲泡要点等。但介绍内容不能过多，语句要精炼，用词要准确。否则，会冲淡气氛。在冲泡过程中，对每道程序用一两句话加以说明，特别是对一些带有寓意的操作程序，更应及时指明，起到画龙点睛的作用。当冲泡完毕，客人还需要继续品茶，而茶艺人员得离席时，不妨说“对不起！我可以离开一会儿吗”这种征询式的语言，显示对客人的尊重。

总之，在茶艺活动中，茶艺人员须做到语言简练、语意正确、语调亲切，使饮者真正感受到饮茶是一种高雅的享受。

4．服务用语

（1）迎宾语：“您好，请进！“请问您几位？”“坐大堂还是雅间？”

（2）“请看茶单，请问您喝什么茶？”

（3）“现在可以泡茶了吗？”

（4）“请问各位喜欢喝口味浓点的，还是一般的？”

（5）“请慢品，如果有事，请按呼叫器。”

（6）送客语：“您慢走，欢迎再次光临。”

任务四 绿茶茶艺实训

一、实训目的

掌握绿茶的茶艺要点和程序。

二、实训准备

玻璃茶杯；香一支；白瓷茶壶一把；香炉一个；脱胎漆器茶盘一个；开水壶两个；锡茶叶罐一个；茶巾一条；茶道器一套；绿茶每人2～3克。

三、实训步骤

1．第一道——点香：焚香除妄念

俗话说：“泡茶可修身养性，品茶如品味人生。”古今品茶都讲究要平心静气。“焚香除妄念”就是通过点燃一支香来营造一个祥和肃穆的气氛。

2．第二道——洗杯：冰心去凡尘

茶，至清至洁，是天涵地育的灵物，泡茶要求所用的器皿也必须至清至洁。“冰心去凡尘”就是用开水再烫一遍本来就干净的玻璃杯，做到茶杯冰清玉洁，一尘不染。

3．第三道——凉汤：玉壶养太和

绿茶属于芽茶类，因为茶叶细嫩，若用滚烫的开水直接冲泡，会破坏茶芽中的维生素并造成熟汤失味，所以宜用 80℃的开水。“玉壶养太和”是把开水壶中的水预先倒入瓷壶中养一会儿，使水温降至 80℃左右。

4．第四道——投茶：清宫迎佳人

苏东坡有诗云：“戏作小诗君勿笑，从来佳茗似佳人。”“清宫迎佳人”就是用茶匙把茶叶投放到冰清玉洁的玻璃杯中。

5．第五道——润茶：甘露润莲心

好的绿茶外观如莲心，乾隆皇帝把茶叶称为“润心莲”。“甘露润莲心”就是在开泡前先向杯中注入少许热水，起到润茶的作用。

6．第六道——冲水：凤凰三点头

冲泡绿茶时也讲究高冲水，在冲水时水壶有节奏地三起三落，好比是凤凰向客人点头致意。

7．第七道——泡茶：碧玉沉清江

冲入热水后，茶先是浮在水面上，而后慢慢沉入杯底，人们称之为“碧玉沉清江”。

8．第八道——奉茶：仙人捧玉瓶

传说中仙人捧着一个瓶，瓶中的甘露可消灾祛病、救苦救难。茶艺人员把泡好的茶敬奉给客人，意在祝福客人一生平安。

9．第九道——赏茶：春波展旗枪

这是绿茶茶艺的特色程序。杯中的热水如春波荡漾，在热水的浸泡下，茶芽慢慢地舒展开来，尖尖的叶芽如枪，展开的叶片如旗。一芽一叶称为旗枪，一芽两叶称为“雀舌”。在品绿茶之前先观赏在清碧澄净的茶水中，千姿百态的茶芽在玻璃杯中随波晃动，好像生命的绿精灵在舞蹈，十分生动有趣。

10．第十道——闻茶：慧心悟茶香

品绿茶要一看、二闻、三品味，在欣赏“春波展旗枪”之后，要闻一闻茶香。绿茶与花茶、乌龙茶不同，它的茶香更加清幽淡雅，必须用心灵去感悟，才能够闻到春天的气息以及清醇悠远、难以言传的生命之香。

11．第十一道——品茶：淡中品致味

绿茶的茶汤清纯甘鲜，淡而有味，它虽然不像红茶那样浓艳醇厚，也不像乌龙茶那样酽韵醉人，但是只要用心去品，就一定能从淡淡的绿茶香中品出天地间至清、至醇、至真、至美的韵味来。

任务五　红茶茶艺实训

以祁门红茶茶艺为例。

一、实训目的

掌握祁门红茶茶艺要点和程序。

二、实训准备

主要用具准备：瓷质茶壶、公道杯、品茗杯（以青花瓷、白瓷茶具为好）、闻香杯、茶样罐、赏茶盘、茶荷、茶巾、茶道组合、茶盘、热水壶及风炉（电炉或酒精炉皆可）。

三、实训步骤

1．第一道：“宝光”初现

祁门功夫红茶条索紧秀，锋苗好，色泽并非人们常说的红色，而是乌黑润泽。英文称红茶为“black tea”，即因红茶干茶的乌黑色泽而来。请来宾欣赏其色被称为“宝光”的祁门功夫红茶。

2．第二道：清泉初沸

热水壶中用来冲泡的泉水经加热，微沸，壶中上浮的水泡仿佛“蟹眼”已生。

3．第三道：温热壶盏

用初沸之水，注入瓷壶及杯中，为壶、杯升温。

4．第四道：“王子”（祁门功夫红茶也被誉为“王子茶”）入宫

用茶匙将茶荷或赏茶盘中的红茶轻轻拨入壶中。

5．第五道：悬壶高冲

这是冲泡红茶的关键。冲泡红茶的水温要在 100℃，刚才初沸的水，此时已是“蟹眼已过鱼眼生”，正好用于冲泡。而高冲可以让茶叶在水的激荡下充分浸润，以利于色、香、味的充分发挥。

6．第六道：分杯敬客

用循环斟茶法，将壶中之茶均匀地分入每一杯中，使杯中之茶的色、味一致。

7．第七道：喜闻幽香

一杯茶到手，先要闻香。祁门功夫红茶是世界公认的三大高香茶之一，有“茶中英豪”“群芳最”之誉，其香浓郁高长，香气甜润中蕴藏着一股兰花之香。

8．第八道：观赏汤色

红茶的红色表现在冲泡好的茶汤中。祁门功夫红茶的汤色红艳，杯沿有一道明显的“金圈”。茶汤的明亮度和颜色表明红茶的发酵程度和茶汤的鲜爽度。再观叶底，嫩软红亮。

9．第九道：品味鲜爽

闻香观色后即可缓啜品饮。祁门功夫红茶以鲜爽、浓醇为主，与红碎茶浓强的刺激性口感有所不同，其滋味醇厚，回味绵长。

10．第十道：再赏余韵

一泡之后，可再冲泡第二泡茶。

11．第十一道：三品得趣

红茶通常可冲泡三次，三次的口感各不相同，细饮慢品，徐徐体味茶之真味，方得茶之真趣。

12．第十二道：收杯谢客

红茶性情温和，收敛性差，易于交融，因此通常用于调饮。祁门功夫红茶同样适于清饮，清饮更能领略祁门功夫红茶特殊的“祁门香”香气，领略其独特的内质、隽永的回味、明艳的汤色。

任务六　乌龙茶茶艺实训

一、实训目的

掌握乌龙茶茶艺要点和程序。

二、实训准备

紫砂壶、闻香杯、品茗杯、茶荷、茶道、茶床、茶海、茶巾、茶筒、香炉、明炉组、茶托、公道杯、茶漏、壶垫。

三、实训步骤

1．孔雀开屏

在泡茶之前，借“孔雀开屏”这道程序展示典雅精美、工艺独特的功夫茶茶具。

2．活煮山泉

泡茶用山溪泉水为上，用活火煮到二沸为宜。如今多选用的是纯净水。

3．孟臣沐霖

泡乌龙茶讲究温度，所以在泡茶前先把壶的温度提起来，我们把烫洗茶壶称为孟臣沐霖。

4．乌龙入宫

将茶叶拨至壶中，茶叶用量约占壶的1/3。

5．高山流水

泡茶讲究高冲水，在冲水时水壶有节奏的三起三落，好比凤凰盘旋在向您点头致意。

6．春风拂面

用壶盖轻轻推掉壶口的茶沫。乌龙茶讲究“头泡汤，二泡茶，三泡四泡是精华”。功夫茶的第一遍茶汤，一般只用来洗茶，俗称温润泡，亦可用于养壶。

7．重洗仙颜

意喻着第二次冲水，淋浇壶身，保持壶温，让茶叶在壶中充分地释放香韵。

8．游山玩水

功夫茶的浸泡时间非常讲究，过长苦涩，过短则无味，因此要在最佳时间将茶汤倒出。

9．祥龙行雨

取其“甘霖普降”的吉祥之意。

10．珠联璧合

将品茗杯扣于闻香杯上，将香气保留在闻香杯内，称为“珠联璧合”。

11．鲤鱼翻身

中国古代神话传说，鲤鱼翻身跃过龙门可化龙升天而去，这道程序意在跳跃一切阻碍，事业发达。

12．敬奉香茗

“坐酌泠泠水，看煎瑟瑟尘，无由持一碗，敬于爱茶人。”我国为文明古国，礼仪之邦，为尊贵的客人敬奉上一杯香茗乃传统美德，一直沿用至今。

13．喜闻幽香

轻轻提取闻香杯45度，把高口的闻香杯放在鼻前轻轻转动，便可喜闻幽香。高口的闻香杯里如同开满百花的幽谷，随着温度的逐渐降低，可闻到不同的芬芳。

14．三龙护鼎

用大拇指和食指轻扶杯沿，中指紧托杯底，这样举杯既稳重又雅观。

15．鉴赏汤色

鉴赏乌龙茶的汤色，呈金黄、明亮。

16．细品佳茗

第一口玉露初品，茶汤入口后不要马上咽下，而应吸气，使茶汤与舌尖舌面的味蕾充分接触；第二口好事成双，主要品茶汤过喉的滋味是鲜爽、甘醇还是生涩平淡；第三口三品石乳，可一饮而下。

任务七　茉莉花茶茶艺实训

一、实训目的

掌握茉莉花茶茶艺要点和程序。

二、实训准备

盖碗、茶盏、茶盘、茶托、贮茶罐。

三、实训步骤

花茶是诗一般的茶，它融茶之韵与花之香于一体，通过“引花香，增茶味”，花香茶香珠联璧合，相得益彰。

1．第一道——烫杯：春江水暖鸭先知

“竹外桃花三两枝，春江水暖鸭先知”是苏东坡的一句名诗。苏东坡不仅是一个多才多艺的大文豪，而且是一个至情至性的茶人。借苏东坡的这首名诗来描述烫杯。

2．第二道——赏茶：香花绿叶相扶持

赏茶的目的是鉴赏花茶茶胚的形状、颜色和茶叶的香气，闻之使人头脑清醒、心旷神怡。

3．第三道——投茶：落英缤纷玉杯里

“落英缤纷”是晋代文学家陶渊明在《桃花源记》一文中描述的美景。当用茶导把花茶从茶荷中拨进洁白如玉的茶杯时，一片片茶叶飘然而下，恰似“落英缤纷”。

4．第四道——冲水：春潮带雨晚来急

冲泡花茶讲究高冲水。冲泡茉莉花茶时，要用90℃左右的开水。杯中的花茶随水浪上下翻滚，恰似“春潮带雨晚来急”。

5．第五道——闷茶：三才化育甘露美

冲泡花茶要用“三才”杯，“三才”即茶杯盖、杯托、茶杯。茶杯的盖代表天，杯托代表地，中间的茶杯代表人。人们认为茶是“天盖之，地载之，人育之”的灵物。闷茶的过程象征天、地、人共同化育茶的精华。

6．第六道——敬茶：一盏香茗奉知己

向来宾敬茶是中华民族的传统美德，茶道面前，人人平等，敬茶从左至右。

7．第七道——闻香：杯里清香浮清趣

“未尝甘露味，先闻圣妙香。”应用左手托起杯托。女士以食指、中指托着杯托，拇指扣住杯沿，称“彩凤双飞翼”；男士把三个指头并拢称“桃园三结义”。右手轻轻地将杯盖掀开一条缝，从缝隙中去闻香气。

8．第八道——品茶：舌端甘苦入心底

品茶时，右手将杯盖的前沿下压，后沿翘起，从开缝中品茶。品茶时应小口喝入茶汤，使茶汤在舌尖稍事停留，这时轻轻用口吸气，让茶汤在舌面滚动，以便充分与味蕾接触，只有这样才能充分领略花茶所独有的“味轻醍醐，香薄兰芷”的花香与茶韵。

9．第九道——回味：茶味人生皆品悟

人们认为一杯茶中有人生百味，有的人“啜苦可励志”，有的人“咽甘思报国”。无论是苦涩、甘鲜还是平和、醇厚，人们从一杯茶中都会有很多的感悟和联想，所以品茶重在回味。

10．第十道——谢茶：饮罢两腋清风起

这是茶桌上特有的谢茶礼仪。

项目三　咖啡服务实训

咖啡是采用经过烘焙的咖啡豆（咖啡属植物的种子）所制作出来的饮料，通常为热饮，但也有作为冷饮的冰咖啡。咖啡是人类社会流行范围最为广泛的饮料之一。

一、实训目标

熟练掌握咖啡服务流程。

二、实训准备

（1）咖啡杯：根据客人数量准备咖啡杯；确保咖啡杯、垫碟、咖啡勺无遗漏；检查咖啡杯整洁度，要求无水渍、无缺口。

（2）糖奶碟：检查糖奶碟整洁度，要求无水渍、无缺口；确保咖啡糖、奶块质量合格，无破口，干净卫生。

三、实训步骤

1．摆放服务用具

（1）垫碟摆放于客人正前方，咖啡杯倒置于垫碟上，杯把朝右且与客人平行。

（2）咖啡勺放在垫碟内的上方，勺柄朝右。

（3）奶盅、糖盅按每两三人一套摆放在桌子中央，以供客人选用。

2．服务客人

（1）检查煮好的咖啡的温度最好在 80℃以上。

（2）按照“女士优先，先宾后主”的顺序按顺时针方向从客人右侧倒咖啡。

（3）倒咖啡时，咖啡杯不能离开桌面。

（4）巴黎水：巴黎水不得少于水杯的 1/3。加水时，右手持巴黎水瓶，商标面向客人，从客人右手边添加。

（5）糖奶：用备料齐全的糖奶碟替换桌面上需要补充的糖奶碟。

（6）当客人咖啡杯中的量剩 1/5 时，应征得客人同意后及时为其添加咖啡。

（7）为客人添加 1～2 次咖啡。

3．清理台面

（1）随时清理咖啡桌台面，将用后的糖纸、奶盒及时清理干净。

（2）如客人不再需要添加咖啡，将咖啡杯从客人的右手边撤走。

4．结账

（1）客人示意结账时，应立即到收银台处取账单。

（2）取回账单后，要认真核对台号、咖啡的品种、数量及金额是否准确。

（3）确认无误后，要将账单放在账单夹中用托盘送至客人的面前，并有礼貌地说：“这是您的账单。”将找回的零钱给客人的同时，要向客人道谢。

5．送客

（1）为客人拉椅。

（2）与客人告别，欢迎客人再次光临。

模块九
酒店常用英语实训

项目一　日常用语 100 句

1. Good morning / afternoon / evening, sir / madam.
   早上好（下午好，晚上好），先生（夫人）。
2. How do you do?
   您好！
3. Hello / Hi!
   您好！
4. How is everything (with you)?
   （您的）一切都好吗？
5. How are you getting on / along these days?
   这几天过得怎么样？
6. How are you?
   您好！
7. Glad / Nice to see you.
   见到您很高兴。
8. Welcome to our hotel.
   欢迎到我们的酒店来！
9. It's nice to meet you again, Mr. Johnson.
   很高兴再次见到您，约翰逊先生。
10. Good bye / Bye-bye.
    再见！
11. Good night.
    晚安。（晚间告别用）
12. Have a good rest.
    祝您休息好！
13. See you later / tomorrow.
    以后（明天）见！

14. Hope to see you again soon.
希望不久再见到您！
15. Have a good time.
祝您过得愉快！
16. We wish you a pleasant stay in our hotel.
愿您在我们饭店过得愉快！
17. Please don't leave anything behind.
请不要遗忘您的东西。
18. Mind /Watch your step!
请走好！
19. We wish you a pleasant journey.
祝您旅途愉快！
20. Have a nice trip!
旅行愉快！
21. All the best!
万事如意。
22. Take care!
多保重！
23. Good luck!
祝您好运！
24. Thank you (very much).
谢谢您（非常感谢）。
25. Thanks a lot.
多谢。
26. Thank you for coming.
谢谢您的光临。
27. Thank you for staying in our hotel.
感谢您在我们饭店下榻。
28. I'm very grateful to you.
非常感谢您。
29. It's very kind of you.
您真客气。
30. You are (most) welcome.
不用谢（不用客气）。
31. Not at all.
不用谢。
32. Don't mention it.
不用谢。

33. My / With pleasure.
很高兴能为您服务。
34. Glad to be of service.
很高兴为您服务。
35. At your service.
乐意为您效劳。
36. I'm sorry.
很抱歉。
37. Excuse me.
对不起。
38. I'm terribly sorry. It's my fault.
非常抱歉，那是我的错。
39. I'm awfully sorry for my carelessness.
对于我的粗心大意我非常抱歉。
40. Sorry to have kept you waiting.
对不起，让您久等了。
41. Sorry to interrupt you.
对不起，打扰了。
42. That's all right.
这没什么。
43. It doesn't matter.
没关系。
44. Never mind.
不要紧（没关系）。
45. Let's forget it.
算了吧！
46. What can I do for you?
我能为您做点什么？
47. Can I help you?
我能为您做点什么？
48. Is there anything I can do for you?
有什么能为您效劳的吗？
49. Just a moment, please.
请稍等一下。
50. Don't worry about it.
别担心。
51. Pardon? / I beg your pardon?
对不起，请再说一遍好吗？

52. You are wanted on the phone, Mr. Bellow.
贝罗先生，有您的电话。
53. Who is speaking, please?
请问您是谁？（电话用语）
54. I'll switch you to Room 1120.
我马上给您接 1120 房间。
55. What number are you calling?
请问对方什么电话号码？
56. Who would you like to talk to?
请问受话人姓名？
57. Could you hold the line, please?
请（拿着话筒）稍等一会儿好吗？
58. Here are some letters for you.
这是您的信。
59. What a shame!
多可惜！
60. I'm sorry to hear that!
听到这事我很难过。
61. We are all sorry to hear of your illness.
听说您病了我们都很担心。
62. There, there. Now try not to get too upset about it.
好啦，不要为这事太烦恼了。
63. I wish you good health.
祝您健康。
64. Let me wish you every success.
祝您一切顺利！
65. Happy New Year!
新年快乐！
66. Merry Christmas!
圣诞节快乐！
67. Happy birthday to you!
祝您生日快乐！
68. Congratulations!
祝贺您（恭喜）！
69. My hearty congratulations!
衷心祝贺您！
70. As you wish / like.
随您的便。

71. Certainly.
当然可以。
72. Of course.
当然可以。
73. Go ahead and do what you like.
干吧，你喜欢干什么就干什么。
74. I'm sorry. That's not allowed.
对不起，这是不允许的。
75. No, I'm afraid not.
不，恐怕不行。
76. Out of the question, I'm afraid.
恐怕不可能。
77. Walk straight ahead.
一直往前走。
78. Turn left / right.
往左（右）转。
79. Go upstairs / downstairs.
上（下）楼。
80. Take the lift to the third floor.
乘电梯到三楼。
81. The lifts are in the lobby near the main entrance.
电梯间在大厅靠大门处。
82. The bellman will show you the way to the banquet hall.
大堂服务员将领您去宴会厅。
83. There is a washroom at the end of the corridor.
洗手间在走廊尽头。
84. The post and cable service is opposite the bar.
邮电所在酒吧对面。
85. The bank is next to the shop.
银行在小卖部隔壁。
86. You can get your money changed at the cashier's desk.
你可以在收银处兑换钱。
87. How much would you like to change?
你要兑换多少？
88. The rates of exchange are on the board there.
兑换率写在那里的牌子上。
89. There are some local products on sale here.
这里出售一些地方产品。

90. It’s sold by weight / yard / meter.
这个按重量（码、米）计价出售。

91. Sorry, it’s sold out.
对不起，卖完了。

92. How do you like this?
您看这个怎么样？

93. What about that one?
你看那个好吗？

94. Here is your change.
这是找您的钱。

95. Here is your receipt.
这是您的收据。

96. Airmail or ordinary mail?
是航空信还是平信？

97. An airmail letter for abroad is $1.60.
寄往国外的航空信需 1.60 美元。

98. The travel agency in the hotel takes all kinds of booking.
饭店的旅行社代办各种预订。

99. Please don’t smoke here.
请不要在这里抽烟。

100. Good luck to you.
祝您一切顺利。

项目二　酒店各部门常用单词和短语

前　厅　部

front office：前厅部
register：登记、注册
room reservation：客房预订处
book：预订
confirm：确认
counter：柜台
double room：双人房
single room：单人间
twin room：标准间
deluxe suite：豪华套房
presidential suite：总统套房
room change：房价
special rate：优惠价
service charge：服务费
discount：折扣
suite：套房
credit card：信用卡
cash：现金
name tag：标签，行李牌
luggage/baggage：行李

suitcase：箱子
handbag：手提包
valuable：贵重物品
breakable：易碎的
full name：全名
fill in：填写
nationality：国籍
departure date：离店日期
signature：签名
passport：护照
receipt：收据
fine：罚金
sundry fee：杂费
bill：账单
invoice：发票
mis-check：算账出错
overpay：多付
currency：货币
airmail：航空邮寄
ordinary mail：普通邮寄
registered mail：挂号信
charge to the room：挂账
free of charge：免费
exchange rate：兑换率
hotel policy：酒店的规定
express：快件
deposit：押金
off-season：淡季
peak-season：旺季
arrival list：来客单
telephone directory：电话号码本
long-distance call：长途电话
local call：市内电话
extension：电话分机
elevator：电梯
supermarket：超市

餐　饮　部

一、器皿

bowl：碗
chopstick：筷子
spoon：调羹
fork：叉子
napkin：餐巾
cork：软木塞
screw：开瓶器

二、酒水

cocktail：鸡尾酒
liquor：烈酒
sake：米酒，清酒
bitters：必打士、苦味酒
gin fizz：金菲士
bloody mary：血玛利
orangeade：橘子水
fruit juice：果汁
Pepsi：百事可乐
Seven-up：七喜
sherry：雪利酒
kirsch：樱桃酒
coffee：咖啡
tea：茶
apple juice：苹果汁
beer：啤酒
champagne：香槟
whiskey：威士忌

drink list：饮料单
wine list：酒水单
Campari：金巴利
brandy：白兰地
vodka：伏特加
rum：朗姆酒
gin：金酒
tequila：特吉拉
red wine：红葡萄酒
white wine：白葡萄酒
rose wine：玫瑰葡萄酒
dry wine：干葡萄酒
semi-dry wine：半干葡萄酒
semi-sweet wine：半甜葡萄酒
sweet wine：甜葡萄酒
natural still wine：无汽葡萄酒
sparkling wine：有汽葡萄酒
fortified wine：强化葡萄酒
aromatized wine\tokay：芳香葡萄酒
lemonade：柠檬水

三、早餐

dim sum：点心
soybean milk：豆浆
rice gruel：稀饭
porridge：粥
deep-fried dough sticks：油条
sesame seed pastry：芝麻饼
steamed stuffed bun：肉包
dumpling：水饺
pickle：泡菜
wonton：馄饨
dessert：甜点
sandwich：三明治
noodles：面条
longevity noodles：长寿面条
noodle soup：汤面
fried egg：煎蛋
boiled egg：水煮蛋

四、烹饪方法和菜肴

ala carte：点菜
set menu：套餐
appetizer：开胃品
soup：汤
salad：色拉
entree：主菜
fry：煎
deep-fry：炸
sauté：嫩炒
braise：炖
boil：煮
steam：蒸
simmer：煨
grill：烤
bake：烤
roast：烤
stuff：填
smoke：烟熏
lukewarm：微温的
oily：太油的
rare：生一点的
medium：中等火候的
well-done：全熟的
underdone：不熟的
light：清淡的
heavy：口味重的
seasoning：调味品
chili：辣椒
jam：果酱
poultry：家禽

shark’s fin：鱼翅
shrimp：虾
pigeon：鸽子
crab：螃蟹
eggplant：茄子
vegetable：蔬菜
fungus：蘑菇
fillet：里脊
rump：腿肉
steak：牛排

五、菜名

steamed carp：清蒸鲤鱼
sweet and sour croaker：糖醋黄花鱼
stewed turtle：清炖甲鱼
stir-fried eel with brown sauce：干烧黄鳝
sweet and sour pork chops：糖醋排骨
fried crisp pork：脆皮锅酥肉
plain sauté shrimps：清炒滑虾仁
chicken cubes with chili peppers：辣子鸡丁
pork shreds with fish seasoning：鱼香肉丝
smoked crisp fish：烟熏酥鱼
special spicy chicken：怪味鸡
noodles Sichuan style：担担面
fried rice Yangzhou style：扬州炒饭
fried soybean scum roll：炸响铃
Dongpo pork：东坡肉
Hangzhou roast chicken：杭州烤鸡
cold duck web：拌鸭掌
three-delicious-ingredient soup：三鲜汤
Sichuan chicken cubelets：宫保鸡丁
roast chicken：烧鸡
chicken chops：白斩鸡
chicken in casserole：沙锅鸡

客　房　部

switch：开关
IDD：国际直拨电话
DDD：国内直拨电话
turn-down service：做晚床
wardrobe：衣柜，衣橱
mattress：床垫
air-conditioner：空调
laundry：洗衣
iron：熨烫
mend：修补
dry-clean：干洗
indemnity：赔偿
shrink：缩水
fade：褪色
colorfast：不褪色的
laundry bag：洗衣袋
shirt：衬衫
coat：大衣
trousers：裤子
toilet, lavatory , water closet(W.C.)：马桶；卫生间
toilet paper, toilet roll：卫生纸
toilet paper holder：卫生纸架
toilet cover：马桶盖
toilet seat：马桶座圈
towel, hand towel：毛巾
towel rack, towel rail：毛巾架
wash basin, hand basin：面盆
faucet, tap：水龙头
shaver outlet：剃须刀插座
bathtub, bath：浴缸
bath towel：浴巾
shower：淋浴喷头，淋浴
shower curtain：浴盆帘

soap dish：浴皂盒
toilet articles：盥洗用品
handkerchief：手帕
shampoo：洗发香波
hot water：热水
soap：肥皂
detergent：洗衣粉
toothpaste：牙膏
hanger：衣架
toothbrush：牙刷
toilet mirror：梳妆镜
shaving brush：剃须刷
shaving cream：剃须膏
comb：梳子
hair drier：吹风机
nail scissors：指甲剪
bathroom：浴室
shower bath：淋浴
dresser：梳妆台
mirror：镜子
washroom：卫生间
bathrobe：浴衣
waste-paper basket：废纸篓
carpet：地毯
slippers：拖鞋
closet：壁橱
chair：椅子
nightstand：床头柜
shoe-shiner：鞋刷

项目三　酒店各部门常用句子和情景对话

总　　台

一、常用句子

1. 预订服务

（1）Good morning. This is Room Reservation. May I help you?
早上好！客房预订处，我能为您做什么？

（2）What kind of room would you like to reserve?
您想订哪种类型的房间？

（3）A single room or a double room?
要单人间还是双人间？

（4）For which dates do you want to book the rooms?
您想订哪几天的房间呢？

（5）What time will you be arriving?
您将在何时到达？

（6）May I know your name?
能告诉我您的名字吗？

（7）How long will you be staying?
您将要住多久？

（8）I'd like to confirm your reservation.

我要确认一下您的预订。

（9）I'll check the room availability.

我查查客房预订情况。

（10）You should pay a deposit of U. S. $1,000 beforehand.

您应预付 1 000 美元的定金。

（11）There is a 10 per cent discount.

有 10%的折扣。

2．接待服务

（1）What kind of room would you prefer?

您要什么样的房间？

（2）Have you got a booking?

您预订了吗？

（3）A double room costs 368 yuan per night.

双人房的房价是每晚 368 元。

（4）Breakfast is also included.

早餐也包括在内。

（5）May I see your passport?

我能看一下您的护照吗？

（6）Could you fill in this form, please?

请您填一下这张登记表，好吗？

（7）This is your room card and room key.

这是您的房卡和房间钥匙。

（8）Could you sign your name, please?

请您签一下名，好吗？

（9）If you leave after 6:00 p.m, you'll have to pay the full account.

晚上六点以后退房，按全天收费计算。

（10）You'll have to register individually, please.

请你们分开登记。

（11）How would you like to pay, sir, in cash or by credit card?

先生，请问您是用现金付款还是用信用卡付款？

（12）I feel terribly sorry. This is the busiest season and all kinds of rooms are fully booked.

非常抱歉，这是最忙的季节，各种房间都订满了。

（13）Do you know which unit is responsible for the reception?

您知道哪个单位负责接待吗？

（14）You could keep your room key until you check out.

请您在住宿期间自己保管钥匙，直到结账离开。

3．收银服务

（1）Here is your bill. It's 2,000 yuan in all.

这是您的账单，总共 2 000 元。

（2）Please check it and sign here.
请核对一下，在这里签个字。

（3）I will write out a receipt for you.
我给您开一张收据。

（4）May I check the details for you in the bill, please?
我能为您核对账单上的详细内容吗？

（5）We'll have to charge you U. S. $10 extra.
我们要向您额外收 10 美元。

（6）Did you make any phone calls from room, sir?
先生，您从房间打过电话吗？

（7）Excuse me, sir, but I don't think that will be enough.
先生，对不起，我认为钱数不够。

（8）I am sorry, sir, there has been an error in your bill. Please wait a minute while I correct it.
对不起，先生，您的账单算错了。请稍候，我马上把它改过来。

（9）Is your baggage down yet, sir? Could you check out after your baggage has been brought down, please?
先生，您的行李拿下来了吗？能请您在行李拿下来后再结账吗？

（10）Sorry, your credit card has been stopped paying. According to the regulations of the bank, it must be cancelled.
对不起，您的信用卡已经止付。根据银行规定要取消。

4. **兑换外币**

（1）The rates of exchange are on the board there.
兑换牌价在那里的牌子上。

（2）How much would you like to change?
您要换多少？

（3）It's 8.10 yuan RMB for one U. S. dollar.
1 美元兑换 8.10 元人民币。

二、情景对话

1. **办理入住手续（Check in）**

（1）

（C=Clerk　　G=Guest）

C: Good afternoon, sir. Welcome to our hotel. May I help you?

G: Yes. I booked a room one week ago.

C: May I have your name please, sir?

G: John Smith.

C: Just a moment, sir, while I look through the list. Yes, we do have a reservation for you, Mr. Smith. A city view single room with bath. You've paid 2,000 yuan RMB as a deposit. Is that correct?

G: That's it.

C: Would you please fill in this registration card, sir?

G: Sure. Here you are. I think I've filled in everything correctly.

C: Let me see… name, address, nationality, forwarding address, passport number, signature and date of departure. Oh, here, sir, you forget to fill in the date of departure. May I fill it in for you? You are leaving on…

G: October 24.

C: May I see your passport, please? Thank you, sir. Now everything is in order. And here is your key. Mr. Smith. Your room number is 1107. It's on the 11th floor and your room rate is 500 yuan RMB per night. Here is your key card with all the information on your booking, the hotel services and the hotel rules and regulations on it. Please make sure that you have it with you all the time. You need to show it when you sign for your meals and drinks in the restaurants and the bars.

G: Yes, I'll keep it with care. Thank you.

C: I hope you enjoy your stay with us.

（2）

（C=Clerk G=Guest）

C: Good afternoon, madam. Can I help you?

G: Good afternoon. I want a single room, please.

C: Have you made a reservation?

G: No, I haven't.

C: How long do you want to stay?

G: Three days.

C: I'll see what we have, madam. Oh, yes. I can offer you a room on the eight floor.

G: Fine.

C: May I see your passport?

G: Of course. Here you are.

C: Thank you, madam. Could you fill in this form, please?

G: Yes. Here it is.

C: Thank you. Here is your key. It's Room 808 on the eight floor.

G: Thank you very much. Good night.

2．办理退房手续（Check out）

（1）

（C=Clerk G=Guest）

C: Good morning. Can I help you?

G: Yes. I would like to check out. Could I have my bill, please?

C: Certainly, sir. May I know your name and your room number, please?

G: Dennis Black, Room 1108.

C: All right. Here is your bill, Mr. Black. The total is 1,800 yuan.

G: The figure seems right.

C: How would you like to pay, Mr. Black, in cash or by credit card?

G: In cash. Here is the money.

C: Thank you, Mr. Black. Just a moment, please. I'll write out a receipt for you.

（2）

（C=Clerk G=Guest）

C: Good morning. Can I help you?

G: Yes, I'd like to check out now.

C: Can I have your name and room number, please?

G: John Smith, Room 1208.

C: May I have your room key, please?

G: Sure. Here you are.

C: Just a moment, please…Mr. Smith. Here is your bill. Would you like to check it?

G: I'm sorry. What's the 20 yuan for?

C: That's for the drinks you ordered from your room.

G: I see.

C: How would you like to make payment, Mr. Smith?

G: I'd like to pay in cash.

C: That'll be 2,180 yuan.

G: Here you are.

C: Here's your change and receipt, Mr. Smith. I'll send a bellman up to get your luggage.

G: Thank you.

C: You are welcome. Goodbye.

3．预订（Reservation）

（1）

（C=Clerk G=Guest）

C: Good morning. This is Room Reservation. May I help you?

G: Yes, I'd like to book a room, please.

C: Fine, for which date?

G: For Oct. 1st.

C: For how many nights?

G: Two nights.

C: A single room or a double room?

G: A double room.

C: Could you give me your name, please?

G: John Cook.

C: May I have your telephone number, please?

G: 021-81006382.

C: What time do you expect to arrive, sir?

G: At about 6:00p.m.

C: Fine, Mr. Johe Cook, a double room for Oct.1st and 2nd.

G: That is right. Goodbye.

C: Goodbye and we are looking forward to seeing you.

（2）

（C=Clerk G=Guest）

C: Good morning. Room Reservation. Can I help you?

G: I'd like to make a reservation.

C: When for?

G: For Sept. 9th.

C: For how long?

G: About a week.

C: Could you hold the line, please? I'll check… Thank you for waiting, sir. I'm afraid our hotel is fully booked on those days.

G: That's all right.

C: We're very sorry, sir. We hope you understand.

4．结账服务（Presenting the bill）

（1）

（C=Clerk G=Guest）

G: Waiter! Can I have the bill, please?

C: Yes, sir. Just a moment, please.

…

Here is your bill, sir. The total is 650 yuan.

G: Well, what's this for?

C: That's for the wine, sir.

G: I see.

C: Would you like to sign for it?

G: All right.

C: May I have you room card or room key?

G: Sure. Here it is, Room 1208.

C: Thank you, sir. Please sign here. Have a nice evening.

（2）

（C=Clerk G=Guest）

C: Would you like anything else, sir?

G: No, thank you. We'll take the bill now.

C: Yes. One moment, please. How would you like to pay for it, sir?

G: Do you accept credit card?

C: Certainly, sir. Which kind have you got?

G: VISA card.

C: That'll be fine. May I take a print of your card?

G: Here you are.

C: Thank you, sir. Please wait a moment. I'll be right back. Could you sign here, please, sir?

G: OK, that's it.

C: Thank you, sir.

礼 宾 部

一、常用句子

（1）May I take your luggage for you?
我来帮您拿行李，好吗？

（2）Just a moment, please. I'll bring a luggage cart.
请稍等一下，我去推一辆行李车来。

（3）Don't worry, sir. Your luggage will be sent up at once.
先生，别担心，您的行李立刻就会送上去的。

（4）When you check out, please call number 32 and we'll help you with your luggage immediately.
您要离店时请打电话32，我们会马上帮您运送行李的。

（5）How many pieces of luggage do you have?
请问您有几件行李？

（6）Two suitcases and one bag. Is that right?
两只箱子和一个包，对吗？

（7）I'll show you to the Front Desk… This way please.
让我带您去总台……请走这边。

（8）Is there anything valuable or breakable in your bag?
您包里有贵重或易碎物品吗？

（9）May I have your room key, please?
请把您房间的钥匙给我好吗？

（10）Most taxi drivers do not speak English. It is helpful if you have your destination written in Chinese.
大多数出租车司机都不会英语，把您要去的目的地用中文写下来会给您不少帮助。

（11）When you want to return to the hotel, please show this hotel card to the taxi driver.
当您要返回酒店时，请向出租车司机出示一下酒店名片。

（12）According to the regulation, we don't accept food, combustible, valuable and breakable objects.
根据规定，食品、易燃品、贵重物品和易碎品都不给予保管。

（13）Is this the correct number of bags?
您的行李数目对吗？

二、情景对话

1．接待服务（Bellman’s service）

（B=Bellman　　G=Guest）

B:　Good afternoon, sir. Welcome to our hotel.

G:　Thank you.

B:　How many pieces of luggage do you have?

G:　Just these three.

B:　Two suitcases and one bag. Is that right?

G:　Yes, that’s all.

B:　I’ll show you to the Front Desk. This way please. I will put your luggage by the post over there.

G:　I see. Thanks.

B:　Another bellman will show you to your room when you have finished checking in.

G:　OK, fine.

B:　Please enjoy your stay.

2．介绍酒店的服务（Introducing services of the hotel）

（Bm=Bellman　　B=Mr. Bellow　　M=Mrs. Bellow）

Bm: Good afternoon, sir and madam. I’m the bellman.

B& M:　Good afternoon.

Bm: Very glad to have you here. Let me carry your baggage. This way, please.
(*They are going to the elevator entrance*)

B:　Could you tell us something about your services?

Bm: Certainly, sir. Ours is a first-rate hotel and chosen as the favorite place to stay by VIPs, official guests and businessmen from many countries. There are over 173 rooms of international standard, all spacious and airy. There are a Chinese restaurant, a deluxe Western style restaurant, large and small banquet halls.

M:　How about other services?

Bm: Also available are a beauty salon, a swimming pool and tennis…
(*Now they are at the elevator entrance*)
Here we are. Please take this elevator to the 9th floor. The floor attendant will meet you there and show you to Room 908. I’ll take the baggage elevator and get your baggage up to your room.

B:　Thank you. See you then.

3．在去房间的路上（On the way to the room）

（B=Bellman G=Guest）

B: Good evening, sir. I'll show you to your room. You have two suitcases and one bag. Is that correct?

G: Yes, that's right.

B: Is there anything valuable or breakable in your bag?

G: Yes, there is a bottle of whisky.

B: Could you carry this bag, sir? I'm afraid the contents might break.

G: Sure, no problem.

B: Thank you, sir. May I have your room key, please?

G: Yes, here you are.

B: Thank you, sir. Your room is on the 12th floor. Please follow me. Your elevator is this way.

G: I see.

B: Is this your first time to Hangzhou?

G: Yes, it is.

B: I hope you'll have time to see Hangzhou. There is a lot to see.

G: I'm sure there is.

B: This is the 12th floor. Your room is to the right. After you, sir. This way, please.

4．寄存行李（Checking baggage）

（B=Bellman G=Guest）

B: Good morning, madam. Can I help you?

G: Yes, I'd like to check my baggage.

B: How many pieces have you got?

G: I've got four pieces in all.

B: When will you want them?

G: In three days.

B: Please keep the name tags.

G: Thank you.

B: Not at all.

5．行李检查（Luggage check-out）

BCD=Bell Captain's Desk B=Bellman G=Guest）

BCD: This is the Bell Captain's Desk. May I help you?

G: I'm going to check out soon. Could you pick up my luggage, please?

BCD: Certainly, sir. May I have your room number, please?

G: Yes, it's 1101.

BCD: Room 1101. Very good, sir. We'll send a bellman immediately. Could you wait in your room, please?

G: OK.

B: Good morning, sir. I've come for your bags.

G: Thank you. Could you take these two suitcases, please? I'll bring the bag with me.

B: Certainly, sir. Two suitcases?

G: Yes.

B: Is there anything valuable or breakable in them?

G: No.

B: This is your claim tag, sir. We'll keep your luggage at the Bell Captain's Desk. Could you pick it up there, please?

G: Certainly.

B: Thank you, sir.

G: You are welcome. See you later.

商 务 中 心

一、常用句子

（1）The letter can go for 1.60 yuan.
这封信要 1.60 元邮资。

（2）I think I'd better look the postage up.
我想我需要查一下邮资。

（3）Here's a form. Please print the name and address of the person you're sending to.
这里有张表格。请您将收信（款）人的姓名和地址用印刷体写上。

（4）If it's urgent, we can send it by express.
如果是急信，我们可以寄快件。

（5）Sorry, this printed matter is overweight.
很抱歉，这件印刷品超重了。

（6）What sort of stamp do you want to buy?
您想买哪种邮票？

（7）We charge each page … yuan for typing and … yuan for fax to U.S.A. plus 10% service charge.
打字费每页××元，发传真到美国每页××元，外加 10%服务费。

（8）As soon as your fax comes in, we'll inform you at once.
您的传真一到，我们马上会通知您。

（9）Could you please write your name and room number and sign the billing voucher? We'll send your original copy to your room after we have faxed them.
请您写下您的姓名和房间号码并在账单上签字，好吗？我们发出传真后会将您的原文送到您的房间去的。

二、情景对话

（1）

（C=Clerk　　G=Guest）

C:　May I help you, sir?

G:　Yes, I'd like to make some photo copies of these documents, please.

C:　Very good, sir. How many copies do you need?

G:　One each.

C:　All right. Just a moment, please, sir.

…

Here they are.

G:　Thank you. How much does it cost?

C:　Three yuan for each, sir.

G:　OK. Here is the money.

C:　Thank you, sir. Here's the receipt. Goodbye.

G:　Goodbye.

（2）

（C=Clerk　　G=Guest）

C:　Good morning, sir. Can I help you?

G:　Good morning. I want to send a fax.

C:　Where to, sir?

G:　To my parents.

C:　Can you give me your fax number, please, sir?

G:　Certainly. It's (612) 371-8999.

C:　Thank you. Would you please sit down and wait for a while?

G:　Good. Thank you very much.

C:　All done, sir. Here you are. How would you like to pay?

G:　I'll pay in cash. How much?

C:　It's 90 yuan RMB altogether.

G:　OK. Can I have a receipt?

C:　Certainly, sir. Here you are.

G:　Thank you very much. Bye.

C:　Goodbye.

（3）

（G=Guest　　C=Clerk）

G:　Excuse me. I want to have this document typed, please.

C:　All right, madam.

G:　How much does it cost one page?

C:　For A4, twenty four yuan each page, and A3, thirty yuan. Which would you prefer?

G: A3, please. When can I pick it up?
C: In half an hour.
G: OK, I'll be back in forty minutes.
(*30 minutes later*)
G: Hello. Is it done?
C: Yes, madam. Here are your original script and the typed one. Can you make some corrections?
G: Sure… Very well done. I couldn't find any mistakes.
C: In this case, let me print it for you now. Could you please wait for a few seconds?
G: No problem. Go ahead.
C: All done, madam. Here you are.
G: Oh, this is quick! Charge it to my room then.
C: All right. Could you please show me your room card or room key?
G: Oh, yes. Here is my room card.
C: Room 1102. And now, Ms. Bush, can I have your signature here?
G: Certainly.
C: Thank you very much, madam.

总　　机

一、常用句子

（1）Longhill hotel. May I help you?
龙禧大酒店，能为您服务吗？
（2）Just wait a moment and I'll connect you.
请等一下，我替您接通。
（3）Please press 0 and then the area code and the number.
请先拨 0，再拨区号和电话号码。
（4）May I take a message for you?
我帮您传个口信好吗？
（5）They aren't answering.
没有人接听。
（6）Which extension?
什么分机号码？
（7）Don't hang up, please.
请勿挂断。
（8）Sorry, the line is busy.
对不起，线路忙。

（9）Hold on, please. I'll put you through to the information desk.
请别挂电话，我给您接问讯处。

二、情景对话

（1）

（O=Operator　　C=Caller）

O: Longhill hotel. May I help you?

C: Yes. Could you put me through to Room 1002, please?

O: Certainly, sir. Just a moment, please.

（2）

（O=Operator　　C=Caller）

O: Longhill hotel. Can I help you?

C: May I speak to Miss Grace, please?

O: Do you know her room number?

C: I'm sorry. I don't know.

O: Hold on, please. I'll put you through to the information desk.

（3）

（O=Operator　　C=Caller）

O: Operator. Can I help you?

C: Yes, I'd like to know how to make outside calls.

O: For calls in Hangzhou, please press 0 first and then the number you want.

C: I see. And what about calls outside Hangzhou?

O: For calls outside Hangzhou, please press 0 and then the area code and the number.

C: Thank you very much.

客　房　部

一、常用句子

1．打扫房间

（1）Housekeeping. May I come in?
客房服务员。我能进来吗？

（2）I'm sorry to trouble you, sir. May I clean the room now?
对不起，打扰了，先生，现在我能为您打扫房间吗？

（3）Would you like me to make your bed now?
现在我能为您整理床铺吗？

（4）When would you like me to do room, sir?
您要我什么时候来为您整理房间，先生？

（5）Shall we come back later?
我们等一会再来，好吗？

（6）I hope I'm not disturbing you.
我希望没有打扰您。

（7）I'm coming to change the sheets and pillowcases.
我来换床单和枕套。

（8）We will come and clean your room immediately.
我们马上就来打扫您的房间。

（9）Can you tell me your room number?
您能告诉我您的房号吗？

（10）A repairman will come and check it right away.
修理工会马上来检查。

（11）Don't worry. We will help you to look for it.
不要担心，我们会帮您寻找的。

（12）Have you checked your room?
您检查过您的房间了吗？

（13）It takes half an hour to finish cleaning.
打扫房间一般花半个小时。

（14）It will take 6 hours to repair the water pipes.
修理水管要花 6 个小时。

（15）Let me inqure about it and I'll let you know as soon as possible.
让我来询问此事，我会尽快答复您。

（16）May I have your room number card?
可以把房号牌给我吗？

（17）My English is not good enough for me to take down what you said. Here's a pen and paper for you.
我的英语不够好，记不下您说的话。这儿有笔和纸给您。

（18）Special laundry bags with lists are placed in your wardrobe. Washing handed in by 9:00 a.m. will be returned to you after 5:30 p.m. on the same day.
您的衣柜里有专用洗衣袋和洗衣单。早上九点以前送去洗的衣服，当天下午五点半以前能送回来。

2．洗衣服务

（1）Laundry service. May I come in?
洗衣服务。我可以进来吗？

（2）Good morning. I've come to collect your laundry.
早上好，我来取您要洗的衣服。

（3）Would you please fill in the laundry list?
请您填一下洗衣单好吗？

（4）Please sign on the laundry list, sir/madam.
先生（女士），请您在洗衣单上签名好吗？

（5）When would you like your laundry back?
您要什么时候取回送洗的衣服？

（6）You laundry will be ready by 6 p.m. this evening.
您送洗的衣服要今天下午 6 点钟洗好。

（7）Here's your laundry, madam.
女士，这是您送洗的衣服。

（8）You'd better check your laundry.
您最好查看一下洗好的衣服。

（9）We have express laundry service.
我们有快速洗衣服务。

（10）Your laundry will be ready tomorrow afternoon. We could get it done this evening if you wish, but there will be an extra charge for quick service.
您送洗的衣服明天下午可以洗好。如果您需要的话，我们可以在今天晚上洗好，不过这是快件，要另外加收费用。

3．其他

（1）I'm afraid that you have to pay an indemnity. It's a hotel policy.
恐怕您得赔偿。这是酒店规定。

（2）According to our regulation, I think you should pay 220 yuan.
根据酒店的规定，我想您得赔偿 220 元。

（3）I'm awfully sorry to have broken your glasses while cleaning the room.
实在对不起，清洁房间时我把您的眼镜打破了。

（4）Here is the master switch. Please be sure to insert the keyboard into its slot.
这是总开关。请记住把钥匙牌插入它的槽内。

二、情景对话

1．洗衣服务（Laundry service）

（1）

（C=Clerk G=Guest）

C: Good afternoon. Can I help you?

G: This is Mrs. Peker in Room 705. I want to have my coat dry-cleaned. Can you ask someone to pick it up?

C: Yes. But I'm afraid it's too late for today's laundry. Do you need express laundry?

G: What time will you send my coat to my room?

C: Around 6:00 p. m.

G: OK. How much shall I pay for the express service?

C: It's 50% extra.

G: I see. Thank you.

C: You're welcome. I'll ask somebody to pick your laundry at once. Thank you for calling. Goodbye.

（2）

（H=Housekeeper G=Guest）

H: Good morning, madam.

G: Good morning.

H: Have you got any laundry?

G: Yes, I have. Here are my blouses and coat.

H: Anything else?

G: Oh, yes. My husband also has got some laundry. Those are the suit and shirts.

H: Are they to be dry-cleaned?

G: Oh, no. Only the suit and coat are to be dry-cleaned.

H: Very well, madam.

G: Thank you very much.

H: With pleasure.

2．房间清洁（Room cleaning）

（1）

（H=Housekeeper G=Guest）

H: Housekeeping. May I come in?

G: Yes. Come in, please.

H: Would you like me to make your bed now?

G: Yes, please. This bed is very comfortable.

H: I'm glad you are pleased with it. I hope you will enjoy your stay.

G: I'm already enjoyed. Thank you.

（2）

（H=Housekeeper G=Guest）

H: Housekeeping. May I come in?

G: Yes, please.

H: When would you like me to do your room, sir?

G: You can do it now if you like. I am going down for my breakfast.

H: Thank you, sir.

（3）

（H=Housekeeper G=Guest）

H: Housekeeping. May I come in?

G: Yes, what is it?

H: I'm sorry to trouble you, sir. May I clean the room now?
G: Well, I'm going to meet some friends.
H: Shall we come back later?
G: Yes, please clean it when I'm out.
H: All right.
G: Thank you.
H: Glad to be of service.

餐 饮 部

一、常用句子

（1）Chinese restaurant. May I help you?
中餐厅。能为您服务吗？

（2）Welcome to our restaurant.
欢迎光临我们餐厅。

（3）When would you like your table?
您什么时候用餐？

（4）How many persons, please?
请问你们一共有几位？

（5）I'm sorry. The restaurant is full now.
对不起，餐厅客满了。

（6）Do you have a reservation, sir?
先生，您有预订吗？

（7）Is it only two of you?
就你们两位吗？

（8）Do you have a meal voucher?
您有餐券吗？

（9）Where would you like to sit, sir?
先生，您喜欢坐哪儿？

（10）Is this table all right?
这张桌子可以吗？

（11）Take a seat, please. Here is the menu. May I take your order, sir?
请坐，这是给您的菜单。先生，您要点菜吗？

（12）Are you ready to order?
您要点菜了吗？

（13）What would you like to drink?
您要喝点什么？

（14）Would you care for soup?
您要汤吗？

（15）I'm sorry. There isn't any left.
很抱歉，这个菜供应完了。

（16）Here is your smoked fish.
这是您的烟熏鱼。

（17）Will that be all, sir?
就这些吗，先生？

（18）What would you like to have, coffee or tea?
您要喝咖啡还是茶？

（19）The buffet is over there. Please help yourself.
自助餐在那边。请随意取用。

（20）We are open from 17:00 to 21:30.
我们从 17:00 一直营业到 21:30。

（21）Will you dine a la carte or take the table d'hote?
您想点菜还是吃套餐？

（22）Would you mind serving now?
现在上菜好吗？

（23）Pardon me. I've made a mistake about your dish.
请原谅，我把您的菜弄错了。

（24）I'm really sorry. I'll do it again for you at once.
实在对不起，我马上为您重做。

（25）Anything else would you like?
您想再要点别的吗？

二、情景对话

1．预订（Take reservation）

（CR=Reservationist　　G=Guest）

R:　Chinese restaurant. May I help you?

G:　Yes, I'd like to reserve a table by the window, please.

R:　For what time, sir?

G:　Around 7:00 p.m. this evening.

R:　For how many?

G:　Four.

R:　Can I have you name, please, sir?

G:　Blake.

R:　A table by the window for four this evening at 7:00 for Mr. Blake.

G:　That's right.

C: Thank you for calling us, Mr. Blake.

2．领座（Seating guests）

（L=Leader G=Guest）

L: Good evening, sir. Welcome to our restaurant.

G: Good evening.

L: How many persons, please?

G: A table for eight, please.

L: Where would you like to sit?

G: Well, by the window, please.

L: I'll show you to your table. This way, please. Is this all right?

G: OK. That's really fine.

L: Please take a seat, sir.

G: Thanks.

L: A waiter will come to take your order. Just a moment, please.

3．点菜（Take orders）

（1）

（W=Waitress G=Guest）

W: Can I take your order, sir?

G: Yes, I'd like to try the steak, please.

W: Any to follow?

G: Vegetable soup, please.

W: Would you like to order a dessert?

G: What kinds of pie do you have?

W: Peach, lemon cream, and apple.

G: I'd like lemon cream, please.

（2）

（W=Waitress G=Guest）

W: Here you are, sir, the menu.

G: Oh, thanks. What's good tonight?

W: We have very good dishes for tonight. Which do you prefer, Guangdong food or Hangzhou food?

G: I'd like Hangzhou food. What do you recommend?

W: How about fried crisp pork and plain sauté shrimps?

G: It sounds good. Give me the dishes, please.

4．餐间服务（Service during the meal）

（1）

（W=Waitress G=Guest）

W: Sorry to have kept you waiting, sir. Your smoked crisp fish, special spicy chicken and beer. Please enjoy your lunch.

G: Thank you very much.

…

W: Excuse me. May I take your plate away, sir?

G: Sure, go ahead.

W: Here is your mushroom soup. Would you like to have some rice?

G: Yes, please.

W: Very well, sir. Just a moment, please.

…

W: Your water melon, sir. Will that be all?

G: Yes.

W: Thank you. Have a nice afternoon.

G: Thanks.

（2）

（W=Waitress G=Guest）

W: Excuse me. Here is your noodles Sichuan style.

G: Noodles? But I think I want a fried rice Yangzhou style.

W: Oh. I'm terribly sorry. There could have been some mistake. Let me check… Yes, you're right, sir. What you have ordered is a fried rice. I'm sorry. Just a moment, I'll bring it to you right away… Here is the fried rice, sir. I'm so sorry for that.

G: That's all right.

（3）

（W=Waitress G=Guest）

W: Are you all though, sir?

G: Yes, we have finished.

W: Did you enjoy your dinner, sir?

G: Yes, very much.

W: How do you feel the fish, sir?

G: It's delicious. I prefer the fish to the pork. The pork is too oily.

W: What do you think of the soup?

G: It's also nice. I like it very much.

W: Thank you. I'm glad you like them.

项目四 数字及时间表达

一、数字的表达

1/2 : one-half, a half

1/3 : one-third

3/4 : three-fourths

1/5 : one-fifth

2/5 : two-fifths

7/8 : seven-eighths

1/10 : one-tenth, a tenth

1/100 : one-hundredth, one per cent

1/1000 : one-thousandth

1/10000 : one ten-thousandth

$2\frac{1}{2}$: two and one half, two and a half

$4\frac{2}{3}$: four and two-thirds

100% : one hundred per cent

0.5% : zero point five per cent

0. 46% : zero point four six per cent

2.05 : two point nought five, two point O five

6.003 : six point nought nought three, six point O O three

78.12 : seventy-eight point one two

二、同一时间的几种表达

4：00：four o'clock, four, 4 o'clock.

04：00：four in the morning, 4 a.m.

16：00：four in the afternoon,4 p.m.

9：00：nine o'clock, nine, 9 o'clock.

09：00：nine in the morning, 9 a.m.

21：00：nine in the evening, nine at night, 9 p.m.

12：00：twelve o'clock, twelve, 12 o'clock.

12：00：twelve in the morning, 12 a.m., midday.

00：00：twelve at night, 12 p.m., midnight.

12：15,00：15：a quarter past twelve, quarter past twelve, twelve fifteen, a quarter after twelve.

02: 25,14: 25: twenty-five past two, twenty-five minutes past two, two twenty-five, twenty-five after two

11：30,23：30 half past eleven, eleven-thirty, half eleven, half after eleven

12：45,00：45 a quarter to one, quarter to one, twelve forty-five, a quarter of one

07：50,19：50 ten to eight, ten minutes to eight, seven-fifty, ten of eight

三、表示时间的例句

（1）What time is it, Gordon?
几点了，戈登？

（2）Just after five.
刚过 5 点。

（3）What’s the time now?
现在是什么时刻？

（4）It’s quarter past.
一刻了。

（5）Can you tell me the time?
你能告诉我几点了吗？

（6）It’s twenty-five past twelve.
12 点 25 分。

（7）Have you got the time?
你知道现在是什么时间吗？

（8）It is nearly one o’clock.
快一点了。

（9）What time does the boat leave from New York?
船什么时间离开纽约？

（10）At a quarter past three in the afternoon.
下午 3 点 15 分。

（11）The time is six forty-five.
现在是 6 点 45 分。

（12）My watch says six thirty.
我的表是 6 点 30 分。

（13）It’s five to eight and breakfast’s at eight o’clock.
现在差 5 分 8 点，早餐 8 点开始。

（14）The time is 10：35 Greenwich Mean Time.
现在是格林威治标准时间 10 点 35 分。

（15）I’ll be back at quarter past one.
我 1 点 15 分回来。

（16）By eleven o’clock Brian was back in his office.
布赖恩 11 点回到了办公室。

（17）At two o’clock in the morning Caslon was still awake.
到凌晨 2 点卡斯隆还没睡着。

（18）You should be there no later than nine thirty.
你必须在 9 点半前到那儿。

（19）Office hours are from 9 a.m., to 6 p.m.
办公时间为上午 9 点到下午 6 点。

四、日期的表达方法

（1）July 10, July 10th,10 July 或 10th July
7 月 10 日
（2）Tuesday, May the thirteenth
5 月 13 日星期二
（3）Monday, the fifth of April
4 月 5 日星期一
（4）What date is it?
今天是几号？
（5）It’s 30th today.
今天是 30 号。
（6）They married on December 9,1913.
他们于 1913 年 12 月 9 日结婚。
（7）Labour was defeated in the General Election on 19 June 1970.
工党在 1970 年 6 月 19 日大选中败北。
（8）The case was heard in the High Court in February 1970.
这个案件于 1970 年 2 月由高等法院审理。
（9）Where were you on the nights of February 4th and 7th?
2 月 4 日和 7 日晚上你都在什么地方？
（10）They lived together from December of that year until June of 1980.
他们从那年 12 月到 1980 年 6 月一直住在一起。
（11）The paper he hands me has a 1975 date.
他给我的文件写的是 1975 年的日期。

在英式英语中，日期在前月份在后，即顺序为日月年；但在美式英语中，则月份在前日期在后，即顺序为月日年。这一点必须注意，否则会发生错误。例如，我们写 10-7-86 或 10/7/86，在英式英语中是 July 10th 1986，而在美式英语中则为 October 7th 1986。

英美说法还有其他不同之处。例如，这事发生在星期四，在英式英语中为 It happened on Thursday. 而在美式英语中为 It happened Thursday.

五、年代与星期的表达方法

例如，20 世纪 80 年代（1980—1989）可写为 1980’s，即 nineteen eighties。
（1）in Stockholm in the thirties

30年代在斯德哥尔摩

（2）I went on a computer training course in the nineteen eighties.
我在20世纪80年代进过计算机培训班。

（3）every Tuesday for the next few months
下几个月的每星期二

（4）I'm terribly busy on Saturdays.
我在星期六特别忙。

（5）On Monday nights, the pupils go to the cinema.
星期一的晚上，学生们去看电影。

（6）I've never worked on a Sunday in my whole life.
我从未在星期日工作过。

六、年份的表达方法

1840：eighteen forty

1900：nineteen hundred

1992：nineteen ninety-two

项目五 酒店常用词汇短语（酒店实训高级英语）

一、酒店英语词汇

information desk 问讯处
sitting-room, living-room 起居室
reception office 接待室
sofa, settee 长沙发
hotel register 旅客登记簿
easy chair 安乐椅
registration form 登记表
armchair 扶手椅
newsstand 售报处
wicker chair 藤椅
postal service 邮局服务处
folding chair 叠椅
shop 小卖部
swivel chair 转椅
bar 酒吧间
rocking chair 摇椅
lounge 休息厅
stool 凳子
roof garden 屋顶花园
bench 条凳
billiard-room 球房
tea table 茶几
dining-room, dining hall 餐厅
desk 书桌
men's room 男盥洗室
bookcase 书橱

ladies'room 女盥洗室
bookshelf 书架
cloak-room 存衣处
wardrobe 衣柜
basement 地下室
built-in wardrobe, closet 壁橱
cellar 地窖
chest of drawers 五斗橱
broom closet 杂物室
screen 屏风
room number 房间号码
hat rack 帽架
room key 房间钥匙
rug 小地毯
suite 一套房间
single room 单人房间
double room 双人房间
carpet 大地毯
single bed 单人床
double bed 双人床
twin beds 成对床
mattress 褥子
quilt 被子
blanket 毯子
sheet 床单
bedspread 床罩
cotton terry blanket 毛巾被
pillow 枕头
pillowcase 枕套
mat 席
cushion 垫子
bathroom 浴室
bathtub 浴盆
shower bath, shower 淋浴
cold and hot water taps 冷热自来水龙头
sprinkle-nozzle, (shower) nozzle 喷头
dressing table 梳妆台
mirror 镜子
washbasin 洗脸盆
towel 毛巾
toilet, lavatory, washroom 卫生间
water closet (W.C.) 厕所；抽水马桶
toilet roll, toilet paper 卫生纸
bath towel 浴巾
bathrobe 浴衣
towel rail, towel rack 毛巾架
sponge 海绵
waste-paper basket 废纸篓
thermometer 温度计
balcony 阳台
sash window 上下开关窗
shutter 百叶窗
transom, transom window 气窗
curtain 窗帘
lace curtain 挑花窗帘
windowsill 窗台
air-conditioned 有空调设备的
radiator 暖气片
central heating 暖气
ashtray 烟灰碟
smoking set 烟具
electric fan 电扇
chandelier, pendant lamp 吊灯
fluorescent lamp 日光灯
desk lamp 台灯
bedside lamp 床头灯
floor lamp 落地灯
wall lamp 壁灯
lampshade 灯罩
bulb holder 灯头
bulb 灯泡
screw-type bulb 螺口灯泡
bayonet-type bulb 卡口灯泡
frosted bulb 磨砂灯泡
opal bulb, opaque bulb 郛白灯泡
switch 开关

socket 插座
plug 插头
telephone 电话
electric iron 电熨斗
peg, hook 衣钩
clothes-hanger 衣架
door-mat 门前的擦鞋垫
manager 经理
attendant 服务员
desk clerk 值班服务员
waiter（餐厅）服务员
waitress（餐厅）女服务员
rent 租金
bill 账单

二、酒吧英语词汇

bar 酒吧
counter 吧台
bar chair 酒吧椅
barman 酒吧男招待
barmaid 酒吧女招待
bottle opener 开瓶刀
corkscrew 酒钻
ice shaver 削冰器
ice maker 制冰机
ice bucket 小冰桶
ice tongs 冰勺夹
ice scoop 冰勺
cocktail shaker 调酒器
pouring measure 量酒器
juice extractor 果汁榨汁机
electric blender 电动搅拌机
water jug 水壶
champagne bucket 香槟桶
enamelled cup 搪瓷杯
straw 吸管
decanter 酒壶
mixing glass 调酒杯
beer mug 啤酒杯
champagne glass 香槟杯
measuring jug 量杯
wine glass 葡萄酒杯
brandy glass 白兰地杯
tumbler 平底无脚酒杯
goblet 高脚杯
tapering glass 圆锥形酒杯
cherry 樱桃
lemon 柠檬
clove 丁香
pineapple 菠萝
onion 洋葱
strawberry 草莓
olive 橄榄
cucumber 黄瓜
mint 薄荷
grapefruit 西柚
grape 葡萄
soda water 苏打水
rice wine 黄酒
appetizer 开胃品
gin 金酒
gordon’s 哥顿
rum 郎姆酒
bacardi 百家得
vodka 伏特加
smirnoff 斯米诺
Whiskey 威士忌
calvados 苹果酒
Glenfiddich 格兰菲迪
Bailey’s 百利酒
Budweiser 百威啤
Foster’s 福士啤
Beck’s 贝克啤
Carlsbery 嘉士伯啤

Guinness 健力士啤
drink 饮料
mineral water 矿泉水
orange juice 橘子原汁
orangeade, orange squash 橘子水
lemon juice 柠檬原汁
lemonade 柠檬水
beer 啤酒
white wine 白葡萄酒
red wine 红葡萄酒
claret 波尔多红葡萄酒
cider 苹果酒
champagne 香槟酒
cocktail 鸡尾酒
liqueur 白酒，烧酒
yellow wine 黄酒
Kaoliang spirits 高粱酒
Wu Chia Pee 五加皮
cognac 法国白兰地
gin fizz 杜松子酒
martini 马提尼酒
Coke, Coca Cola 可口可乐
Pepsi Cola 百事可乐
Sprite 雪碧

三、中国小吃英文表达

中式早点

烧饼 clay oven rolls
油条 fried bread stick
韭菜盒子 fried leek dumplings
水饺 boiled dumplings
蒸饺 steamed dumplings
馒头 steamed bun
割包 steamed sandwich
饭团 rice and vegetable roll
蛋饼 egg cake
皮蛋 100-year egg
咸鸭蛋 salted duck egg
豆浆 soybean milk

饭　类

稀饭 rice porridge
白饭 plain white rice
油饭 glutinous oil rice
糯米饭 glutinous rice
卤肉饭 braised pork rice
蛋炒饭 fried rice with egg
地瓜粥 sweet potato congee

面　　类

馄饨面 wonton & noodles
刀削面 sliced noodles
麻辣面 spicy hot noodles
麻酱面 sesame paste noodles
鸭肉面 duck with noodles
鳝鱼面 eel noodles
乌龙面 seafood noodles
牡蛎细面 oyster thin noodles
板条 flat noodles
米粉 rice noodles
炒米粉 fried rice noodles
冬粉 green bean noodles

汤　类

鱼丸汤 fish ball soup
贡丸汤 meat ball soup
蛋花汤 egg & vegetable soup
蛤蜊汤 clams soup
牡蛎汤 oyster soup
紫菜汤 seaweed soup
酸辣汤 sweet & sour soup
馄饨汤 wonton soup

猪肠汤 pork intestine soup
肉羹汤 pork thick soup
鱿鱼汤 squid soup
花枝汤 squid thick soup

甜　点

爱玉 vegetarian gelatin
糖葫芦 tomatoes on sticks
长寿桃 longevity peaches
芝麻球 glutinous rice sesame balls
双胞胎 horse hooves

冰　类

绵绵冰 mein mein ice
麦角冰 oatmeal ice
地瓜冰 sweet potato ice
八宝冰 eight-treasure ice
豆花 tofu pudding
红豆牛奶冰 red bean with milk ice

果　汁

甘蔗汁 sugar cane juice
酸梅汁 plum juice
杨桃汁 star fruit juice
青草茶 herb juice

点　心

牡蛎煎 oyster omelet
臭豆腐 stinky tofu (smelly tofu)
油豆腐 oily bean curd
麻辣豆腐 spicy hot bean curd
虾片 prawn cracker
虾球 shrimp balls
春卷 spring rolls
蛋卷 egg rolls
碗糕 salty rice pudding
筒仔米糕 rice tube pudding
红豆糕 red bean cake
绿豆糕 bean paste cake
糯米糕 glutinous rice cake
萝卜糕 fried white radish patty
芋头糕 taro cake
肉圆 Taiwanese meatballs
水晶饺 pyramid dumplings
肉丸 rice-meat dumplings
豆干 dried tofu

其　他

当归鸭 angelica duck
槟榔 betel nut
火锅 hot pot

四、海鲜英文菜谱

红烧海参 sea slugs with brown sauce
鸡绒海参 sea slugs with chicken cream
海参锅巴 sea slugs with crisp rice
什锦海参 mixed sea slugs
虾子海参 shrimp eggs & sea slugs
红烧明虾 fried prawns with brown sauce
炸明虾 prawn cutlets
干烧明虾 broiled prawns with chili sauce
椒盐明虾 prawns with spiced salt

煎明虾段 fried prawns sections
干烧龙虾 broiled lobster with chili sauce
铁扒龙虾 grilled lobster
烤龙虾 broiled lobster
龙虾浓汤 bisque of lobster
腰果虾仁 fried shrimps with cashew nuts
笋炒虾仁 fried shrimps with bamboo shoots
青豆虾仁 fried shrimps with green peas
茄汁虾仁 fried shrimps with tomato sauce
清炒虾仁 shrimps saute
虾仁豆腐 shrimps with bean curd
茄汁虾球 shrimp balls with tomato sauce
锅巴虾仁 fried shrimps with crisp rice
豆苗虾仁 fried shrimps with bean-leaf
盐焗虾 salted shrimps
凰尾虾 phoenix tail prawns
油爆虾 sauteed shrimps
豆豉虾仁 fresh shrimps with fermented soya beans
虾仁炒蛋 fried shrimps omelet
玉兰虾球 prawn balls & broccoli
炒虾腰 fried shrimps & pig kidney
炒虾球 fried shrimp balls
炸虾球 shrimps fritters
虾仁炒饭 fried rice with shrimps
芙蓉蟹肉 crab meat with eggs
炒蟹肉 fried crab meat
蟹肉芥兰 broccoli with crab meat
醉蟹 wine preserved crab
蟹扒鲜菇 mushrooms with crab meat
蟹肉粟米羹 sweet corn with crab meat

项目六 酒店实训对话

一、预订房间（Room reservation）

1. 电话预订房间（Room reservation by phone）

（R=Reservationist G=Guest）

R: Beijing Hotel. Reservation Desk. Can I help you?

G: I'm calling from New York. I'd like to reserve a room in your hotel.

R: What kind of room would you like, sir? We have single rooms, double rooms, suites and deluxe suites.

G: I'd like to book a double room from October 1 to October 7.

R: Would you like breakfast?

G: No, thanks.

R: Hold on please. I'll check if there is a room available for those days.

G: OK.

R: Sorry to have kept you waiting, sir. We'll have rooms available in that period.

G: How much do you charge for a double room?

R: The current rate is $120 per night.

G: OK, I'll take it. By the way, I'd like to have a quiet room if possible.

R: A quiet room is preferred. Could you give me your name, please?

G: George Smith. S-M-I-T-H.

R: Thank you, Mr. Smith. And what time will you be arriving, Mr. Smith?

G: Around 6:00 p.m. Do you have a pick-up service?

R: We have an airport representative to receive our guests there.

G: Oh, that's good.

R: Well, Mr. Smith. A double room without breakfast from October 1 to October 7. Am I correct, Mr. Smith?

G: Yes, thank you.

R: That you for calling, Mr. Smith. You'll be expected to be here then. Goodbye.

2．替他人预订（Reservation for others）

（R=Reservationist G=Guest）

R: Can I help you, sir?

G: I'd like to book a single room for Mrs. Smith. She plans to arrive on the 15th of this month.

R: How long will she be staying?

G: I don't know, but it could be anything from five to eight days.

R: Then we can only confirm a room from 15th to 20th. I'm afraid we won't be able to guarantee her a room after 20th. We usually have high occupancies in the peak seasons.

G: What if there isn't any room then?

R: Don't be worried, sir. We can either put her on a waiting list or find her a room in a nearby hotel.

G: I see. One more thing, do you have baby-sitting service here in your hotel, in case Mrs. Smith wants to go out in the evenings?

R: Yes, sir. Our Housekeeping Department has a very good baby-sitting service. There are some spare-time babysitters under the Room Center.

G: Fine. How much do you charge for a single room then?

R: 400 yuan for one night, with breakfast, equivalent to 48 U.S. dollars.

G: That'll be fine.

R: May I have you name, please?

G: David Brown. B-R-O-W-N.

R: Thank you, Mr. Brown. One single room from 15th to 20th. We'll give you a phone to confirm the reservation.

G: Oh, just fax me for it. The fax number is 001-202-5678-135.

R: Thank you sir. We look forward to your coming.

G: Thank you. Goodbye.

二、接待服务（Reception）

1．接待已预订房间的客人（Receiving the guest with reservation）

（R=Receptionist　　G=Guest）

R: Good afternoon, sir! Welcome to Beijing Hotel. I'm Mary Lee. May I help you?

G: Yes, I booked a double room four weeks ago. My name is George Smith.

R: How to spell your last name, please?

G: It's S-M-I-T-H.

R: Thank you, Mr. Smith. Please wait a moment. I'll check the arrival list... Sorry to have kept you waiting, sir. Yes, we have your reservation. Mr. Smith, a double room, with bath. You have paid $100 as advance deposits. Am I right?

G: Yes.

R: Your room number is 709. It's on the seventh floor. Would you please fill out this form while I prepare the key card for you?

G: Yes. Should I write down my passport number here?

R: Yes. I'm afraid you have to.

G: (*After he finished the form*) Here you are.

R: Let me see... Oh, Mr. Smith, you forgot to put in the date of your departure. You are leaving on...?

G: October 7.

R: Everything is all right. You will be staying in Room 709 from October 1 to October 7 for six nights. The daily rate is $120 per night. Here is your key card with all the information about hotel services and rules and regulations on it. Please make sure that you have it with you all the time. You need to show it when signing for your meals and drinks in the restaurants and the bars.

G: OK. I'll take good care of it.

R: And now if you are ready, Mr. Smith, I'll call the bellboy and he'll take you to your room.

G: Yes, thank you.

R: I hope you enjoy your stay with us.

2．接待未预订房间的客人（Receiving the guest without reservation）

（R=Receptionist　　G=Guest）

R: Good evening, madam. May I help you?

G: Yes. I made a reservation through the travel agency two weeks ago.

R: Your name, please?

G: I'm Lily White.

R: Just a moment, please... I'm sorry, ma'am, but we don't have any record of that.

G: Could you please check again? It's a single room for three days.

R: One moment, please. I'm very sorry, but we have no record of the reservation. Do you have an e-mail or phone call confirming your booking?

G: No, I haven't.

R: Well, there must be some mistake. I'll check if there is a room available...

G: Oh, that's terrible. Could you recommend another hotel?

R: I'll book a room for you in the Holiday Hotel if you like.

G: That's very kind of you.

R: You're welcome.

三、入住登记（Checking in）

1．为已预订的客人办理入住登记（Checking in for the guest with reservation）

（R=Receptionist　　G=Guest）

R: Good afternoon. Welcome to Honghe Hotel. May I help you, sir?

G: Yes. I'd like to check in, please.

R: Certainly, sir. May I have your name, please?

G: Yes, it's Tom Black.

R: Do you have a reservation with us, sir?

G: Yes.

R: Just a moment, please. I'll check our reservation record... Thank you for waiting, sir. Your reservation is for a single room for three nights. Could you fill in the registration form, please?

G: Sure.

R: May I confirm your departure date?

G: Yes, I should be leaving on the 10th.

R: How would you like to make payment?

G: By Visa Card.

R: May I take a print of the card, please? Thank you, sir. Your room is 705 on the 7th floor. Just a moment please. A bellman will show you to your room. I hope you will enjoy your stay here.

2. 为未预订的客人办理入住登记（Checking in for the guest without reservation）

（R=Receptionist　　G=Guest）

R: Good afternoon, sir and madam. May I help you?

G: Good afternoon, I'm Charlie Smith. My wife and I have just arrived. We'd like to have a room at your hotel for tonight.

R: Welcome to our hotel. Have you made any reservations?

G: I'm afraid not. Could you arrange a twin-bed room with a bath for us?

R: Wait a moment, please... Oh, Room 1008 is available, which commands a good view of Haihe River.

G: Great, I'll take it. How much do you charge?

R: RMB 900 yuan.

G: OK.

R: Please show me your passports and fill in this registration form.

G: I'll take care of it.

R: Thank you. Would you please pay RMB 1,500 yuan as deposit?

G: Here you are.

R: Thanks. This is the receipt, key and the room card to Room 1008. The bellman will show you up with your baggage. I hope you'll enjoy your stay with us.

G: That's very kind of you.

四、电话总机服务（Telephone switchboard）

1. 接国际长途电话（Answering an international call）

（O=Operator　　C=Caller）

O: Teda Hotel, Tianjin China. May I help you?

C: May I speak to Mr. Green, a guest at your hotel, please?

O: I'm sorry, I can't hear you clearly. How do you spell it?

C: G-R-E-E-N, Green.

O: I see. Do you know which room he is staying in?

C: Sorry, I don't know. I'm calling from America. I'm his wife. I have something urgent to tell him. I'm sure he is staying in your hotel as he told me three days ago when he left America for Tianjin that he was going to stay in Teda Hotel. Would you please find out his room number for me?

O: With my pleasure. Hold on, please. I'm going to consult the Reception Counter.

C: Thank you.

(*After a while*)

O: Hello, Mrs. Green. I've found out your husband's room number. I'm putting you through, madam... I'm sorry, there is no answer. Your husband must be out. Would you leave a message or call back?

C: I'll leave a message.

O: I'll put you through to the Information Desk, then.

2．打国际长途电话（Making an international call）

（O=Operator G=Guest）

O: Good morning, operator. Can I help you?

G: Hello. I'd like to make an international call to my wife in China.

O: May I have your name and room number?

G: My name is Zhang Bin. My room number is 1122.

O: Which city in China are you calling, please?

G: I'm calling Chengdu, Sichuan Province. The area code is 028 and the number is 8662-3048.

O: (028) 8662-3048. Do you wish to make a person-to-person call or station-to-station call?

G: I want to make it a collect call.

O: I'm sorry, sir. We don't handle international collect calls.

G: Well, in that case, I'll make it a person-to-person call.

O: All right, sir. Would you please tell me the name of the person that you are calling?

G: Zhang Lan. Z-H-A-N-G-L-A-N.

O: Thank you. Now, please hang up and wait and I'll try to contact Chengdu.

G: OK.

(*After a moment*)

G: Hello!

O: Mr. Zhang?

G: Yes, speaking.

O: Mr. Zhang, we have already got in touch with Chengdu. Mrs. Zhang is already on the line. Go ahead, please.

G: Thank you.

五、叫醒服务（Wake-up call service）

1．明早叫醒我（Wake me up tomorrow morning）

（O=Operator G=Guest）

G: Good evening. This is Mr. Bush in Room 1302.

O: Good evening, Mr. Bush. Can I help you?

G: I'm going to Hangzhou early tomorrow morning. So I'd like to be woken up tomorrow morning.

O: No problem, sir. At what time would you like to be woken up tomorrow morning?

G: Well, I'm not really sure. But I have to be at the conference room of Silver Elephant Hotel in Hangzhou by 9 o'clock. Do you know how long it takes to drive to Hangzhou from the hotel?

O: It will take about two hours.

G: That means I'll have to be on the line by 7 o'clock at the latest.

O: That's right.

G: Well, in that case, I want you to call me at 6：00.

O: We have a computer wake-up service. Please dial 5 first and then 0600 for the time. There must be five digits.

G: 50600. I see.

O: That's right, sir. Our computer will record the time and your room number.

G: Thank you.

O: You're welcome, sir. Have a good sleep.

G: Good night.

2．是我自己的错（It's my own fault）

（O=Operator　　G=Guest）

G: The hotel operator?

O: Yes. What can I do for you?

G: Last night I told you to change my wake-up time from 7：30 in the previous day to 6：30. But this morning a call was still made at 7：30. Now, I'll be late for Guangzhou Export Commodities Fair again.

O: Sorry, let me check. Well, according to the computer records, your wake-up time is still 7：30. Perhaps you forgot to change the wake-up time over the phone.

G: Oh, yes. The operator told me to do so last night. But I had a visitor after I called you. So I forgot about it later on.

O: If you want to change the wake-up time, you only need to dial your new time. The computer will cancel the old time.

G: It's my own fault. I'm awfully sorry.

O: It doesn't matter. You can correct your wake-up time today.

六、客房管理（Housekeeping）

1．我可以为你整理房间吗（May i do your room）

（H=Housekeeper　　G=Guest）

H: Housekeeping. May I come in?

G: Yes, please.

H: When would you like me to do your room, sir?

G: You can do it now if you like. I was just about to go down for my breakfast when you came. But before you start, would you do this for me?

H: Yes, what is it?

G: I would like you to go and get me a flask of hot water. I need some hot water to wash down medicine after breakfast.

H: I'm sorry that your flask is empty. I'll go and get you another flask that's full at once.

G: Thank you.

2．夜床服务（The turn-down service）

（H=Housekeeper M=Madam S=Sir）

H: Good evening, madam and sir. May I do the turn-down service for you now?

M: Oh, thank you. But you see, we are having some friends over. We're going to have a small party here in the room. Could you come back in three hours?

H: Certainly, madam. I'll let the overnight staff know. They will come then.

M: That's fine. Well, our friends seem to be a little late. Would you tidy up a bit in the bathroom? I've just taken a bath and it is quite a mess now. Besides, please bring us a bottle of just boiled water. We'd treat our guests to typical Chinese tea.

H: Yes, madam. I'll bring in some fresh towels together with the drinking water.

M: OK.

H: (*Having done all on request*) It's growing dark. Would you like me to draw the curtains for you, sir and madam?

S: Why not? That would be so cozy.

H: May I turn on the lights for you?

S: Yes, please. I'd like to do some reading while waiting.

H: Yes, sir. Is there anything I can do for you?

S: No more. You're a smart girl indeed. Thank you very much.

H: I'm always at your service. Goodbye, sir and madam, and do have a very pleasant evening.

七、洗衣服务（Laudry service）

1．解释如何得到服务（Explaining how to get the service）

（A=Room Attendant G=Guest）

A: Excuse me. Have you any laundry? The laundry man is here to collect it.

G: No, not now, thank you.

A: If you have any, please just leave it in the laundry bag behind the bathroom door. The laundry man comes over to collect it every morning.

G: Thank you.

A: Please tell us or notify in the list whether you need your clothes ironed, washed, dry-cleaned or mended and also what time you want to get them back.

G: I see. What if there is any laundry damage? I wonder if your hotel has a policy on dealing with it.

A: In such a case, the hotel should certainly pay for it. The indemnity shall not exceed ten times the laundry.

G: That sounds quite reasonable. I hope there's no damage at all.

A: Don't worry, sir. The Laundry Department has wide experience in their work.

G: All right. Thank you for your information.

A: Not at all.

2．毛衣要用冷水手洗（Sweater to be washed by hand in cold water）

A: Can I help you?

B: Yes. I have some laundry to be done.

A: Certainly, sir. Could you fill out the laundry form, please?

B: May I use your pen?

A: Sure. Here you are.

B: Thanks. Oh, I don't want these shirts starched.

A: No starch. I understand, sir.

B: And also I'd like this sweater to be washed by hand in cold water. It might shrink otherwise.

A: By hand in cold water, I see.

B: When will they be ready?

A: We will deliver them tomorrow evening around 6.

B: Fine. Thanks a lot.

八、解决投诉（Handing complaints）

1．找行李（Looking for luggage）

（G=Guest　　R=Receptionist）

R: Reception. Can I help you?

G: My name is Kent Bishop and I'm in Room 1010. I checked into my room 40 minutes ago and one piece of my luggage hasn't been brought up to my room yet.

R: I'm sorry to hear that, sir. I'll check with the bell captain immediately. But first let me ask you a few questions concerning your luggage. What kind luggage is it?

G: It's a suitcase.

R: And of what size and design, please?

G: It's a large one with a pulling leather strap on one corner.

R: Does it have a tag with your name on it?

G: Yes, it does. It also has a United Airline luggage tag on it. At least it had when I claimed it at the airport.

R: When and where did you last see it?

G: I last saw it on the hotel courtesy airport limousine when I got off it.

R: OK, thank you. I'll get in touch with the bell captain at once and have it sent to your room as soon as we locate it.

G: Thank you.

2．灯光昏暗（Dim light）

（A=Room Attendant　　G=Guest）

A: Good evening, ma'am. Did you ring for service? What can I do for you?

G: Yes. The light in this room is too dim. Please get me a brighter one.

A: Certainly, ma'am. I'll be back right away... Do you mind if I move your things?

G: Oh, no. Go ahead.

A: Thank you... How is the light now?

G: It's much better now. Thank you.

A: You're welcome. And if you need any other things, please let us know.

G: Ah, yes, the room is too cold for me. I feel rather cold when I sleep. Can you turn off the air-conditioning?

A: The air-conditioning is already off, ma'am.

G: Maybe I'm getting a cold.

A: Would you like an extra blanket?

G: OK. And would you please get me some hot water, too? I think I need to take some medicine.

A: Certainly, ma'am. I'll be right back... here is a blanket, and hot water for you. Anything else?

G: No, thanks.

A: Good night, ma'am.

九、结账退宿（Checking out）

1．付账（Paying for the bill）

（C=Clerk　　G=Guest）

G: I would like to know the approximate figure of my account so that I can have my money exchanged at the bank.

C: Up to the present, the total amount has been 880 Yuan approximately.

G: Well. We're leaving today. I'd like to pay our bill now.

C: By the way, I'd like to tell you (that) the check-out time is at 12:00 noon. May I know your name and room number, please?

G: My name is Henry Green. Room 1123.

C: Yes, Mr. Green. How about the charge for the days you shared the room with your friend?

G: Please add to my account.

C: Then we'll make out a bill for both of you.

G: OK.

C: Have you used any hotel services this morning or had breakfast at the hotel dining room, Mr. Green?

G: Yes, my friend and I just had breakfast at the dining room, but we didn't use any services.

C: Fine. I'll need to find out what the charge is on the breakfast. The total for the eight days is eight hundred sixty yuan and eighty fen.

G: Oh, I didn't change enough money just now. Can I pay in U.S. dollars?

C: No, sir. You can pay in Foreign Exchange Certificate only. But you can get your money changed at the Foreign Exchange Counter of our hotel over there.

G: Thank you... Here you are.

C: Thank you. Mr. Green. Here's your receipt.

2. **酒店退房**（Hotel checking-out）

（C=Clerk　　G=Guest）

C: Good morning, sir. Can I help you?

G: I'd like to pay my bill now.

C: Your name and room number, please?

G: George Wright, Room 706.

C: Yes, Mr. Wright. Have you used any hotel service this morning?

G: No, I haven't used any services.

C: Fine. This is your bill, Mr. Wright. Four nights at 90U.S. dollars each, and here are the meals that you had at the hotel. That makes a total of 665 U.S. dollars.

G: Can I pay by credit card?

C: Certainly. May I have your card, please?

G: Here you are.

C: Please sign your name here.

G: Oh, yes. Is it possible to leave my luggage here until I'm ready to leave this afternoon? I'd like to say goodbye to some of my friends.

C: Yes, we'll keep it for you. How many pieces of your luggage?

G: Just three. I'll be back by 3:00.

C: That's fine. Have a nice day.

G: Thank you. See you later.

十、餐饮服务（Food and beverage services）

1. **点餐**（Ordering meal）

（H.W.=Head Waiter　　C=Customer　　W=Waitress）

H.W.: Good morning, ma'am.

C: Good morning. Just one, please.

H.W.: Just one. This way, please... Is this table all right?

C: That's fine. Thank you.

H.W.: Menu, please.

C: Thank you.

H.W.: The waitress will take your order, ma'am.

C: All right.

W: Good morning. May I have your order, ma'am?

C: Yes, thank you. I'd like to have this stewed prunes and omelet, just plain, and also toast with butter. Could I have coffee with fresh milk?

W: Yes, we can serve it. You mean cafe au lait in French?

C: That's right. We say it cafe au lait in French also.

W: Then you take stewed prunes, plain omelet, toast with butter and cafe au lait.

C: That's right, thank you. Can I have cafe au lait first?

W: Yes, ma'am. Just a moment, please.

C: Thank you.

2．等待空座位（Waiting for vacancy）

（W=Waiter　　C=Customer）

W: I'm awfully sorry. There are no vacancies left now. Would you like to wait for a moment?

C: How long a wait do you think there'll be?

W: About eight minutes, I think.

C: OK, we will wait for a while.

(*Ten minutes later*)

W: I'm sorry for making you wait for so long. Now there is a table available in non-smoking section. Please follow me.

C: Thank you.

W: Here is the menu. Are you ready to order now?

C: Err, yes. I would like the beef steak.

W: How would you like your meat cooked?

C: Well done, please.

W: Would you like a side salad?

C: No.

W: Anything else to drink?

C: Yes. A glass of your house wine.

W: OK. I will bring your appetizer immediately.

十一、酒吧英语（Bar English）

1．饮酒座位预订（Reservation for drinking order）

（W=Waitress　　C=Customer）

W: Good evening. Do you have a reservation?

C: Yes. The reservation is under Lin.

W: Very good, Mr. Lin. Do you prefer smoking or non-smoking seating?

C: Non-smoking, please.

W: Follow me, please. I will show you to your table.

C: Thank you.

W: You're welcome. Your server will be with you right away to take your drink order.

2．喝一杯（Having a drink）

（A=Customer A　　B=Customer B）

A: Come on, have a drink with us!

B: Well, OK. I guess it is a happy hour. What are you guys drinking?

A: I'm having a martini, Gavin is having a rum, and Olivia is having an lrish coffee.

B: That's quite a mix. Can I see the wine list?

A: Don't you like to drink cocktails?

B: I can't drink vodka because it goes straight to my head.

A: How about whiskey?

B: Whiskey doesn't suit with me too well, either. Trust me, red wine is the best choice for me.

A: By the way, did you drive your own car, tonight?

B: No. How about you?

A: I never drink alcohol if I have to drive.

B: Great! Then we'll drink as much as we can.

A: No problem.

十二、购物中心（Shopping arcade）

1．在工艺品商店（At the arts and crafts store）

（A=Shop Assistant　　G=Guest）

A: Good morning, sir. Are you being served?

G: I want to buy some typical Chinese traditional souvenirs.

A: OK, this way please. You see, there are so many antiques here.

G: Oh, what a beautiful variety! Could you give me some suggestions?

A: How about this one? It is a very fine piece of work. It is a cloisonne vase with a light blue background. It flourished in response to the demands of the imperial court. It has been popular since the Ming dynasty.

G: How much is it?

A: One hundred and eighty yuan.

G: That sounds reasonable. Will you show me another one?

A: Yes, sir. How would you like this one? The background is pale blue with traditional Chinese paintings of flowers and birds.

G: It's attractive. I'll take a pair. I am sure my wife will like them.

A: Yes. I'm sure she will, sir.

G: Can you pack the vases as gifts and send them to London by mail for me?

A: Sure. Would you put down your address?

G: Here you are. How much should I pay then?

A: Four hundred yuan totally, including the postage and the charge for the packing. You know, we'll have to make a special wooden box.

G: That will be fine. Here's the money.

A: Thank you.

2．在绸布店（At the silk and satin shop）

（A=Shop Assistant　G=Guest）

A: Welcome to our shopping center.

G: Thank you. I'd like to have a look at some Chinese silk and satin.

A: This way please, madam. We have many kinds of silk fabrics for your choice. There are Suzhou brocade and gauze...

G: Do you have natural silk fabrics?

A: Certainly, madam. We have brocade of natural silk and figured satin of natural silk. Which do you prefer, madam?

G: I want brocade. Will you please let me have a look at the best you have?

A: Yes, madam. How about this? It's velvety and the color is brilliant.

G: Oh, it seems a bit too loud. Will you show me something else?

A: Yes, madam. What about the color?

G: This one is fine. No wonder Chinese silk is so famous all over the world.

A: Well, China is the cradle of silk fabrics.

G: Er, I wonder if the color of silk piece won't go off.

A: As a matter of fact, all the materials here are colorfast. But you have to be careful. You can only wash it in lukewarm water. Don't rub. Just use soapy water and rinse well.

G: What's the width?

A: It's two and a half meters wide.

G: How much is it?

A: It costs only 400 yuan.

G: OK. I'll take two meters; if I'm not mistaken, that's equal to six Chinese chi. Am I right?

A: Yes, madam. You're very good at figures.

G: Thank you.

十三、康乐中心（Health and Recreation Center）

1．在问讯处（At the Information Desk）

（A=Attendant　G=Guest）

A: Good morning, sir. What can I do for you?

G: Good morning. Is there any place in the hotel where we can amuse ourselves?

A: If you want to take a walk, you can go to the garden. It's very relaxing there.

G: That sounds good. But is that the only place to go?

A: No, sir. There is a recreation center on the ground floor. You can play billiards, table tennis, bridge and bowling. We also have a fitness center on the second floor.

G: Could you please give me more information in detail?

A: OK. We provide all the latest recreational sports apparatus—exercise bicycle, weight, wall-bars, that sort of thing. It is said our fitness center is the best of its kind in our city.

G: It sounds attractive. Is it free for the hotel guests?

A: Yes. What you should do is just to show your room card.

G: Thank you very much.

A: What's more, we also have an indoor swimming pool on the top floor. All these are ready to serve you at your convenience.

G: That's great. I like swimming. Would you please tell me the daily service hours of the swimming pool?

A: It opens from 6:00 a.m. to 12:00 midnight including Sundays.

G: Oh, great! Thank you for your patient explanation. It's very helpful.

A: It's the least I could do, sir.

2．**在理发店**（At the barber's）

（H=Hairdresser　　G=Guest）

H: Good evening, madam. Welcome to our shop.

G: Good evening. I'm ready for a new hairdo.

H: OK. Take a seat and wait a moment, please. I'll serve you as soon as I finish with this lady here.

G: All right. I'll look over these magazines. Please go ahead.

H: Sorry to have kept you waiting. It's your turn now. Please come over and sit down.

G: Thank you.

H: How would you like your haircut?

G: I'd like to try a noble style, please. Do you have any suggestions?

H: Have you taken a look at any of the new styles lately?

G: Yes, I brought a magazine to show you. I like this one.

H: Oh, that is pretty. Do you want to keep your hair this long? Or do you want to take it shorter? I think you would look cute with short hair.

G: It's up to you. Like what I said, I'm ready for a change.

H: OK. You should really think about getting highlights put in, too.

G: Do you think that would look good? I'm worried it will make my hair look unnatural.

H: No, it won't. The highlights are very subtle. We can do a little bit this time. If you like it, we can do more next time. Otherwise, the highlights should grow out in about four weeks.

G: OK, just do what you want. I count on you. By the way, how much do you charge for a shampoo?

H: Thirty dollars in total.

十四、商务和会议服务（Business and convention services）

1. 介绍商务中心服务内容（Introducing the services of the business Center）

（C=Clerk　　G=Guest）

C: Good afternoon, sir. May I help you?

G: Good afternoon. I'm Peter Anderson, in Room 608. Would you mind giving me some information about your services?

C: Certainly not, Mr. Anderson. We have comprehensive communication facilities and secretarial assistance catering to the needs of all our business guests. We provide various services such as e-commerce, e-mail and fax, typing and xerox. It is your office in your trip.

G: Sounds great! I have some documents to be typed at the moment.

C: Certainly. What time do you expect it?

G: It's urgent. I hope they will be ready before 5:00 p.m. today.

C: How many pages are they in all?

G: It will be about 15 pages.

C: Well, it's rather a tough job, but we'll try our best. I'll send it to your room as soon as I finish typing.

G: Good. I'd really appreciate it if it could be arranged.

2. 安排会议室（Arranging a conference room）

（C=Clerk　　G=Guest）

C: Good morning, sir. Can I help you?

G: Good morning. Would you please find a room for our business meeting?

C: Certainly, sir. Here is the rate list.

G: Thank you.

C: Welcome, sir. How many people will attend the meeting?

G: Well, about 15.

C: Fine. We have a conference room which can seat up to 20 people.

G: That's great. I also need an interpreter and two messengers.

C: No problem, sir.

G: What about the charge?

C: It is 100 yuan per hour. There is no minimum charge. Do you want to book it?

G: Yes, I think so.

C: May I have your name and room number, please, sir?

G: Mr. Johnson, Room 1107.

C: Thank you, Mr, Johnson. How long will you be using the conference room?

G: We'll start at 10:00 tomorrow morning but I'm not sure when we'll finish.

C: No problem, Mr. Johnson. The room will be at your disposal then.

G: Thank you.

C: My pleasure. We look forward to serving you.

十五、其他服务（Other services）

1．介绍景点（Introducing some scenic spots）

（R=Receptionist　　G=Guest）

R: Good morning, sir. What can I do for you?

G: Good morning. Today we can afford a whole day for sightseeing. Could you tell us some scenic spots in Xi'an?

R: Have you ever been to Xi'an before?

G: No, this is our first trip here.

R: I'm very pleased to suggest that you go to visit the Imperial Tomb of China's First Emperor, Qin Shihuang and Huaqing Hot Springs, the main places of historic interest in Xi'an. They are often visited by foreign guests.

G: And why are those places so popular?

R: Because they are of typical Chinese national style. In the Imperial Tomb of China's First Emperor, Qin Shihuang, 8,000 life-sized terra-cotta warriors and horses were created to protect the tomb of the first emperor of Qin and are almost 2,200 years old. They were unearthed in 1979.

G: Good, I'll take some pictures. Then, how about Huaqing Hot Springs?

R: Huaqing Hot Springs has a history of 6,000 years for the use of hot springs and a history of 3,000 years of royal gardens, where Tang emperor Xuanzong dallied with the beautiful Yang Guifei and almost lost his kingdom.

G: Oh, great! We'll have a good chance to feast our eyes.

R: What's more, the construction of the Bell Tower and Drum Tower is magnificent.

G: I think I'll enjoy the architecture of the tower, too. Thank you very much for your information. You have a nice day now.

R: Thank you. And you too.

2．在失物招领处（At the Lost and Found Office）

（G=Guest　　C=Clerk）

G: Excuse me, could you help me?

C: Yes. What seems to be the problem?

G: Well, I was wondering if anyone has turned in a passport.

C: I'm afraid not. Have you lost your passport?

G: I think so. I can't find it anywhere in my hotel room.

C: I am sorry to hear that. When and where exactly did you last use your passport?

G: I remember the last place I used it yesterday was in the shopping center. I had to show it to pay for these souveniors with my traveler's checks.

C: Well, let me call the shopping arcade to see if they've found a passport.

(*A minute later*)

Sorry. Your passport's not been turned in there, either.

G: Then what shall I do?

C: Well, I understand how you feel and we are trying to help you. You can fill in this lost property report, and I'll keep my eye out for it. Those kinds of things usually turn up eventually, but I suggest you contact your embassy and tell them about your situation, so they can issue you a new passport in case it doesn't show up.

G: You're right. Do you have a pen?

C: Here you are.

G: Oh, it seems that I lost something every time I travel.

参 考 文 献

[1] 崔剑生，刘艳．酒店管理综合实训[M]．上海：上海交通大学出版社，2012．
[2] 刘勇．饭店服务技能实训教程[M]．北京：化学工业出版社，2013．
[3] 李玫．康乐服务实训教程[M]．北京：机械工业出版社，2008．
[4] 王琦．旅游礼仪服务实训教程[M]．北京：机械工业出版社，2009．
[5] 杜建华．酒店餐饮服务技能实训[M]．北京：清华大学出版社，北京交通大学出版社，2009．
[6] 宋春亭，李俊．中西餐饮服务实训教程[M]．北京：机械工业出版社，2008．
[7] 陈静，谢红勇．餐饮服务与管理[M]．上海：上海交通大学出版社，2011．
[8] 赵萍．餐饮部实训教程[M]．西安：西安交通大学出版社，2011．
[9] 贾晓龙，蔡洪胜．酒店服务技能与实训[M]．北京：清华大学出版社，2012．
[10] 刘玲．客房部实训教程[M]．西安：西安交通大学出版社，2011．
[11] 范运铭，陈莹．客房服务与管理[M]．北京：高等教育出版社，2012．
[12] 袁文平．前厅技能实训[M]．天津：天津大学出版社，2010．
[13] 吴梅．前厅服务与管理[M]．2 版．北京：高等教育出版社，2006．
[14] 黄勇昌．前厅服务与管理[M]．北京：北京邮电大学出版社，2007．
[15] 欧阳驹，沈永青．前厅、客房服务与管理[M]．武汉：武汉理工大学出版社，2011．
[16] 吕艳芝，朱玉华．饭店服务礼仪标准培训[M]．北京：中国纺织出版社，2014．
[17] 谢红霞．餐饮服务技能实训[M]．北京：中国人民大学出版社，2011．
[18] 孙娴娴．餐饮服务与管理综合实训[M]．北京：中国人民大学出版社，2011．
[19] 韩鹏，刘晓芬．酒店服务实训教程[M]．北京：旅游教育出版社，2013．
[20] 樊平，李琦．餐饮服务与管理[M]．北京：高等教育出版社，2012．
[21] 费寅，韦玉芳．酒水知识与调酒技术[M]．北京：机械工业出版社，2012．
[22] 邸丽霞，姜涛．酒店服务英语[M]．北京：中国人民大学出版社，2013．
[23] 殷开明，田怡．酒水知识与酒吧管理[M]．桂林：广西师范大学出版社，2014．
[24] 张涛．茶艺基础[M]．桂林：广西师范大学出版社，2014．
[25] 沈艳．客房服务实训教程[M]．北京：科学出版社，2013．
[26] 曹玉泉，房玉靖．酒店英语实训[M]．北京：对外经济贸易大学出版社，2010．